# geheimnisvolle welt der symbole

# geheimnisvolle welt der symbole

DAVID FONTANA

GERSTENBERG

Titel der Originalausgabe
The New Secret Language of Symbols
David Fontana

First published in the United Kingdom and Ireland in 2010 by
Duncan Baird Publishers Ltd.
Sixth Floor, Castle House
75–76 Wells Street
London W1T 3QH

Conceived, created and designed by Duncan Baird Publishers



Aus dem Englischen von Isabelle Fuchs



Printed in Thailand by Imago

ISBN 978-3-8369-2637-9

www.gerstenberg-verlag.de

# Inhalt


**TEIL 1**
**EINFÜHRUNG 6**

In Bildern denken 8
Symbole & Zeichen 10
Pforten zu Gottes Macht 12
Jung & Archetypen 15
Religiöse Geschichten 18
Geheime Symbole 20

**TEIL 2**
**DIE WELT DER SYMBOLE 22**

**KOSMOS 24**
Himmelskörper 25
Sonne 26
Mond 28
*Symbole im Kontext: Astrologie* 30

**NATUR 32**
Land & Wasser 33
Bäume 34
*Symbole im Kontext: Kabbala* 38
Früchte 40
Blumen & Pflanzen 44
*Symbole im Kontext: Rosenkreuzer* 48
Gärten 50
Die Elemente 54
Metalle & Steine 56
*Symbole im Kontext: Alchemie* 60
Säugetiere 62
*Symbole im Kontext: Judentum* 68
Wasserwesen 70
Himmelswesen 74
Könige & Heraldik 78
Schlangen & Reptilien 80
Insekten & Spinnen 84
Fabelwesen 86
*Symbole im Kontext: Taoismus* 90

**MENSCHHEIT 92**
Leben & Schicksal 93
Die ersten Menschen 94
Körper & Geist 96
*Symbole im Kontext: Chakren* 100
Sex & Fruchtbarkeit 102

**GÖTTLICHKEIT 104**
Götter & Göttinnen 105
Götterboten 110
*Symbole im Kontext: Buddhismus* 112

**MUSTER, FORMEN & EIGENSCHAFTEN 114**
Farben 115
Zahlen 118
*Symbole im Kontext: Tarot* 122
Labyrinthe 124
Heilige Geometrie 126
*Symbole im Kontext: Islam* 130
Das Kreuz 132

**SYMBOLE DES ALLTAGS 134**
Geräte 135
Waffen 138
*Symbole im Kontext: Hinduismus* 142
Kleidung 144
Speisen & Getränke 146
Symbole der Macht 150
Musikinstrumente 154
Bauwerke 156
*Symbole im Kontext: Freimaurer* 158

**MYTHEN 160**
Schöpfung 161
Die Sintflut 164
Opfer 166
*Symbole im Kontext: Christentum* 168
Tod & Jenseits 170
*Symbole im Kontext: Altes Ägypten* 174
Die Suche 176
Die Arbeiten des Herakles 178
Das Ende der Welt 180

Literaturempfehlungen 182
Register 183
Danksagung & Bildnachweis 187

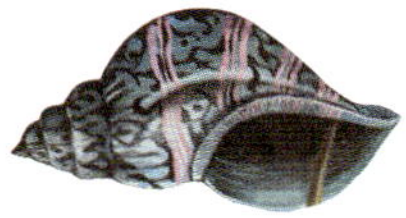

# TEIL I

## EINFÜHRUNG

# IN BILDERN DENKEN

**ERDACHTE WELTEN**
Die Gelehrten des Mittelalters und der Renaissance ersonnen sorgfältig ausgeführte Symbolwelten, um den Kosmos zu begreifen. Diese Miniatur aus der osmanischen Handschrift *Zubdat al-Tawarikh* von 1583 zeigt im Mittelpunkt des Komos die Erde, umgeben von Tierkreis und den Häusern des Mondes.

Die Fähigkeit, in Sinnbildern zu denken, ist Menschen angeboren und beruht in erster Linie auf der Bereitschaft, einen Gegenstand stellvertretend für einen anderen anzusehen. Wir sehen ein Bild und es symbolisiert für uns eine Landschaft; wir lesen einen Begriff und er stellt ein ganzes Konzept dar. Ohne diese Gabe wären Mathematik oder Sprache niemals entstanden. Zahlen drücken eine Größe aus; das ist eine abstrakte Vorstellung, mit der wir im Alltag mühelos umgehen. Wörter sind da wesentlich komplexer. Hierbei handelt es sich um Laute oder geschriebene Zeichen, die Gegenstände, Ereignisse, Emotionen usw. wiedergeben, die in dem Moment, in dem sie ausgesprochen oder niedergeschrieben werden, nicht unbedingt vorhanden sind. Ein einfaches Wort wie „Haus“ etwa kann mannigfache Begriffe wachrufen: ein leibhaftiges Gebäude, Inneneinrichtung, Heim, Geborgenheit; vielleicht sogar Hypothek und andere Verpflichtungen. Anders gesagt, trotz einer klaren Grundbedeutung kann ein Wort mit zahllosen Assoziationen verbunden sein. Das ist der Kern des Symbolismus.

Menschen sind offensichtlich die einzigen Wesen, die sich Symbole ausdenken können; Primaten vermögen das nicht und haben deshalb eventuell auch keine vergleichbaren sprachlichen Fähigkeiten entwickelt. Sprache ist für uns etwas Selbstverständliches, doch wenn wir einmal darüber nachdenken, wird uns bewusst, was für eine außergewöhnliche Errungenschaft sie eigentlich ist. Unser Geist ist in der Lage, anhand von bestimmten Wörtern eine Fülle von Bedeutungen heraufzubeschwören; abstrakte Ideen, Visionen, Bilder, Erinnerungen, Hoffnungen, Ängste, Sehnsüchte, Bedauern und vieles mehr.

## SYMBOLE VERSTEHEN

Das Schaffen von Symbolen hat etwas Geheimnisvolles und Magisches an sich. Ohne diese Fähigkeit wäre unser Innenleben erheblich ärmer. Symbole wie Haus, Hund, Meer oder Mond liefern uns eine Wertigkeit – eine semantische und emotionale Dichte. Beim Mond etwa wissen wir, ohne großartig belesen zu sein oder ohne eine andere kulturelle Erfahrung, dass es sich dabei um mehr als eine gelbe Scheibe am Himmel handelt. Vielleicht verbinden wir ihn mit Romantik (die Filmindustrie hat zu dieser Assoziation sehr stark beigetragen, obwohl sie viele Jahrhunderte alt ist); wir könnten auch an ein Wunder denken, nämlich an die Mondlandung der Amerikaner im Jahre 1969. Wenn wir den Mond betrachten, etwas über ihn lesen oder ihn rein zufällig in einem Gespräch er-

**SPRECHENDE STEINE**
Diese Steintafel bildet einen Teil eines Maya-Kalenders. Die Bilder entsprechen Wörtern der Maya-Sprache. Die Entwicklung der Schrift zählt zu den faszinierendsten Formen der Symbolfindung.

wähnen, tauchen sofort viele unterschiedliche Assoziationen auf, die wir gar nicht bewusst wahrnehmen.

Es gibt einen großen Unterschied zwischen Symbolen, deren Bedeutung sich im Lauf der Zeit durch das komplexe Zusammenwirken von bewussten und unbewussten Reaktionen natürlich entwickelt hat, und Symbolen, die absichtlich gewählt oder bestimmt wurden. Diese Kategorie von Symbolen sollte korrekterweise *Zeichen* genannt werden. Sie dienen zwar einem symbolischen Zweck, aber nur, weil wir das so beschlossen haben. Ein Kreis hat für uns zum Beispiel allein durch seine Beschaffenheit eine immanente Bedeutung – eine Linie, die keinen Anfang und kein Ende hat. Wir denken unmittelbar an Vollendung, Ganzheit, vielleicht sogar an Ewigkeit. Diese Vorstellung haben wir nicht von anderen übernommen: Sie liegt offenbar in der Natur des Kreises. Unser Geist reagiert auf den Kreis intuitiv auf diese Weise. Zwischen unserem Geist und dem Kreis herrscht eine natürliche, unmittelbar mit Bedeutung erfüllte Verbindung, sozusagen eine intellektuelle Intimität. Über Kreise ließe sich noch viel mehr sagen, doch schon dieses Beispiel veranschaulicht, wie unser Geist echte Symbole einschätzt. Sie besitzen eine innewohnende, universelle Kraft, uns etwas zu vermitteln, das weit jenseits unseres Selbst liegt.

### DURCH RAUM & ZEIT

Bis jetzt habe ich aus moderner, westlicher Sicht von der Erschaffung von Symbolen gesprochen und dabei vorausgesetzt, diese Ansichten seien universell gültig. Das trifft zu. Nichtsdestotrotz wird unser intellektueller Horizont kulturell bestimmt. Bewusstsein und Unterbewusstsein eines Menschen werden durch Glaubensunterschiede, soziale Bräuche sowie die Umwelt (dazu zählen Klima, Landschaft, Flora und Fauna) geprägt, sie entwickeln sich im Lauf der Evolution auf unterschiedliche Weise. Kulturelle Einflüsse machen das Ganze noch komplizierter. Wirklich faszinierend wird die Sprache der Symbole, wenn wir andere Jahrhunderte und andere Kulturen in unsere Betrachtungen miteinbeziehen.

# SYMBOLE & ZEICHEN

**ROTER STERN**
*(gegenüber)* Der Morgenstern als Vorbote eines Neubeginns war durch den Marxismus weit verbreitet. Hammer und Sichel stehen für Arbeiter- und Bauernstand.

**GREAT WESTERN**
Die Bahngesellschaft Great Western Railway wählte die alten Wappen von London (links) und Bristol (rechts), um Beständigkeit, Elan und Wohlstand anzudeuten.

Echte Symbole verkörpern archetypische Inhalte, die historisch gewachsen sind; Zeichen sind dagegen bewusst ausgesuchte, grafische Darstellungen, die etwas Konkretes vermitteln wollen. Embleme bilden eine dritte Kategorie, sie werden wie Zeichen eingesetzt und haben auch viel mit ihnen gemein, obwohl sie wie Symbole aussehen.

Das $-Zeichen ist fast auf der ganzen Welt bekannt. Einem modernen Menschen mag die Form etwas willkürlich erscheinen: Es gibt keine logische Verbindung zwischen einem Dollar und dem Zeichen dafür. Das ist auch nicht nötig, denn jeder weiß sofort, wovon die Rede ist, wenn bestimmte Summen in Dollars ausgedrückt werden. Über die Entstehung des Dollarzeichens kursieren verschiedene Theorien. Im Oxford-Englisch-Wörterbuch heißt es, die Zahl Acht mit einem Bruchstrich stünde für ein Achtel Gold, sei also ein Goldmaßzeichen. Andere behaupten, es ginge auf den schlangenumwundenen Stab des griechischen Gottes Hermes zurück, der mit dem Bankwesen assoziiert wurde; weniger prosaisch ist die Theorie, ein P sei mit einem S überschrieben worden, um den mexikanischen Peso zu bezeichnen. Einem Studenten in Geldnot, der seine reiche Tante um Kredit bittet, wird es herzlich egal sein, woher das Zeichen stammt.

Andere Zeichen sind da wesentlich eindeutiger – wenn das Verkehrsschild für Wildwechsel auftaucht, wird ein Autofahrer automatisch vorsichtiger fahren. Dreidimensionale Zeichen lassen bezüglich ihrer Herkunft manchmal auch zu wünschen übrig. Wenn man den Daumen bei geballter Faust nach oben richtet, um Zustimmung auszudrücken, ist das historisch weniger leicht zuzuordnen, als wenn man den Zeigefinger ausstreckt, um jemandem etwas zu zeigen.

Embleme dienen ebenfalls einem bestimmten Zweck, doch im Gegensatz zu vielen Zeichen sind sie nicht immer rein bildhaft. Ein springender Hirsch mit grünen Augen und getupftem Fell etwa kann das Emblem einer Kurierfirma sein, da ein Hirsch Schnelligkeit symbolisiert. Handelsmarken und Logos fungieren als visuelles Stenogramm für Wirtschaftsunternehmen oder deren Produkte. Wenn sie der Identifikation dienen, sind es Zeichen; verkörpern sie gewisse Ideale wie zum Beispiel schönes Haar, sind es eher Embleme. Flaggen, Wappen, Abzeichen und Insignien werden als Embleme verwendet; sie reprä-

sentieren meist politische Parteien und Sportvereine. Zuweilen sind echte Symbole in die Gestaltung integriert, die eindeutig sinngebend sind, dann haben Embleme durchaus den Charakter von Zeichen. Semantische Überlappungen sind ein Teil der interessanten Vielfalt beim Symbolismus. Dieser ist ja keine wissenschaftliche Disziplin, sondern sollte in seiner Komplexität akzeptiert werden.

### ECHTE SYMBOLE

Embleme und Zeichen verkörpern stets konkrete Dinge; das trifft auf echte Symbole nicht zu. Ihre Bedeutung ist wesentlich vielschichtiger und tiefgreifender, oft ist es schwierig, sie in Worte zu fassen. Viele Symbole haben sich über Jahrhunderte und Kulturen hinweg entwickelt. Sie spiegeln Hoffnungen, Sehnsüchte und Ängste wider, außerdem schwer definierbare Begriffe wie Göttlichkeit, Seele, Glauben, Unsterblichkeit, Unschuld, Reinheit, Erhabenheit und Transzendenz. Symbole sind dadurch gekennzeichnet, dass ihre Bedeutung häufig intuitiv erfasst und nicht erklärt werden muss. Religiöse Symbole wie das Kreuz im Christentum, der Halbmond im Islam, die Menora im Judentum, das Rad der Lehre im Buddhismus, das Yin-und-Yang-Zeichen im Taoismus (siehe Seite 13), das Om-Symbol im Hinduismus und viele andere echte Symbole werden nicht nur durch ihren Gebrauch geheiligt, sondern auch durch ihre immanente Kraft, bedeutende Wahrheiten zu vermitteln. Sie verkörpern allwaltende Macht; Weisheiten und Einsichten, die für viele Menschen lebensbestimmend sind.

### INTUITIVER TIEFSINN

Vielen Symbolen wird nachgesagt, sie seien plötzlich aus dem Unterbewusstsein aufgestiegen, ausgelöst durch eine Intuition, die tief im Inneren unserer Psyche liegt. Solche Symbole rufen sofort eine emotionale Reaktion hervor, selbst wenn sie aus einem fremden Kulturkreis stammen: als ob tief verborgene Erinnerungen anklängen. Folglich gelten sie manchmal als Übergangspunkt zwischen zwei Welten – einer äußeren, endlichen Welt, die wahrgenommen und berührt werden kann, und einer inneren, unendlichen, die nur durch Meditation und in Träumen erreicht werden kann. In gewissem Sinn erschaffen sich wahre Symbole selbst. Zeichen und Embleme werden rasch vergessen, sobald sie nicht mehr ständig in Gebrauch sind. Echte Symbole leben hingegen weiter, weil sie sich auf den unvergänglichen Geist beziehen. Beim Erforschen der Bedeutung von Symbolen in unterschiedlichen Kulturen gewinnt man spannende Erkenntnisse darüber, was es heißt, ein Mensch zu sein.

**KREUZ CHRISTI**
Französisches oder flämisches Altarkreuz, um 1165. Emailliert und mit Juwelen besetzt. Es zeigt Szenen aus dem Alten Testament. Das Abbild Christi, der für unsere Sünden leidet, ist zweifellos das emotionalste aller religiösen Symbole.

# PFORTEN ZU GOTTES MACHT

Der menschliche Geist ist ein großes Mysterium – ein grenzenloses, sich stetig ausdehnendes Universum. Unsere Erinnerungen und unser bewusstes Denken vermitteln uns zwar eine vage Vorstellung davon, wo der Geist beginnt, doch wo er endet, bleibt ungeklärt. Jenseits dessen, was wir in unseren Gedanken sammeln, liegt der große Speicher all jener Erfahrungen, die unser Leben ausmachen. Auf einer noch tieferen Ebene liegt das, was der Schweizer Psychiater Carl Gustav Jung (1875–1961) das „kollektive Unbewusste" nannte: die ererbten Grundlagen der Menschheitsgeschichte. Jung nahm an, wir würden im Lauf der Evolution nicht nur körperliche Merkmale, sondern auch psychische vererbt bekommen. In den tiefen Ebenen unseres Seins befindet sich die Seele oder der Geist; jener Teil von uns, den die großen spirituellen Traditionen schon immer als ewiges Wesen bezeichnet haben, das unbeschreibliche Selbst, das die flüchtige Welt der Sinne überschreitet.

### PFADE ZUM BEWUSSTSEIN

Symbole, die alle Menschen zu allen Zeiten ansprechen, könnten dem kollektiven Unbewussten entsprungen sein, daher sind sie in der Lage, uns zu diesen tieferen Ebenen zurückzuführen. Solche Symbole erscheinen häufig in Träumen: Während der Geist

**HÖHERE MACHT**
Deckengemälde im Minakshi-Tempel in Madurai, Südindien. Die 1000-blättrige Lotosblume verkörpert das höhere Bewusstsein der Tempelgottheiten Sundaresvhara bzw. Shiva („Der Gütige") und Minakshi, die in Wirklichkeit Parvati, die Gattin des Gottes Shiva, ist.

schläft, gibt das Unbewusste eine magische Theatervorführung. Man kann sich auch bei einer Meditation auf sie konzentrieren. Meditationen beruhigen den Geist und ermöglichen dem Unbewussten, ins Bewusstsein zu dringen. Auf diese Weise gewinnen wir Einblicke in bis dahin unbekannte Seiten unseres Selbst. Wenn man vor einem Symbol meditiert, das man anziehend findet, eröffnen sich tiefere Bedeutungsebenen, die uns der spirituellen Quelle im Kern unseres Wesens näher bringen. Entweder meditiert man mit geschlossenen Augen und visualisiert das Symbol oder man hat das Symbol direkt vor sich und blickt es beim Meditieren an. Wenn man mit in Symbolen ausgedrückten Wahrheiten Verbindung aufnehmen will, gibt es nichts Besseres, als Symbole bei der Meditation einzusetzen.

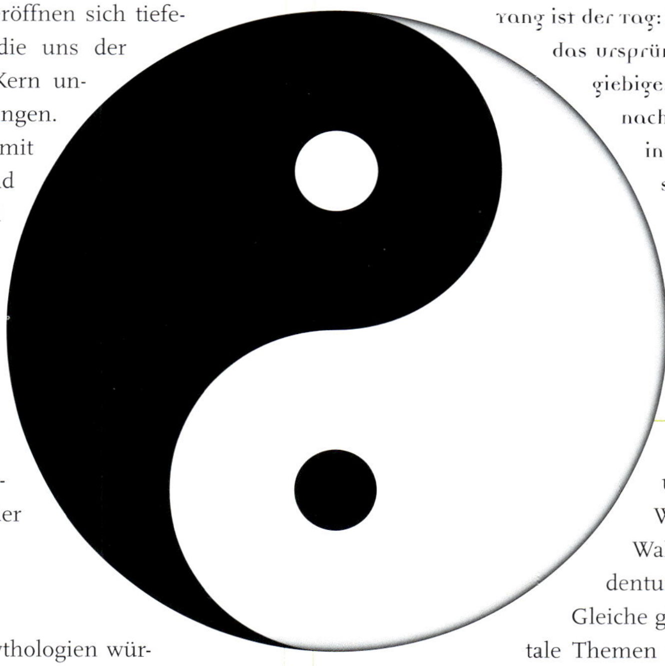

### MYTHOS & SYMBOL

Man könnte meinen, Mythologien würden uns vorrangig aus historischen oder dramatischen Gründen interessieren. Die Suche von Jason und den Argonauten nach dem Goldenen Vlies oder die großen Schlachten der nordischen Sagen sind vielleicht dazu geeignet, ein Kind zu fesseln oder eine Fantasiewelt heraufzubeschwören. In Wirklichkeit enthalten die berühmten Mythen – vor allem altägyptische und griechische – außergewöhnliche symbolische Erkenntnisse über die Natur des Menschen. Sie können uns auch den Weg zum persönlichen sowie zum kollektiven Unbewussten ebnen. Ein wichtiger Vordenker in dieser Richtung war Carl Gustav Jung. Er war der Ansicht, das kollektive Unbewusste sei von Archetypen geprägt, das heißt, angeborene psychische und spirituelle Kräfte würden bewirken, das wir uns instinktiv mit Werten wie Liebe, Wahrheit und Heldentum befassen. Das Gleiche gilt für fundamentale Themen wie Gott, Schöpfung, Natur, Weisheit, Geburt und Tod (siehe Seiten 15–17). Jeder einzelne Archetypus setzt sich aus mehreren komplexen Bedeutungen zusammen. Diesen kann man sich am ehesten annähern, wenn man den Symbolismus der alten Mythen betrachtet. Sei das Symbol nun ein Ring, ein verborgener Schatz, ein Drache, ein vielköpfiger Hund oder eine Landschaftsform wie eine Höhle oder ein Berg, es erzählt uns stets etwas über uns selbst. Zuweilen gibt es auch symbolische Motive wie Reise, Kampf, Heldentum, Treue und Romanze. Sie sind nichts anderes als Urformen menschlicher Eigenschaften, die manchmal im Konflikt zueinander stehen. Mythische Archetypen repräsentieren auch die negativen Kräfte, mit denen sich die Menschheit abfinden

## DAS SEHR GROSSE ÄUSSERSTE

Das im Westen als YIN-YANG-Symbol (unten) bezeichnete Symbol ist weltweit bekannt. In der chinesischen Philosophie heißt es TAI CHI („sehr großes Äußerstes") und gilt als der Ursprung der Welt. Es wird im Taoismus und im Neukonfuzianismus verwendet. Der Kreis steht für das grenzenlose, unendliche Universum. Der schwarze und weiße Bereich repräsentieren gegensätzliche, einander ergänzende Prinzipien; ihr ständiges Zusammenspiel bildet den Zyklus des Lebens. Yin ist die Nacht: dunkel, passiv und weiblich. Yang ist der Tag: hell, aktiv und männlich. Yin verkörpert das Ursprüngliche, Instinktive, Intuitive und Nachgiebige. Yang das Kreative, Rationale und Unnachgiebige. Die beiden Kräfte sind ständig in Bewegung und sorgen somit für dynamische Balance in der Welt; sie sind eng miteinander verwoben und voneinander abhängig – wenn eine Kraft vordringt, weicht die andere zurück.

**TAI CHI**
Dieses Symbol zeigt das perfekte Gleichgewicht zwischen Yin (dunkel, kühl) und Yang (hell, warm). Diese beiden Kräfte beherrschen nach chinesischer Vorstellung das Universum (siehe Kasten oben). Jede Kreishälfte enthält einen Punkt des gegensätzlichen Prinzips, der Übergang zwischen Yin und Yang ist fließend. Dieses Symbol bildet einen Teil der Nationalflagge von Südkorea.

muss, sei es nun in uns selbst oder in unseren Mitmenschen. Gier, Grausamkeit, Selbstsucht, Stolz und Verrat kommen leider nur allzu oft in der Menschheitsgeschichte vor.

Herausragendes Merkmal archetypischer Mythen und Legenden ist ihre dauerhafte Fähigkeit, den Geist zu beschäftigen. Wir erkennen sofort, dass sie die wichtigsten Belange und Erfahrungen unseres Lebens symbolisieren. Der Kampf zwischen einem Helden und einem Monster verfolgt uns eventuell, weil wir uns selbst in einem Kampf befinden, etwa zwischen Glauben und Zweifel. Eine Legende aus dem alten Griechenland ist sicher nicht nur historisch interessant: meist drückt sie einen wichtigen Aspekt unseres inneren Wesens aus.

Archetypen begegnen uns auch, wenn wir uns im Rahmen einer Psychotherapie in tiefere Schichten des Geistes bewegen. Analytiker, die mit Träumen und Kindheitserinnerungen arbeiten, um Neurosen, Ängste sowie Depressionen zu bekämpfen, fanden es erhellend, Mythen und Volkserzählungen zum Vergleich heranzuziehen. Die moderne Psychoanalyse, die von Sigmund Freud, Carl Gustav Jung und deren Anhängern begründet wurde, hat letztlich nur etwas wiederentdeckt, was alte Kulturen längst wussten. Besonders Themen, die in der heutigen Zeit tabu sind, wie Inzest und unorthodoxe Gefühle gegenüber Vater oder Mutter, werden in den Mythen verdeutlicht (man denke nur an Kronos, der seinen Vater Uranos kastriert, oder an Ödipus). Wenn wir mehr über uns selbst wissen wollen, sind Mythen eine wichtige Quelle.

**LEIBHAFTIGE WEISHEIT**
Viele Legenden schildern die Erleuchtung des Buddha und seine außerordentliche Weisheit. Diese Weisheit ist nicht nur sehr tief, sondern auch simpel: die wahre Natur der Dinge erkennen. Links vom Buddha sieht man das Rad der Lehre, Dharma; seine Hände führen die Geste der Unterweisung aus. Die Erhebung am Scheitel seines Hauptes symbolisiert seine Weisheit und Offenheit. Das dritte Auge zwischen seinen Brauen ist ein Zeichen seiner Einsicht.

# Jung & Archetypen

**VOGEL BA**
Die alten Ägypter dachten, ein Mensch würde nach seinem Tod in Gestalt des Vogels Ba zu den Sternen fliegen. Ba symbolisierte die Seele als reinen Archetypus. Darstellung aus der Zeit von Osorkon II. (872–837 v. Chr.).

Obwohl der Begriff Archetyp mit dem Werk von Carl Gustav Jung verbunden wird, stammt er aus erheblich älterer Zeit, nämlich von dem hellenistisch-jüdischen Philosophen Philon von Alexandria (um 20 v. Chr.–ca. 50 n. Chr.). Er umschrieb damit das *Imago Dei („Bild Gottes“)*: die Gottebenbildlichkeit des Menschen. Jung gebrauchte den Begriff des Archetypen umfassender. Für ihn waren es „universelle Bilder ... die den Inhalt des kollektiven Unbewussten ausmachen“; sie bestehen ursprünglich aus formloser Energie, die sich im Bewusstsein aber in Form von Symbolen manifestiert. Philon hingegen behauptete, Archetypen seien das, was überdauert, nachdem die Seele ihre selbstsüchtigen sowie egoistischen Triebe überwunden und ihre Einheit mit dem Göttlichen erkannt habe.

## Anima & Animus

Jung dachte, Archetypen kämen meistens in menschlicher Form vor. Als Beispiel nannte er Anima und Animus, die jeweils die weibliche Seite im Männlichen und die männliche Seite im Weiblichen repräsentieren. Jeder trage die Eigenschaften beider Geschlechter in sich; im Idealfall stehe ein Mann in Verbindung mit seiner Anima und eine Frau mit ihrem Animus. Wird Anima oder Animus jedoch vorherrschend, gerät das Selbst ins Ungleichgewicht. Jung glaubte, ein Mann, der von seiner Anima dominiert werde, sei extrem launenhaft und emotional, werde eine Frau vom Animus dominiert, sei sie zu selbstbewusst und rücksichtslos. Anima und Animus sorgen für Ausgleich und verhindern übertrieben männliche

**DER TEUFEL**
Diese Türverzierung aus dem Mittelalter hat das Gesicht des Teufels. Im Christentum verkörpert der Teufel die klassische Schattenfigur, die uns davon abhalten soll, zu sündigen. Er trägt Ziegenhörner, ganz wie der griechisch-römische Gott Pan. Pan war der Gott der Hirten und Herden; er liebte die Natur, war aber auch für seine Lüsternheit berüchtigt.

**TILL EULENSPIEGEL**
*(rechts)* Eine Banknote von 1921 zeigt Till Eulenspiegel. Till ist der archetypische Narr, der den sogenannten klugen Leuten einen Spiegel vorhält. Daher auch sein Name.

oder weibliche Verhaltensweisen. Wie alle Archetypen, so können auch Anima und Animus in Form von Idealbildern nach außen projiziert werden. Was dazu führt, dass der Mann auf der ewigen Suche nach einer unbeschreiblich schönen Frau ist, die ihm zu Füßen liegt, während die Frau vergeblich nach dem perfekten Ritter Ausschau hält, der sie beschützt.

In Mythen und Märchen erscheint die Anima oft als gefangene Prinzessin oder als geheimnisvolle junge Frau, die dem Helden hilft, wenn er sich verirrt hat, oder die seine erfolgreiche Rückkehr nach einem gefährlichen Abenteuer ermöglicht. Der Animus ist meist ein junger, furchtloser Mann der Tat, der sich durch seinen Eigensinn leicht in Gefahr begibt.

## SCHATTEN & SCHWINDLER

Der Schatten ist ein weiterer wichtiger Archetypus. Er ist die negative Seite der Persönlichkeit, die Gesamtsumme aller Urinstinkte, die wir vor uns verbergen. Wenn wir den Schatten nicht anerkennen, so Jung, wird er bei Stress unkontrolliert hervorbrechen und uns zu ungewöhnlichem Verhalten zwingen, das wir später bereuen werden. Nach außen projiziert steht er für die Suche nach dem Sündenbock, einem wehrlosen Opfer. Wenn wir lernen, seine Energien zu nutzen, kann er unsere Durchsetzungskraft stärken. Er ist also durchaus nicht nur negativ.

Der Schwindler ist ebenfalls ein Archetypus, der Probleme bereiten kann. Er symbolisiert jene Dinge, die unverhofft schiefgehen, die die Früchte des Erfolgs einheimsen, grausame Spiele mit uns spielen und liebgewordene Ansichten in Frage stellen. Der Schwindler erinnert uns an unsere Ängste und lässt uns in dem Moment, in dem wir Eindruck schinden wollen, lächerlich wirken. Doch ähnlich wie der Schatten ist der Schwindler nicht gänzlich negativ. Manchmal forciert er nötige Veränderungen. Er kann uns dabei helfen, unkonventionelle Seiten in uns zu entdecken, oder uns zeigen, dass wir uns in Selbsttäuschung ergehen. Er hält uns vor Augen, dass das Leben nicht vorhersehbar ist, dass wir uns nicht allzu ernst nehmen sollten, dass es für nichts eine Garantie gibt, auch nicht für permanenten Erfolg. In der Geschichte wurde der Schwindler durch den Hofnarren personifiziert, die einzige Person, die gefestigte Traditionen verspotten durfte. In den nordischen Sagen übernahm der Gott Loki die Rolle des Narren; er vereitelte stets die Pläne der anderen Götter. In afrikanischen Volkserzählungen ist der Schwindler oft ein Hase. Dieses Tier wurde von afrikanischen Sklaven nach Nordamerika gebracht, irgendwann verband sich die afrikanische Tradition mit der amerikanischen, was

zur Figur des Roger Rabbit führte. In unzähligen Mythen und Sagen der Welt wird der Schwindler durch das Naturelement Wind verkörpert. Der Wind ist unberechenbar, eigensinnig und entzieht sich zur Gänze unserer Kontrolle. Ein perfektes Symbol für den Schwindler.

### Held & Weiser

Der Held steht für unsere besten Eigenschaften: edle Ideale, Selbstaufopferung, ehrenwerte Absichten. Der Aspekt, den er verkörpert, ist allen Männern und Frauen eigen, ein Vorbild, dem wir nacheifern können. Wird er nach außen projiziert, ist er der perfekte Anführer, nach dem wir erfolglos suchen, ein Supermann, der all unsere Probleme lösen wird. Der Held ist der bevorzugte Archetypus in Western und Kriegsfilmen. Er kommt auch oft in Märchen vor und jagt dann einem magischen Objekt hinterher (einem Schatz, einem Ring, einem Schwert, dem Gral), das dafür sorgt, dass sich alles zum Guten wendet. Der Held symbolisiert die Suche nach unserem wahren Selbst, dem tiefen Geheimnis unseres Wesens. In Tragödien und Mythen wird das Heldentum zuweilen durch einen einzigen Mangel bedroht – nur die Ferse von Achilles ist verwundbar, und daran stirbt er letztlich. Selbst Helden sind nicht vollkommen, das spiegelt unsere eigene Verwundbarkeit wider.

Neben dem Helden tragen wir den Archetypus der weisen Person in uns. Sie wird üblicherweise durch den weisen alten Mann oder die weise alte Frau symbolisiert; durch einen Zauberer oder eine Elternfigur. Diese sind in der Lage, uns zu leiten und zu inspirieren; sie besitzen Heilkräfte und manchmal auch übernatürliche Kräfte. Anstatt diese weise Person in uns selbst zu suchen, projizieren wir sie häufig nach außen. Folglich gehen wir davon aus, dass ein anderer mehr weiß als wir selbst, sei es ein Fernsehwissenschaftler, ein überzeugender Politiker oder ein selbst ernannter Heiler. Das wäre eine Ursache dafür, warum wir uns von falschen Gurus und Propheten so leicht täuschen lassen.

**HELD GEGEN SCHATTEN**
Der Kampf zwischen den Lapithen, einem Kriegervolk, und den Kentauren, wilden Kreaturen, die halb Mann, halb Pferd sind, wurde als innerer Konflikt des Helden mit seinem Schatten interpretiert. Der Kampf wurde als Kentauromachie bekannt und war ein beliebtes Motiv der antiken Kunst. Hier auf einer griechischen Vase aus dem 6. Jahrhundert v. Chr.

# Religiöse Geschichten

**HIMMELWÄRTS**
Die Pfeiler und Gewölbe der Gotik lenken das Auge und damit die Seele in Richtung Himmel. Wie hier in der Kathedrale von Wells in England.

**HEILIGER BERG**
Der Tempel Angkor Wat in Kambodscha wurde um 1100 errichtet. Er ist dem Gott Vishnu geweiht. Die Türme repräsentieren den Berg Meru, den Sitz der Götter. Der zentrale Turm erhebt sich über dem wichtigsten Heiligtum.

Alle großen Weltreligionen verwenden in ihren Geschichten und bildhaften Darstellungen Symbole. Dadurch werden Gegebenheiten vermittelt, die sich schwer in Worte fassen lassen. Dabei sollen Geschildertes und Bilder nicht als buchstäbliche Wahrheit, sondern als Fingerzeige in die richtige Richtung aufgefasst werden. Jede Religion hat eine Schöpfungsgeschichte, die tiefgründige Lehren über die Natur des Menschen enthält, über sein Verhältnis zur materiellen Welt und über sein Schicksal. Die biblische Geschichte über Adam und Eva und ihre Vertreibung aus dem Paradies Eden veranschaulicht, wie gefährlich es ist, Gott nicht zu gehorchen (oder gegen die Gesetze der Natur zu rebellieren); nach dem Wissen des Intellekts zu streben anstatt nach der Weisheit der Seele, der Erde etwas abzuringen, was sie nicht aus freien Stücken hergibt. Diese Gefahren bestehen heute noch genauso wie zu der Zeit, als die Bibel verfasst wurde.

## Kunst & Architektur

Spirituelle Botschaften werden auch in Ritualobjekten, in der Kunst und in sakralen Bauten ausgedrückt. Viele Episoden werden durch Gemälde prächtig illustriert oder anhand von Skulpturen festgehalten. Kelche, Schalen, Kerzenleuchter und Schreine sprechen da eine etwas zurückhaltendere Sprache. Die Kostbarkeit eines Tempels und einer Kirche besteht darin, dass sie eine facettenreiche Darstellung von heiligen Themen und Ereignissen bieten. Wände, Decken und Fenster liefern zweidimensionale Flächen, die zur Schilderung religiöser Geschichten genutzt werden können; auf dem Altar stehen sakrale Objekte. Auch die Architektur des Gebäudes ist von Bedeutung. In römisch-katholischen Kirchen bilden Langhaus und Querschiff ein Kreuz, das die Kreuzigung Christi symbolisiert. Über dem Hochaltar wölbt sich eine Kuppel, die für das Himmelsgewölbe steht.

Berühmtes Beispiel für eine derartige Baukonstruktion ist der Petersdom in Rom. Kirchen stellen in Stein gemeißelte Erzählungen dar, die im Innern anhand von Gemälden, Skulpturen und Glasfenstern genauer ausgeführt werden. In Zeiten, in denen nur wenige lesen und schreiben konnten, haben sie den Gläubigen die Grundzüge ihrer Religion übermittelt. Gotische Kirchen wurden in Kreuzform erbaut und nach Osten, dem Geburtsort Christi, ausgerichtet. Ihre Altäre spiegeln das Opfer Christi wider und die Grabstätte, in die er gelegt wurde. Die spitz zulaufenden gotischen Bögen symbolisieren betende Hände und dienen als allgegenwärtige Mahnung an das regelmäßige Gebet. Heiligenfiguren preisen heilige Tugenden. Die bemalten Wände schildern die Geburt Jesu, seine Wundertaten, seine Lehren sowie seinen Gang zu dem Kreuz, an dem er starb. Deckengemälde veranlassen den Gläubigen, seine Augen und seine Seele zu erheben, um vom Diesseits in die Ewigkeit zu gelangen.

Mit Hilfe eines Objekts können wir die Gedanken zum Gebet oder zur Andacht versammeln. Das Kruzifix war zum Beispiel ein Symbol für die Zusammengehörigkeit von Leben und körperlichem Leiden. Die Gemeinde verstand die jeweilige symbolische Bedeutung von Weintrauben, Getreide, Fisch, Taube und Adler. Es ging darum, seinen Geist Christus und Gott zuzuwenden, sich ins Gedächtnis zu rufen, wie kurz das menschliche Leben ist, und sich vom Fleisch und vom Teufel nicht in Versuchung führen zu lassen. Das Leben hatte eine höhere Bestimmung, und das wurde durch eine Kirche anschaulich.

Nichtchristliche Sakralbauten vermitteln eine vergleichbare Botschaft, auch wenn sie im Detail anders ausgeführt sind: Die materielle Welt ist nicht die ultimative Wahrheit, die Menschen müssen sich auf die unvergängliche Wahrheit des Glaubens konzentrieren, die im Gegensatz zur Vergänglichkeit des Erdenlebens steht. Im Islam nutzt man geometrische Formen und keine Figuren, um sich Gott zuzuwenden. Im Hinduismus ist die Abbildung von Gott erlaubt, deshalb zeugen ausdrucksstarke Figuren vom Göttlichen.

**HEILIGE MUSTER**
Im Islam ist es untersagt, sich ein Bildnis Gottes zu machen. Daher hat man sich darauf verlegt, Gott mittels floralen und geometrischen Mustern sowie Kalligraphien zu preisen. Diese Keramiktafel aus der Freitagsmoschee in Isfahan im Iran enthält fünf Auszüge aus dem Koran, die kunstvoll gestaltet sind.

### MYSTISCHE ERFAHRUNG

Spirituelle Erlebnisse lassen sich schlecht rational ausdrücken. Daher haben unterschiedliche Glaubensrichtungen Sinnbilder wie Licht, Feuer und Wasser verwendet, um Erscheinungen, Transformationen oder andere „göttliche" Phänomene darzustellen. In den drei monotheistischen Religionen Christentum, Islam und Judentum verkörpern Engel himmlische Wesen, Mittler zwischen der göttlichen und der menschlichen Welt. Trotzdem spielt das Wort in Judentum (Kabbala) und Christentum (Johannes 1,1) eine besondere Rolle – nicht als Sprache, sondern als mystische Energie. Damit vergleichbar ist die heilige Silbe Om, die zu Beginn und am Ende aller buddhistischen sowie hinduistischen Gebete rezitiert wird. Das gesamte buddhistische Dharma soll in dieser mystischen Silbe liegen. Laut buddhistischer und hinduistischer Auffassung war Om der erste hervorgebrachte Laut der Menschheit, er enthält die Essenz des wahrhaften Wissens.

# Geheime Symbole

**RÄTSELHAFTE BILDER**
Geheimbünde wie die Rosenkreuzer nutzten unendlich viele Symbole, einige davon gehen auf die Bibel und die Alchemie zurück. Ihre Bedeutung war häufig nur Eingeweihten bekannt.
Dieser Baum der Erkenntnis über Gut und Böse stammt aus einem deutschen Buch namens *Geheime Figuren der Rosenkreuzer* (1785).

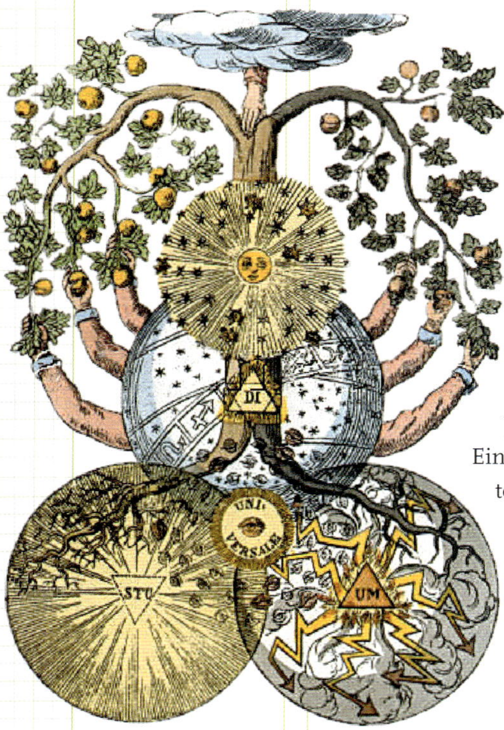


Es ist kein Zufall, dass der Bestseller *Sakrileg* von Dan Brown im englischen Original *Da Vinci Code* heißt. Es geht um die *Decodierung* von Symbolen, und das erklärt, was passiert, wenn wir versuchen, die Bedeutung eines rätselhaften Symbols herauszufinden. Je komplexer das Symbol oder je fremdartiger die Kultur ist, aus der es stammt, umso passender erscheint der Ausdruck Decodierung.

Symbolsprache ist sehr gut geeignet, um sich unter Eingeweihten zu verständigen. Besonders, wenn der Glaube, dem man anhängt, von Machthabern als unorthodox, subversiv oder anderweitig gefährlich eingestuft wird. Der Zugang zu den visuellen Codebüchern bleibt Außenstehenden verwehrt.

Doch die Verschleierung von Aussagen mittels Symbolen diente nicht immer dem Zweck, einer Verfolgung oder Bestrafung zu entgehen. In der Esoterik verkörperten Symbole oft geheimes Wissen – Erkenntnisse, die angeblich Macht verleihen. Diese Macht sollte den Eingeweihten vorbehalten bleiben, deshalb haben geheime Gesellschaften oder Bünde bevorzugt in Symbolsprache miteinander kommunziert.

### Esoterik

Ein Symbol kann exoterisch oder esoterisch sein. Esoterische Lehren sind nur Eingeweihten zugänglich, exoterische Lehren sind für weitere Kreise bestimmt und allgemein verständlich. Von zentraler Bedeutung bei den Esoterikern ist die Vorstellung, bestimmtes Wissen sei geheim und müsse daher vor der großen Masse verborgen werden. Es könnte in die falschen Hände geraten und missbraucht werden. Trotzdem müssen Esoteriker natürlich Anhänger um sich versammeln, damit die Wirksamkeit dieses Wissens nicht geschwächt wird.

Manche Symbole haben eine Bedeutung, die in jahrhundertelangen Traditionen verwurzelt und einer gewissen Bildungsschicht bekannt ist. Für Personen, die privilegierten Zugang zu tieferen Erkenntnissen hatten, haben diese Symbole aber einen ganz anderen Sinngehalt. Der literarische Kanon Europas enthielt über Jahrhunderte mittelalterliche Legenden über die Suche nach dem heiligen Gral. Der sagenhafte Kelch soll beim Letzten Abendmahl verwendet worden sein, außerdem soll Josef von Arimathäa darin einige Blutstropfen Jesu aufgefangen haben, als dieser am Kreuz starb. Dem heiligen Gral wurden Wunderkräfte zugeschrieben, er war lange Zeit ein Symbol für einen heiß begehrten Gegenstand, der unerreichbar bleibt. Laut neuerer Interpretation ist der Gral jedoch kein Gegenstand, sondern ein Geheimnis, dessen Enthüllung die Grundfesten der modernen Welt erschüttern wird. Es gibt eine Theorie, nach der Jesus nicht am Kreuz gestorben ist. Er überlebte, heiratete Maria Magdalena und hatte Kinder, deren Nachkommen bis in die heutige Zeit hinein nachweisbar sind. Demzufolge soll der Gral für Maria als Behälter für die Blutlinie Jesus stehen. Laut dieser Theorie existierte ein Geheimbund, die Bruderschaft vom Berg Zion, zu dessen Großmeistern Leonardo da Vinci und Jean Cocteau gehört haben sollen. Die Tempelritter bildeten die Armee dieses Geheimbundes.

Diese spekulative Geschichte erklärt zwar nicht unbedingt die Funktion von Symbolen innerhalb von Geheimbünden, zeigt jedoch, wie stark sich Menschen in der heutigen westlichen Welt von esoterischen

**DEN GEIST BEFREIEN**
Dieses Bild stammt aus einer prächtig illustrierten, deutschen alchemistischen Schrift namens *Sonnenglanz* (16. Jh.). Sie zeigt, wie der Körper „gekocht" wird, um den Geist freizusetzen. Der Geist wird von dem weißen Vogel verkörpert. Das Bild wurde vermutlich in Augsburg gemalt (siehe auch Seiten 60–61.)

Symbolen angezogen fühlen. Im Lauf der Geschichte hat es tatsächlich unzählige Sekten, Bruderschaften und Geheimbünde gegeben, die den Anspruch erhoben, uraltes Wissen bewahrt und vor Missbrauch beschützt zu haben.

### Berühmte Geheimbünde

Die größte esoterische Gesellschaft, um die sich viele Legenden ranken und die noch heute aktiv ist, ist die Bruderschaft der Freimaurer (siehe Seiten 158–159). Sie hat weltweit über fünf Millionen Mitglieder und entwickelte sich vermutlich aus Steinmetzverbänden, die im Mittelalter für den Bau der großen Kathedralen und Schlösser verantwortlich waren. Die Freimaurer benutzen immer noch Symbole, Gesten und Zeichen, die nur ihren Mitgliedern bekannt sind. Rosenkreuzer (siehe Seiten 48–49), Kabbalisten (38–39) und Alchemisten (60–61) setzten Symbole auf ähnliche Weise ein. In erster Linie, weil sie davon ausgingen, ihre Systeme enthielten tiefgründige Wahrheiten, die in den Händen von Personen, die nicht die nötige Vorbereitung absolviert hatten, um sie korrekt anzuwenden, gefährlich sein könnten.

Für einen Außenstehenden sind die alchemistischen Schriften wie ein Buch mit sieben Siegeln. Man muss sich sogar fragen, ob sie von den Alchemisten selbst immer verstanden wurden. In manchen Texten wird die Geheimhaltung offen zugegeben. Im *Rosarium Philosophorum* heißt es: „Wenn wir offen gesprochen haben, haben wir nichts gesagt. Wo wir uns in Codes und Bildern geäußert haben, haben wir die Wahrheit verheimlicht." Trotzdem sollte man die Alchemie nicht als Aberglauben von der Hand weisen. Es ist den Alchemisten zwar nie gelungen, einfache Metalle in Gold umzuwandeln, doch wenn man ihr Tun als Weg der inneren Wandlung begreift, ist es durchaus einleuchtend. Carl Gustav Jung hat die Alchemie unter diesem Gesichtspunkt betrachtet und kam zu dem Schluss, dass sie dem Wandlungsprozess gleicht, den ein Patient im Rahmen einer Psychotherapie vollzieht. Ist die Therapie geglückt, verfügt der Patient über eine gefestigtere Persönlichkeit als vorher.

Alchemie und Rosenkreuzer werden zur Esoterik der westlichen Welt gezählt und manchmal als Hermetik bezeichnet. Der Begriff Hermetik geht auf den legendären Weisen Hermes Trismegistus zurück, der im 3. Jahrhundert v. Chr. im alexandrinischen Ägypten lebte und die Eigenschaften des griechischen Gottes Hermes und die des ägyptischen Gottes Toth in sich vereint haben soll. Angeblich hat er ein Werk über Alchemie, Magie, Astrologie und Philosophie verfasst, das die gesamte Weltweisheit enthält. Innerhalb dieser langen Tradition okkulten Glaubens fungieren Symbole nahezu als Heiligtümer. Sie sind unwahrscheinlich vieldeutig und werden Historiker, Kulturwissenschaftler sowie andere, die versuchen, sie zu deuten, noch lange beschäftigen.

# TEIL 2

## DIE WELT DER SYMBOLE

# KOSMOS

Himmelskörper
Sonne
Mond
Astrologie

EINST DACHTEN DIE MENSCHEN, DIE ERDE BEFÄNDE SICH IM HERZEN DES UNIVERSUMS, BESTÜNDE AUS MEHREREN SCHICHTEN UND SEI SITZ VON GÖTTERN SOWIE MÄCHTIGEN KOSMISCHEN KRÄFTEN. FÜR VIELE IST DER HIMMEL AUCH HEUTE NOCH VON GROSSER BEDEUTUNG.

## HIMMELSKÖRPER

**Planeten haben die Menschheit seit jeher fasziniert, da sie sich scheinbar in einem ewigen, regelmäßigen Zyklus durch das All bewegen. Man wusste bereits sehr früh, dass sie den Kreislauf der Natur und das Leben auf Erden beeinflussen.**

### STERNE

Beeinflussten für viele Kulturen das Leben auf Erden (siehe Seiten 30–31). Einzelne Sterne verkörperten Engel, Saat neuen Lebens oder Nadelstiche des göttlichen Lichts in der Himmelssphäre. Die Milchstraße wurde als Fluss oder Brücke empfunden, die das göttliche mit dem menschlichen Reich verbindet.

### KOMETEN

Kometen wurden als Omen angesehen, das wichtige Ereignisse auf der Erde oder im Kosmos verkündet. Der Stern von Bethlehem könnte der Halley-Komet gewesen sein; er tauchte 11 v. Chr. sowie 1066 n. Chr. auf, zur Zeit der Schlacht von Hastings, bei der die Normannen England eroberten.

### PLANETEN

Ihnen wurden die Eigenschaften jener Götter zugeschrieben, deren Namen sie trugen. Der blutrote Mars war kriegerisch, während die sich langsam bewegenden Planeten Jupiter und Saturn kosmische Erhabenheit symbolisierten. Merkur repräsentierte für die Griechen bei Tagesanbruch Apollon und in der Abenddämmerung Hermes. Venus war der Morgen- oder Abendstern; der Herold der Sonne, der mit der Fruchtbarkeits- und Liebesgöttin verbunden wurde. In Mittelamerika war Venus dagegen eine starke männliche Kraft, ihr Auftauchen verhieß eine günstige Zeit für Kriege.

**STERNFABRIK**
Sterne werden häufig als Pentagramm, fünfzackiges Symbol der Neuwerdung, dargestellt. Spiralgalaxien (links) sind Sternsysteme, in denen Sterne entstehen und vergehen.

# Sonne

**DER SONNENKÖNIG**
Die Sonne verkörpert herrschaftliche Macht. Ludwig XIV., König von Frankreich (regierte 1643–1715), erklärte sich selbst zum Sonnenkönig, um den sich der Hof und die Nation drehte. Die Verherrlichung des Sonnenkönigs schlägt sich an zahllosen Stellen in Schloss Versailles nieder (oben, Detail eines Zauns).

Der strahlendste Himmelskörper von allen ist die Sonne. Sie gilt universell als Symbol für Leben, Licht, kreative Neuwerdung, oberste Hoheit und königliche Macht. Als Spenderin des Lichts steht sie für göttliche Weisheit, Erleuchtung und geheimes Wissen. Zudem repräsentiert sie das Licht der Inspiration, der Schöpfung und der Künste. Bei den alten Griechen wurde sie von Apollon, dem Gott des Lichts und der Musen, beherrscht. Unzählige Sakralbauten auf der ganzen Welt sind nach dem Stand der Sonne ausgerichtet, Heiligtümer erstrahlen, wenn sie am höchsten steht. Bei den alten Ägyptern diente das Sonnenjahr als Basis für den Sonnenkalender. Das Weihnachtsdatum entstand vermutlich durch den Versuch der Christen, das beliebte römische Fest des unbesiegten Sonnengotts (siehe gegenüber) zu christianisieren. Es wurde einige Tage nach der Wintersonnenwende begangen.

In den antiken Götterwelten ist die Sonne entweder die höchste Gottheit oder die Manifestation dieses Gottes. Der altägyptische Sonnengott Re war der große Beschützer, seine Mächte und sein Segen wurden durch den jeweiligen Pharao vermittelt, der zugleich „Sohn des Re“ und der Himmelsgott Horus war. Es gab mehrere Formen des Sonnengotts, welche die Sonne bei Tag repräsentierten sowie bei Nacht, wenn sie durch die Unterwelt wanderte (siehe unten). Die Inkas nannten sich „Kinder der Sonne“, der Haupttempel in Cuzco war dem Sonnengott Inti geweiht und mit Goldplatten bedeckt. Gold galt als Schweiß des Inti. Die Azteken brachten der Sonne Menschenopfer dar, um ihren Durst nach Blut zu stillen und ihr tägliches Aufgehen zu gewährleisten. Die Energie der Sonne wurde meist als männlich eingestuft, doch als Quelle des Lebens ist sie bei vielen Kulturen weiblich.

## DER BEHERRSCHER DER WELT

Kein Volk pflegte einen derart ausgeprägten Sonnenkult wie die Ägypter. **RE** war der Erhalter und Beherrscher der geschaffenen Welt; er existierte in mannigfacher Form. Der als Skarabäus dargestellte Sonnengott **CHEPRE** (rechts) stand für die Sonne bei Tagesanbruch, die beim Auftauchen aus der **UNTERWELT** wie eine Dungkugel aussieht, die ein Skarabäus vor sich her rollt. Der **FALKENGOTT HORUS** repräsentierte die Sonne im Zenit, die wie ein Raubvogel hoch oben am Himmel kreist. **HORUS** war der Himmels-, Welten- und Lichtgott, das häufigste Sonnensymbol und zudem ein machtvolles Emblem für königliche Macht. Der **WIDDER**-köpfige **ATUM** oder **ATUM-RE** war der Gott der Abendsonne, die in die Unterwelt hinabstieg, um die Welt vor Chaos und Zerstörung zu bewahren, bevor sie erneut als **CHEPRE** aufstieg. **ATON** war die sichtbare Form der Sonne und wurde in der Darstellung einer Sonnenscheibe verehrt. Unter der Herrschaft von Pharao Echnaton wurde **ATON** als Weiterentwicklung des **RE** zur höchsten Gottheit erhoben.

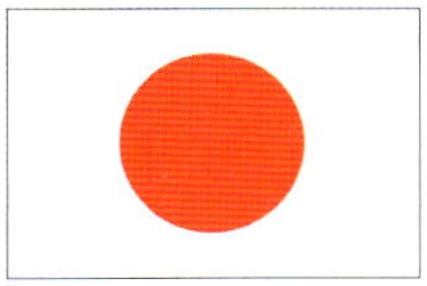
1

2

3

4

5

6

## SONNE DER NATIONEN

Als Symbol für Souveränität, Freiheit und Erneuerung findet sich die Sonne auf verschiedenen Nationalflaggen wieder (von oben nach unten): Die Flagge **JAPANS** (1) zeigt die aufgehende Sonne. Die Bezeichnung der Japaner für ihr Land lautet *Nihon* oder Nippon, „Land der aufgehenden Sonne“. Die wichtigste Gottheit des Shinto ist **AMATERASU**, sie personifiziert die Sonne sowie das Licht und gilt als Begründerin des japanischen Kaiserhauses. Das Emblem auf den Flaggen von **URUGUAY** (2) und **ARGENTINIEN** (3) ist die **SONNE DES MAI**, es soll an einen Aufstand gegen die Spanier im Mai 1810 erinnern. Die Flagge von **TAIWAN** (4) ist die Flagge der **REPUBLIK CHINA** vor 1949, sie steht für den Beginn einer neuen Ära nach dem Untergang der Qing-Dynastie im Jahr 1911. Auf der Flagge von **ANTIGUA UND BARBUDA** (5) steigt die Sonne aus einem blauen Meer herauf, das zwischen einem „V“ für *victory* (Sieg) liegt. Der Karibikstaat erlangte 1981 die Unabhängigkeit von Großbritannien. Eine rote Sonne auf schwarzem Grund ziert die Flagge von **MALAWI** (6). Das Schwarz steht für das afrikanische Erbe der ehemaligen Kolonie.

### SOL INVICTUS

*(oben)* Der griechische Sonnengott Helios wurde in Rom als „Sol Invictus“, der unbesiegte Sonnengott verehrt. Die Wintersonnenwende wurde am 25. Dezember mit einem großen Fest gefeiert. Die Kirche legte das Datum als Geburtstag Christi fest, in ihren Augen war Christus die „Sonne der Gerechtigkeit“.

### SWASTIKA

*(links)* Das Sonnenrad war für viele Kulturen ein Glücksbringer. Die Nationalsozialisten verwendeten ein nach rechts gewinkeltes Hakenkreuz als Symbol einer angeblichen arischen Rasse. Das Wort „Swastika“ stammt aus dem Sanskrit.

### JAGUAR-SONNE

Der Sonnengott der Maya, Kinich Ahau, wurde manchmal als Jaguar dargestellt. Der Jaguar galt bei den Maya als König der Tiere. Nachts streifte Kinich Ahau als Jaguargott durch die Unterwelt.

### HUITZILOPOCHTLI

Der „Kolibri des Südens“ war der Sonnen- und Kriegsgott der Azteken. Er erhielt ständig Menschenopfer, meist Kriegsgefangene von feindlichen Völkern, war jedoch so bedeutend, dass es die Azteken als Ehre empfanden, für ihn geopfert zu werden.

### PHAETON

Der Sohn von Helios steht für Tollkühnheit. Er bat seinen Vater, einmal den Sonnenwagen lenken zu dürfen. Helios willigte ein, doch das Viergespann geriet bald außer Kontrolle und löste eine Katastrophe auf Erden aus. Um das Chaos zu beenden, schleuderte Zeus einen Blitz, der Wagen wurde zertrümmert und Phaeton stürzte zu Tode.

### DABOG

War ein altslawischer Sonnengott; er galt als der „Spender des himmlischen Feuers“. Er zog wie Helios mit einem Wagen über den Himmel. In Kiew steht eine Statue des Dabog, der Sage nach sind die Russen seine Nachkommen.

### SONNENFINSTERNIS

Wurde meist als schlechtes Omen eingestuft. Bei den Inkas signalisierte eine Sonnenfinsternis, dass der Sonnengott Inti (oben) zornig war: eine fand kurz vor dem Eintreffen der spanischen Eroberer statt. Ein japanischer Mythos schildert, wie die Sonne sich einst in einer Höhle versteckte.

### SONNENKRÄHE

In der chinesischen Tradition symbolisiert die Sonne Yang, das männliche Prinzip. Die Sonnenkrähe hat drei Beine, die für die Morgen-, Mittags- und Abendsonne stehen. Einst soll es zehn Sonnen gegeben haben, doch neun wurden von dem göttlichen Bogenschützen Yi vernichtet.

### KELTISCHES KREUZ

Wird auch Radkreuz genannt und verkörpert die Sonne, die in alle vier Himmelsrichtungen strahlt. Das keltische Kreuz ist sehr alt, seine Ursprünge sind nicht restlos geklärt. Eventuell hat es etwas mit der Sonnengöttin Sulis zu tun, die auch als Göttin des Lichts und des Feuers galt.

# Mond

Von der Erde aus gesehen sind Sonne und Mond scheinbar gleich groß. Das ist vermutlich der Ursprung der einst weit verbreiteten Vorstellung, sie seien ein kosmisches Paar, das Tag und Nacht, Licht und Dunkelheit verkörpert. Sonne und Mond waren entweder Ehemann und Ehefrau oder in Inzest lebende Geschwister. Im alten Ägypten waren sie die Augen des Gottes Horus, in China die Augen des Urwesens Pangu und in Japan die des Urgottes Izanagi.

Wegen der Verbindung zum Menstruationszyklus ist der Mond in den meisten Kulturen weiblich – das Wort „Menstruation" setzt sich aus dem lateinischen *mensis* (Monat) und *stratus* (ausgestreut) zusammen. Für das Volk der Akan in Ghana ist der Mond das oberste Symbol der Schöpfung und wird von der Göttin Nyame repräsentiert. In der Regel musste der Mond bei der Schöpfung allerdings der Sonne den Vortritt lassen. Dennoch war der Mond stets ein Symbol für Fruchtbarkeit und weibliche Macht, bei den Ägyptern war er ein Attribut der Göttin Isis, bei den Griechen der Göttin Artemis. Die mächtige Artemis war eine Jungfrau, die sich gegen jegliche Annäherung der Männerwelt erfolgreich zur Wehr setzte; ihre Unabhängigkeit erinnert daran, wie unbarmherzig der Mond über Fruchtbarkeit und die Gezeiten herrscht.

Im deutschen Sprachraum und in Japan ist der Mond männlich, der japanische Mondgott Tsukiyomi ist das Gegenstück zur Sonnengöttin Amaterasu. In Ozeanien war die Sonne weiblich und der Mond männlich, weil die Frauen am Tage arbeiteten und die Männer nachts fischten. In Ägypten wurde der sich ständig wandelnde Mond durch den ibisköpfigen Thot verkörpert, er war auch der Gott der Magie. Sein griechisches Pendant Hermes geleitete mit Hilfe des Mondlichts die Toten in die Unterwelt.

**TARQEQ**
Der Mondgeist der Inuit symbolisiert Fruchtbarkeit, Sterblichkeit und die Seele der Tiere. Menschliche Verfehlungen bestraft Tarqeq mit Krankheit, Stürmen und erfolgloser Jagd. Der weiße Rand um das Gesicht dieser Maske aus Westalaska ist die Luft, die Holzreifen sind die Ebenen des Kosmos und die Federn die Sterne.

**ISLAMISCHER MOND**
Der Halbmond gilt als Zeichen für den Islam und stammt aus den Zeiten des Osmanischen Reichs. Er wurde vermutlich vom Banner Konstantinopels übernommen, die Stadt wurde 1453 von den Osmanen erobert. Der Halbmond stand ursprünglich für Artemis, die Schutzgöttin von Byzanz.

## MONDPHASEN

Die Mondphasen (unten) symbolisieren weithin den ewigen Kreislauf des Entstehens, der Auflösung und der Wiederschaffung. In China beginnt das Neujahr am ersten **NEUMOND** nach der Wintersonnenwende. Neujahr repräsentiert das Wirkungsvermögen allen Wachstums. Bei **VOLLMOND** steht **YIN** im Zenit seiner Macht: Empfänglichkeit, Passivität und Weiblichkeit. In der chinesischen Tradition erscheint der hellste Vollmond im achten Mondmonat; an diesem Tag findet das Mondfest statt, bei dem sich alle Familienmitglieder zum Essen versammeln und runde Kuchen verzehren, die den Vollmond verkörpern. Bei den Buddhisten steht der Vollmond für Reinheit und Heiterkeit.

In Indien symbolisiert der **HALBMOND** den Schöpfergott **SHIVA**. Zudem wird er mit dem altägyptischen **THOT** und mit dem griechischen **HERMES** in Verbindung gebracht, beides Götter der Wandlung. Die Maori begriffen das Zu- und Abnehmen des Mondes als ständigen Kampf zwischen dem Mond und einem anderen Gott. Die Mondsichel wurde bereits in der Bronzezeit als Symbol verwendet, oft als Zeichen für Fruchtbarkeit. Die Mondsichel auf dem Bild rechts zeigt aber den abnehmenden Mond.

### MOND-PAVIAN

Da Paviane in der Morgendämmerung wachwerden und die Sonne ankündigen, galten sie bei den Ägyptern als Mondwesen. Der Mondgott Thot wurde oft in Gestalt eines Pavians dargestellt, sein Kopfschmuck bestand aus Voll- und Halbmond. Damit wurden die Mondphasen und die Wandlung der Seele aufgezeigt.

### MANN IM MOND

In der westlichen Volkstradition wird der Mond oft als Männerfigur oder -gesicht gezeigt. Er soll dorthin geschickt worden sein, um am Sabbat Holz zu sammeln.

### MONDSÜCHTIG

Dem Mondlicht wurden unheilvolle Einflüsse nachgesagt; es soll sogar Geisteskrankheiten ausgelöst haben. Man glaubte auch, dass Schlafwandler mondsüchtig seien. Bei Vollmond war das Mondlicht laut osteuropäischen Sagen am gefährlichsten: Dann verwandelten sich manche Menschen in Werwölfe.

### UNBEFLECKTE EMPFÄNGNIS

Bei Darstellungen der Jungfrau Maria steht sie manchmal auf einer Mondsichel: ein Zeichen für ihre Reinheit, da sie den Gottessohn ohne menschliche Sünde empfangen hat. Die Mondsichel signalisiert auch, dass Maria die Königin des Himmels ist. Die Mondsichel war ursprünglich ein Attribut der ägyptischen Isis.

### HASE IM MOND

Das Pendant zum Mann im Mond ist der Hase im Mond, der vor allem in Ostasien verbreitet ist. Laut chinesischer Tradition hält er Mörser und Stößel in den Pfoten, womit er das Elixier der Unsterblichkeit anrührt. Bei den Chinesen ist der Mond ein Quell des Lebens, der im Mutterleib mit der Schaffung der „Mondseele“ (*po*) beginnt.

# ASTROLOGIE

Die Bewegungen aller sichtbaren Planeten und Sterne wurden bereits von sehr frühen Zivilisationen registriert und interpretiert. Die Unterscheidung in Astronomie (wissenschaftliche Himmels- und Sternenkunde) und Astrologie (Sterndeutung) erfolgte schon in Babylonien und im alten Ägypten. Die astrologischen Kenntnisse dieser Hochkulturen wurden von Griechen, Römern sowie Arabern übernommen und weiter ausgearbeitet. Die Planeten Uranus und Pluto kamen wesentlich später hinzu. Am Grundprinzip der Astrologie hat sich seit über 2000 Jahren wenig geändert.

Astrologie basiert auf dem hermetischen Grundsatz „wie oben, so unten“: Das Geschehen des Makrokosmos (All) wird im Mikrokosmos (unsere Welt) reflektiert. Die alten Völker waren fasziniert, welch ebenmäßige Bahnen die (scheinbar beweglichen) sieben Planeten Sonne, Mond, Venus, Merkur, Mars, Saturn sowie Jupiter am Himmel zogen. Diese Bahnen wurden in zwölf Häuser eingeteilt. Jedes Haus des Tierkreises verkörpert ein grundsätzliches Lebensthema, das den Rahmen für die Entwicklung eines Menschen vorgibt. Die Sternzeichen oder Tierkreiszeichen (links) sind babylonischen und griechischen Ursprungs. Bis auf die Waage entsprechen Sternzeichen jeweils einem lebendigen Wesen. Bei dieser Illustration aus dem 18. Jahrhundert (rechts) ist der Tierkreis eine etwa 20 Grad breite Zone um die „Himmelskugel“, innerhalb der die Bewegungen von Sonne, Mond und Planeten vor sich gehen. Die scheinbare Sonnenbahn bildet die Mittellinie des Tierkreises.

Zum Zeitpunkt der Geburt stehen jedes Haus und jeder Planet in einem bestimmten Sternzeichen, ein Geburtshoroskop ergibt sich durch die wechselseitige Beziehung von Häusern und Planeten.

**WAAGE** (23. September – 22. Oktober) Die Erde bei Tag-und-Nacht-Gleiche; steht für Harmonie und Ästhetik. Element: Luft.

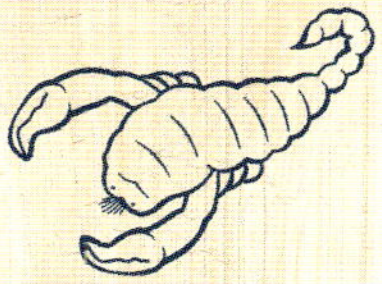

**SKORPION** (23. Oktober – 21. November) Beginnt, wenn die Tage kürzer werden; steht für Intensität, emotionale Tiefe, Beharrlichkeit und Wahrnehmung. Element: Wasser.

**JUNGFRAU** (22. August – 22. September) Wird mit Zuverlässigkeit, Perfektionismus, Ehrlichkeit und kritischer Analyse verbunden. Element: Erde.

**LÖWE** (23. Juli – 21. August) Ein Sonnenzeichen reinster Prägung. Wird mit Stolz, Mut, Zuversicht und Selbstdarstellung verbunden. Element: Feuer.

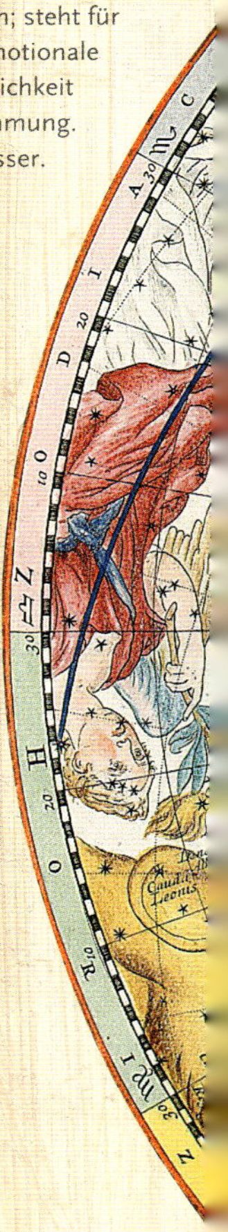

**KREBS** (21. Juni – 22. Juli) Wird mit Einfühlsamkeit, Kreativität und Unabhängigkeit verbunden. Element: Wasser.

## CHINESISCHE ASTROLOGIE

Chinesische Astrologie ist im gesamten asiatischen Raum verbreitet. Sie nimmt als Rechengrundlage einen Kalender und nicht die Position der Planeten zum Zeitpunkt der Geburt, ist also keine Astrologie im europäischen Sinn, zudem umfasst sie auch Naturphänomene wie **DONNER** und **REGENBOGEN**. Außerdem spielen bei der chinesischen Astrologie die **FÜNF ELEMENTE, PHILOSOPHISCHE LEHREN** sowie **YIN** und **YANG** (siehe Seite 88) eine wichtige Rolle.

Es gibt zehn Himmelsstämme und zwölf Tierzeichen: **RATTE, BÜFFEL, TIGER, HASE, DRACHE, SCHLANGE, PFERD, ZIEGE, AFFE, HAHN, HUND** und **SCHWEIN** (unten). Sie symbolisieren eher Lebensenergien als Charaktereigenschaften und sind den Himmelsrichtungen zugeordnet. In Verbindung mit Yin, Yang und den fünf Elementen ergeben sie einen Zyklus von 60 Jahren, der mit „Yang Holz Ratte“ beginnt und mit „Yin Wasser Schwein“ endet.

**Schütze (Kentaur)**
(22. November–22. Dezember) Steht für den Ausgleich zwischen Intellekt und Kraft, für Zielstrebigkeit, Inspiration und Wahrheitsliebe. Element: Feuer.

**Steinbock**
(23. Dezember–19. Januar) Nun herrscht tiefer Winter; wird mit Reflektion, Vorsicht und Selbstdisziplin verbunden. Element: Erde.

**Wassermann**
21. Januar–19. Februar) Das Licht kehrt zurück; wird mit Freiheitsliebe, Kommunikation und Weitblick verbunden. Element: Luft.

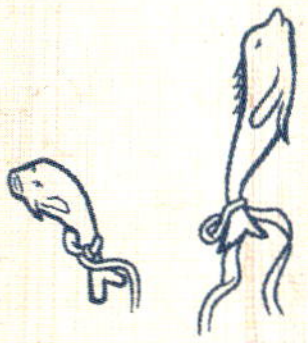

**Fisch**
(20. Februar–20. März) Der Vorfrühling ist eine Zeit des Übergangs; steht für Gefühl, Empfindlichkeit und Verträumtheit. Element: Wasser.

**Widder**
(21. März–19. April) Das erste Zeichen des Tierkreises; wird mit Energie und Impulsivität verbunden. Element: Feuer.

**Stier** (20. April–19. Mai) In dieser Zeit ist das Wachstum auf Erden besonders üppig; steht für Entschlossenheit, Stärke und Produktivität. Element: Erde.

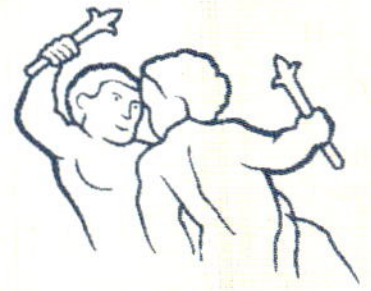

**Zwillinge**
(20. Mai–21. Juni) Wird mit Intellekt, Anpassungsfähigkeit und Dualität verbunden. Element: Luft.

# NATUR

Land & Wasser
Bäume
Kabbala
Früchte
Blumen & Pflanzen
Rosenkreuzer
Gärten
Die Elemente
Metalle & Steine
Alchemie
Säugetiere
Judentum
Wasserwesen
Himmelswesen
Könige & Heraldik
Schlangen & Reptilien
Insekten & Spinnen
Fabelwesen
Taoismus

DIE URVÖLKER STANDEN DER NATUR NÄHER, ALS WIR ES HEUTE TUN, DAHER KANNTEN SIE IHRE MÖGLICHKEITEN UND GEFAHREN BESSER – ERST IM 18. JAHRHUNDERT KAM DIE VORSTELLUNG AUF, DIE NATUR SEI EINE WUNDERSCHÖNE, WENN AUCH UNBEZÄHMBARE WILDNIS.

## LAND & WASSER

**Menschen haben ihre geheimsten Wünsche seit jeher automatisch auf die sie umgebende Landschaft projiziert: Wolken, Wasser, Himmel sowie Berge dienten als Reflektionsoberflächen für Träume und Ängste; kurz, für das Unbewusste.**

### INSEL

Symbol für das isolierte Selbst, obgleich das berühmte Zitat von John Donne unsere gegenseitige Abhängigkeit betont: „Niemand ist eine Insel ganz für sich." Eine Insel ist auch ein Zufluchtsort oder gar ein Paradies. In der griechischen und keltischen Mythologie ist die „Insel der Seligen" Heimat unsterblicher Helden.

### HÜGEL & BERGE

Als natürlicher Übergang zwischen Erde und Himmel haben Berge bei vielen Kulturen eine tiefe spirituelle Bedeutung. Berge waren von jeher der Sitz der Götter. In Hinduismus und Buddhismus steht der Berg Meru im Zentrum des Kosmos. Je höher man auf einen Berg steigt, umso näher kommt man der Erleuchtung oder der Erlösung.

### MEER, SEE & QUELLE

Das Meer steht für grenzenlose Freiheit und Abenteuer – doch auch für unermessliche Tiefe (das Unbewusste). Die Weite des Meeres ist beglückend und gleichzeitig angstauslösend. Wellen symbolisieren die Kraft der Leidenschaft, können Menschen jedoch unter sich begraben. Quellen repräsentieren neues Leben und Fruchtbarkeit. Teiche entsprechen der stillen Ruhe des mütterlichen Schoßes. Seen wurden in vielen Kulturen als Augen der Erde angesehen.

#### FLÜSSE

Verkörpern den Lauf des Lebens, da sie ständig in Bewegung sind. Der Weg eines Flusses bis zum Meer ist ein Symbol für das Erreichen einer höheren Bewusstseinsebene. Der Ganges in Indien ist die Personifizierung der Göttin Ganga; das reinigende Wasser fließt aus Shivas Locken.

# Bäume

Bäume sind die größten Pflanzen der Erde; sie zählen weltweit zu den mächtigsten Symbolen. Laubbäume vergegenwärtigen den Kreislauf des Lebens, sie werfen im Herbst ihre Blätter ab, um im Frühjahr erneut auszutreiben. Immergrüne Bäume symbolisieren Langlebigkeit und Beständigkeit. Die Wurzeln der Bäume reichen tief in die Erde, ihre Äste scheinen den Himmel zu berühren, daher verbinden sie Unterwelt, Erde und Himmel. Die Pueblo-Indianer in Nordamerika glauben, die Menschen seien unter der Erde entstanden und wären entlang eines großen Baumes an die Oberfläche gekommen. Bäume stehen für vier Elemente, sie nähren sich von Erde, Luft sowie Wasser (das sie auch speichern) und ihr Holz liefert den Brennstoff für Feuer. Bei einigen nordischen Völkern des Altertums wurde die Wintersonnenwende mit dem Julfest begangen; an diesem Tag schmückte man die Häuser mit immergrünen Zweigen und verbrannte einen mächtigen Eichenstamm, als Zeichen für die Rückkehr des Lichts und die Wiedergeburt der Natur.

Wälder wurden Sinnbild für Geheimnis und Verwandlung, sie waren Heimat von Geistern, Nymphen, Zauberern und Kobolden. Buddha erlangte unter einem Baum die Erleuchtung und lehrte in abgeschiedenen Wäldern. Bei den Buddhisten gelten Bäume bis heute als Symbol für Meditation und in Indien werden Bäume als Wohnort von Göttern verehrt.

**BENGALISCHE FEIGE**
Der Banyanbaum ist in Indien Nationalheiligtum. Er wächst in der Krone eines Wirtsbaums und sendet Luftwurzeln zu Boden. Vermutlich war er das Vorbild für den Weltenbaum in der *Upanischad*.

**EINE WURZEL, ZWEI BÄUME**
Ein Baum mit zwei Stämmen symbolisierte in vielen Kulturen zwei gegensätzliche Kräfte, die einander bedingen: Leben und Tod, Himmel und Erde sowie Körper und Geist. Der Weltenbaum in der nordischen Mythologie hat drei Wurzeln und verkörpert den gesamten Kosmos.

**WELTENBAUM**
Ist ein altes Symbol der kosmischen Ordnung bei indogermanischen Völkern. Er steht als Achse im Zentrum der Welt und verbindet Unterwelt, Erde und Himmel. In der indischen *Upanischad* und im jüdischen *Sohar (Buch des Glanzes)* steht der Baum auf dem Kopf, er wurzelt im Himmel, dem Ursprung allen Seins.

**DATTELPALME**
Bei den Römern galten Palmwedel als Symbol für militärischen Triumph, die Christen priesen damit die Ankunft Jesu als Messias, der der Menschheit die Auferstehung bringt. Bei den Arabern gilt die Dattelpalme als Baum des Lebens. Im Koran heißt es, Maria habe Jesus in der Wüste unter einer Dattelpalme geboren, die reife Früchte und eine Wasserquelle spendete.

## HEILIGE EICHE

Die mächtige **EICHE** ist weithin ein Symbol für männliche Kraft. **ODIN**, der Herrscher der nordischen Göttergemeinschaft, wurde mit ihr in Verbindung gebracht. Da Eichen Blitzeinschlägen widerstehen, verehrte man sie als Personifizierung von Göttern wie **ZEUS, JUPITER, THOR** und dem keltischen **TARANIS**. Bei den Kelten war die Eiche der heiligste Baum und Plinius der Ältere (23–79 v. Chr.) führt die Bezeichnung „Druide" auf das griechische *drys* (Eiche) zurück. Plinius berichtete, die Druiden würden ihre **MISTELN** nur in Eichen schneiden. Lichtungen in Eichenwäldern dienten den Druiden als Kultplatz und Versammlungsort. Die Eiche steht für Standhaftigkeit und Heldenmut. Die Sieger der Pythischen Spiele in Delphi wurden mit einer Krone aus Eichenlaub geehrt. Tapfere Krieger wurden nach einer erfolgreichen Schlacht mit Eichenlaub ausgezeichnet.

Eichen wurden auch mit weiblichen Eigenschaften assoziiert. Die stattliche Eiche war ein Sinnbild für das nährende, weibliche Prinzip, das von der **MUTTER ERDE** verkörpert wird. Die griechische Göttin **HERA** wurde in einem Eichenhain mit Zeus vermählt, vielleicht als Zeichen für die symbolische Vereinigung von **HIMMEL** und **ERDE**. Die **DRYADEN** waren Nymphen der Eichbäume. Sie starben, wenn der Baum, auf dem sie lebten, verdorrte oder gefällt wurde. Aus diesem Grund bestraften die Dryaden und die griechischen Götter jeden Sterblichen, der einen Baum verletzte, ohne zuvor die Baumnymphen anzurufen.

Eichen spielten zudem bei Weissagungen eine Rolle. Das Orakel von Dodona war ursprünglich der Erdgöttin **DIONE** geweiht, später war Zeus dort Orakelgott. Das Rascheln der Eichenblätter wurde von den Priestern und Priesterinnen als Stimme der Götter gedeutet.

### LINDE
Linden werden bis zu 1000 Jahre alt und ihre Blüten werden als Heilmittel eingesetzt. Bei den Germanen und Slawen war die Linde ein heiliger Baum, der Wahrhaftigkeit hervorbringt. Unter einer Linde wurde in vielen Orten Mitteleuropas das Dorfgericht abgehalten. Außerdem war sie ein Symbol für den Frieden, nach Kriegen oder Epidemien wurden Linden gepflanzt. Unter der Linde wurden auch Dorffeste gefeiert.

### BAUM DER ERKENNTNIS
Der Baum der Erkenntnis trug Früchte, deren Verzehr zum Sündenfall und zur Vertreibung aus dem Paradies führte. Das Gegenstück zum Baum der Erkenntnis ist das Kreuz, an dem Christus starb und damit die Erlösung vom Sündenfall brachte. In der nordischen Mythologie hängte sich Odin neun Tage lang an Yggdrasil, dem Weltenbaum, auf, um das geheime Wissen bei den Wurzeln zu erhalten.

### AKAZIE
Die Dornenkrone Christi soll aus Akazienholz bestanden haben. Die roten oder weißen Blüten der Akazien repräsentieren die Dualität von Tod und ewigem Leben.

### WEISSDORN
Dieser Baum besaß bei vielen Völkern Europas Zauberkräfte. Auf den britischen Inseln hängte man Weißdornblüten an die Haustüre, um das Böse abzuwehren. Weißdorn ist zudem ein uraltes Heilmittel.

### STECHPALMEN
Waren im alten Rom ein Symbol für neues Leben und Freundschaft. Für Christen verkörpern die dornenbewehrten Blätter die Dornenkrone Christi, die roten Beeren seine Blutstropfen.

### LORBEER
Die Nymphe Daphne verwandelte sich in einen Lorbeerbaum, um der Lust von Apollon zu entkommen. Seither war dem Gott des Lichts der Baum heilig, Lorbeerblätter schmückten Sieger und Dichter.

## DIE DREI FREUNDE DES WINTERS

In der chinesischen Tradition gelten **PINIE, BAMBUS** und **PFLAUME** als die „Drei Freunde des **WINTERS**". Die immergrüne Pinie trotzt großer Kälte und Stürmen, daher symbolisiert sie in schwierigen Zeiten Standhaftigkeit und Ausdauer. Sie ist ein häufiges Emblem für Langlebigkeit oder Unsterblichkeit, oft in Verbindung mit **PFIRSICHEN** und **KRANICHEN**. Wenn in China ein Geschenk mit neun Pinien geschmückt ist, wünscht man dem Beschenkten ein langes Leben: Das chinesische Wort für „neun" klingt ähnlich wie das Wort für „ewig".

Der schnellwachsende Bambus ist ebenfalls eine immergrüne Pflanze und verkörpert neben Langlebigkeit Anpassungsfähigkeit. Bambus wird in China vielfältig eingesetzt; die Sprossen als Speise, Halme und Blätter zur Herstellung von Möbeln und Dächern. Wegen seiner enormen Biegsamkeit gilt er als Symbol für Stärke. Die zarten roten, weißen oder rosa Blüten der Pflaume sind die Vorboten des Frühlings. Dieser Baum blüht noch vor der Kirsche und repräsentiert Hoffnung, Schönheit und Unberührtheit. Da Pflaumen nur kurz blühen, stehen sie auch für die Vergänglichkeit des Seins sowie für Mut, weil sie die Kraft des Frosts überwinden. Die „Drei Freunde des Winters" gleichen der Lehre von Konfuzius: Sie halten allen (politischen) Wettern stand.

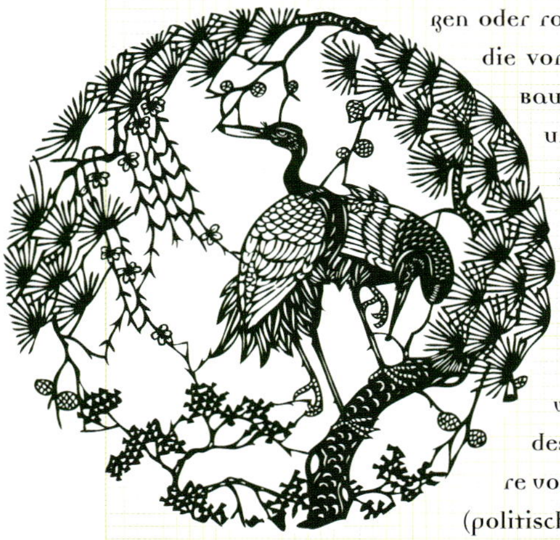

### MANDELBAUM

Verkörpert im Mittelmeerraum neues Leben, weil er im Frühjahr als Erstes blüht. Im Christentum repräsentieren Mandeln Jesus: Gott (der Kern), der von sterblichem Fleisch (die Schale) eingehüllt ist oder die Jungfrau Maria, die den Körper Christi in sich trägt (unbefleckte Empfängnis). In der griechischen Mythologie ist der Mandelbaum aus einem Blutstropfen der Fruchtbarkeitsgöttin Kybele entstanden.

### HASELNUSS

Symbolisiert in europäischen Sagen göttliches Wissen, Zauberkraft und Fruchtbarkeit. Zauberstäbe waren aus Haselnussholz gemacht. In einer irischen Sage verschlingt ein Lachs verzauberte Haselnüsse und erlangt dadurch universelle Weisheit, die sich auf den Helden Finn überträgt, als er von dem Fisch isst. Die Normannen berührten eine Kuh dreimal mit einem Haselnusszweig, damit sie Milch gab. Die Germanen warfen bei einer Hochzeit Haselnüsse.

### EIBE

Da alle Pflanzenteile der Eibe giftig sind, wird sie seit jeher mit dem Tod assoziiert. Sie symbolisiert aber auch Unsterblichkeit, weil diese Bäume ein sehr hohes Alter erreichen können. In England werden Eiben seit Jahrhunderten auf Friedhöfen gepflanzt (oben). Wenn zu Weihnachten die Häuser mit immergrünen Zweigen geschmückt wurden, hat man Eiben stets vermieden; man hatte Angst, sich dadurch den Tod ins Haus zu holen.

**OLIVENBAUM**
Die griechische Göttin Athene ließ den ersten Olivenbaum sprießen. Seither versorgen diese Bäume die Menschen mit Öl. In der Bibel gilt ein Olivenzweig als Friedenssymbol.

**ZYPRESSE**
Im antiken Griechenland waren Zypressen Hades, dem Gott der Unterwelt, geweiht. In Asien sind diese Bäume hingegen ein Symbol für Langlebigkeit; die „Zypresse von Abarkuh" im Iran ist über 4000 Jahre alt.

**ROTE ZEDER**
*(rechts)* Gilt unter den Ureinwohnern im nordwestlichen Pazifikraum als Emblem für Zusammengehörigkeit. Aus dem weichen, widerstandsfähigen Holz werden bis heute Totempfähle gefertigt. Zedernholz diente auch als Baumaterial.

**ESCHE**
Der Weltenbaum Yggdrasil in den nordischen Mythen war eine Esche. Ihre Wurzeln führten in drei Unterwelten, die Krone nahm den gesamten Himmel ein. Bei den Griechen repräsentierte die Esche Stärke: Aus ihrem Holz wurden Speerschäfte gefertigt.

**ZEDER**
Diese Kieferngewächse können bis zu 40 Meter hoch werden und liefern ein duftendes, dauerhaftes Holz. Sie wurden mit Langlebigkeit, Ewigkeit und dem Himmelsreich verbunden. Der Tempel von König Salomon soll zum Teil aus Zedernholz erbaut worden sein.

**FEIGENBAUM**
Feigen sind in vielen Regionen ein wichtiges Nahrungsmittel und symbolisieren Überfluss sowie Fruchtbarkeit. In Ägypten sind Feigen Lebensbäume. Im Koran ist der Feigenbaum ein verbotener Baum im Paradies. Buddhisten verehren den Feigenbaum als Symbol für die Erleuchtung Buddhas.

**MAULBEERBAUM**
Die Früchte des Maulbeerbaums sind anfangs weiß oder grün, dann rot und ausgereift violett oder schwarz. Folglich verkörpern sie die Lebensphasen: Unschuld, Elan und Verfall. In der chinesischen Mythologie sitzt die Sonne in einem riesigen Maulbeerbaum am östlichen Horizont.

**TAMARISKE**
Das himmlische Manna in der Bibel war ein Sekret des Tamariskenstrauchs; Abraham pflanzte einen in Beerseba (1. Mose 21,33). Angeblich war der Baum der Erkenntnis eine Tamariske. In China werden der Tamariske die gleichen Eigenschaften wie der Pinie zugeschrieben, sie steht dort für Ausdauer und Langlebigkeit.

**PAPPEL**
Im amerikanischen Unabhängigkeitskrieg wurden Pappeln als Symbol für die neue Freiheit gepflanzt. Die französischen Revolutionäre folgten diesem Brauch und versahen Pappeln mit Bändern in den Farben der Trikolore.

**WEIDE**
Verkörpert in China Belastbarkeit und Flexibilität, dem Baum werden schützende Kräfte zugeschrieben. Ein Weidenzweig vertreibt böse Geister. Die buddhistische Göttin Guanyin benutzt einen Weidenzweig, um den Kranken und Armen heilenden Nektar zukommen zu lassen. In der Bibel hängten die trauernden Israeliten ihre Harfen in die Weiden an den Wassern von Babylon (Psalm 137). Daher werden Weiden mit Unglück und Trauer verbunden. In England glaubt man heute noch, es bringe Unheil, wenn man Weidenholz im Kamin verbrennt.

# KABBALA

Kabbala ist die sagenumwobende jüdische Mystik, die im 12. Jahrhundert in Spanien und in der Provence entstand. Zentrales Werk der Kabbala ist der *Sohar (Buch des Glanzes)*, der Moses de León zugeschrieben wird. Das hebräische Wort „Kabbala" bedeutet „empfangen" oder „Überlieferung", laut Kabbalisten soll Adam der Erste gewesen sein, dem geheimes Wissen offenbart wurde. Dieses Wissen ging durch den Sündenfall verloren und erst Abraham, der Stammvater Israels, wurde durch den Hohepriester Melchisedek erneut darin unterwiesen (oben).

Die Kabbala bietet eine symbolreiche Erklärung für den Ursprung des Kosmos und für das Verhältnis zwischen Gott und der Menschheit. Alles Leben auf Erden geht auf En Sof zurück, den unendlichen immateriellen Gott, der vor der Schöpfung existierte. Einige Kabbalisten beschreiben En Sof als undefinierbares Urlicht. Als En Sof die Welt erschuf, enthüllte Gott zehn seiner Qualitäten, wobei jede einzelne durch ein Symbol oder *Sefira* dargestellt wird (im Plural *Sefirot*, daher die Bezeichnung des Lebensbaums). Die *Sefirot* sind durch genaue Beziehungen miteinander verbunden. Der Pfad beginnt bei *Kether* (Krone), das alles was war, ist und sein wird bezeichnet, und führt zu *Malkhut* (Königreich), das der Präsenz Gottes in allen Stoffen entspricht. Durch das Studium des *Sefirot* (gegenüber) kann man sich Gott annähern. Und da die Menschen Abbild Gottes sind, spiegelt sich seine Vielfalt in unseren geistigen Empfindungen wider.

Der *Sefirot* ist mit dem Chakrensystem verglichen worden, das ebenfalls den Aufstieg des Geistes zu höheren Sphären veranschaulicht. Beide Systeme bieten nicht nur eine Erklärung für die Verbindung zwischen Geist und Materie, sondern auch einen Pfad zur Wandlung. Die Großen Arkana im Tarotkartendeck entsprechen in gewisser Weise den *Sefirot*, sie gelten als Urerfahrungen und große Geheimnisse.

## DIE VIER WELTEN

Die Kabbala kennt vier Welten, in denen sich der unbegreifliche **EN SOF** manifestiert, damit die Menschen ihn wahrnehmen können. Jede Welt enthält eine Ausformung der zehn **SEFIROT**, und jede ist mit einem Buchstaben des **TETRAGRAMMS** (siehe links unten) verbunden. Die erste Ebene, **ATZILUTH** (Emanation), ist die reinste, erfüllt vom unendlichen Licht En Sofs. Die zweite ist **BRIAH** (Schöpfung), sie beherbergt die Erzengel, zeigt sich jedoch nicht in fassbarer Form. Dies geschieht in der dritten Welt **JETZIRAH** (Formung), dem Unterbewusstsein, aus welchem die Sefira Yesod resultiert. Vollendet wird die Manifestation in der vierten Welt **ASSIA** (Handlung). Assia verfügt über eine spirituelle und eine körperliche Ebene, letztere ist die Welt, die wir wahrnehmen.

### DIE EINHEIT DES GLAUBENS

Für Kabbalisten ist Gott unveränderlich und ewig, daher besteht zwischen Judentum, Christentum und Islam nur ein theoretischer Unterschied. Dieses Symbol der Glaubenseinheit aus dem 18. Jahrhundert stammt von Rabbi Jakob Emden.

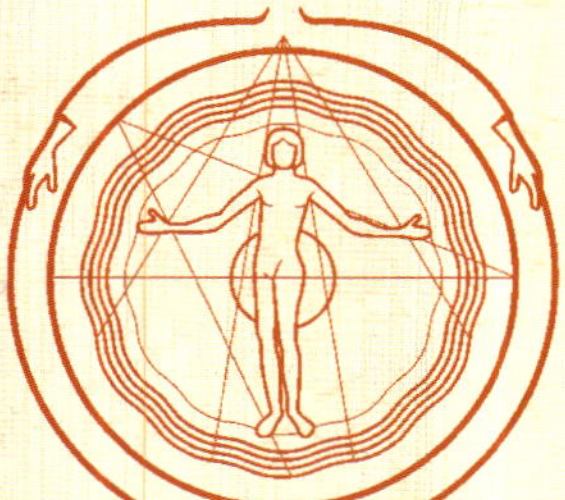

### ADAM KADMON

Laut den Kabbalisten war Adam Kadmon der erste Mensch der Schöpfung. Er entspricht dem Abbild Gottes und ist ein Symbol für das Göttliche in uns, dem man sich nur durch tiefe Kontemplation annähern kann.

### TETRAGRAMM

Der Name Gottes wird in der hebräischen Bibel stets als das Tetragramm (Vierfachzeichen) JHWH dargestellt. Die vier Buchstaben haben göttliche Macht, die nicht missbraucht werden soll, deshalb darf der Name Jahwe nicht ausgesprochen werden.

**Kether** „Krone“, erste Emanation; die Anweseneit Gottes in der Schöpfung.

**Binah** „Verstand“, drei; der Ursprung des Werdens oder die mystische „Mutter“ der Schöpfung.

**Geburah** „Stärke“, fünf; die harte Gerechtigkeit Gottes, wird durch Hesed ausgeglichen.

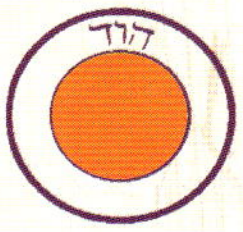

**Hod** „Pracht“, acht; die Herrlichkeit der Schöpfung spiegelt die Herrlichkeit Gottes wider.

**Jesod** „Fundament“, neun; hier verwandelt sich der Geist in Materie.

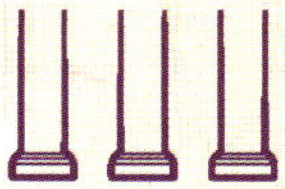

**Drei Säulen** Göttlicher Wille (Mitte), Gerechtigkeit (links) und Barmherzigkeit (rechts) oder Milde (Mitte), weiblich (links) und männlich (rechts). Die Säulen sind durch 32 Pfade verbunden.

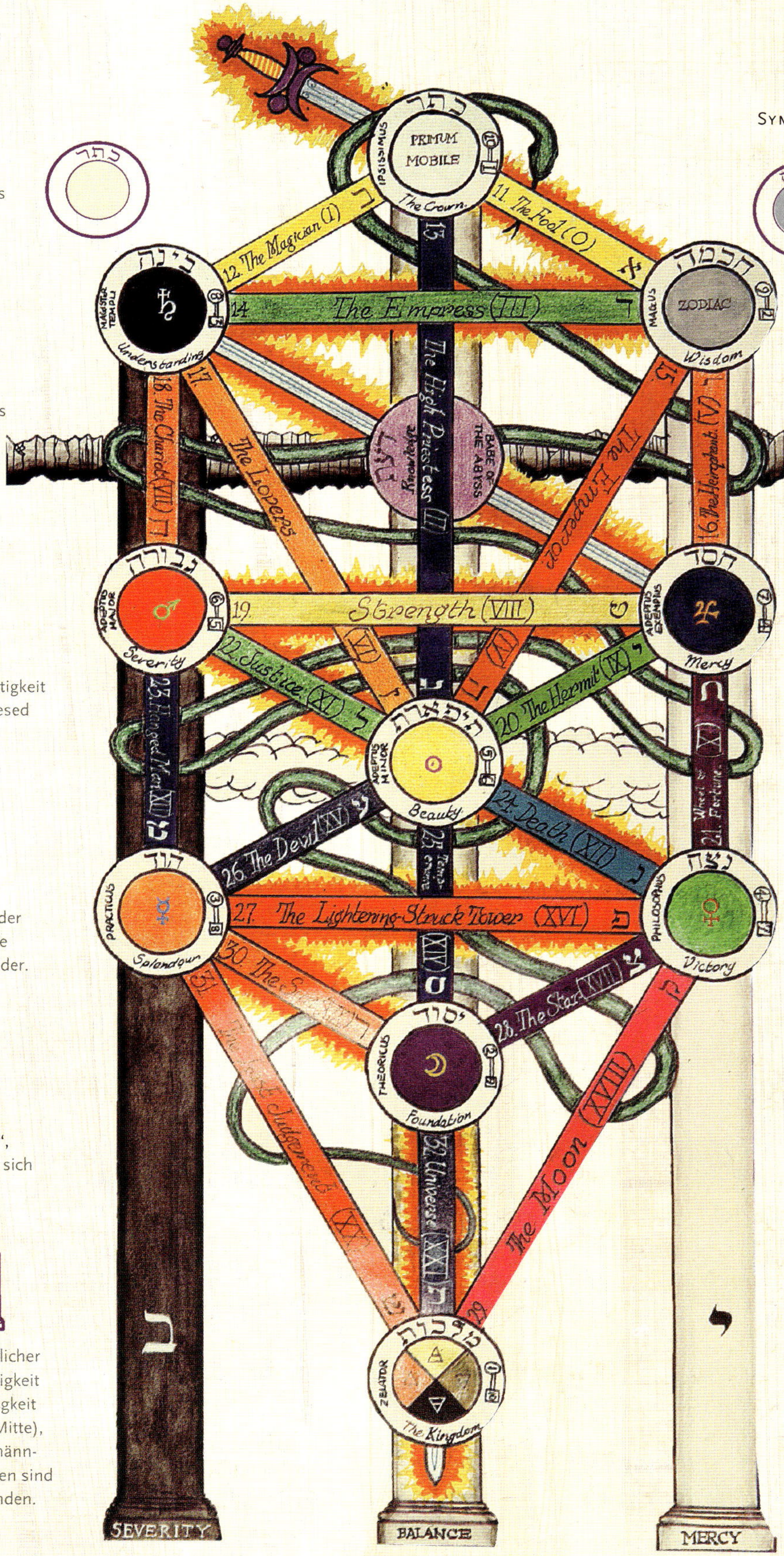

**Chokma** „Weisheit“, zwei; der Samen des Werdens oder der mystische „Vater“ der Schöpfung.

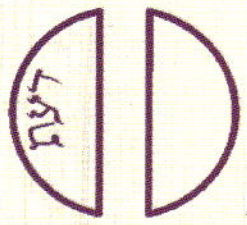

**Daat** „Erkenntnis“, Keine echte *Sefira*, vereint alle zehn *Sefirot*.

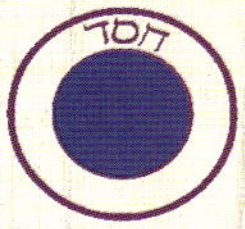

**Hesed** „Güte“, vier; göttliche, allumfassende Liebe und Gnade.

**Tiferet** „Schönheit“, sechs; damit sind alle Lebewesen ausgestattet.

**Nezach** „Ewigkeit“, sieben; Schwelle des Werdens, wird auch als „unendliches Jetzt“ beschrieben.

**Malkuth** „Königreich“, zehn; Reich der Materie; göttliche Präsenz in der Welt; Sein.

# Früchte

**STILLLEBEN**
Bevorzugtes Motiv der europäischen Maler des 17. und 18. Jahrhunderts waren Früchte und Blumen, sie symbolisierten die Fülle der Schöpfung Gottes. Verfaulte Früchte wiesen auf die Vergänglichkeit des irdischen Daseins hin.

Botanisch gesehen sind Früchte lediglich Blüten im Zustand der Samenreife, sie symbolisieren seit jeher Überfluss und die Fruchtbarkeit der Erde. Das sprichwörtliche „Füllhorn der Natur“ wurde in der klassischen Malerei mannigfach und farbenprächtig dargestellt. Früchte werden jedoch auch mit negativen Dingen assoziiert – man denke nur an die „verbotenen Früchte“, die laut der Bibel am Baum der Erkenntnis wuchsen. Als Adam und Eva von diesen Früchten kosteten, missachteten sie einen Befehl Gottes und wurden folglich aus dem Paradies vertrieben. In der Bibel wird nicht näher beschrieben, um welchen Baum es sich gehandelt hat, wahrscheinlich um eine Feige. Die christliche Kunst des Mittelalters stellt ihn als Apfelbaum dar. Vielleicht wegen des Wortspiels, das sich in der lateinischen Bibelübersetzung zwischen *malum* (Apfel) bzw. *malus* (Apfelbaum) und *malum* (das Böse) ergibt. Nach volkstümlicher Vorstellung blieb Adam ein Stück von der verbotenen Frucht im Hals stecken – daher der „Adamsapfel“. Da sie Samen für neues Leben beinhalten, werden Früchte mit Sexualität gleichgesetzt, bei Bananen ergibt sich diese Verbindung durch die Erscheinungsform.

**ZITRONE**
Die Blüten der Zitrone duften süß, die Früchte schmecken sauer. Die gegensätzlichen Sinneseindrücke verkörpern die Treue im wechselvollen Spiel der Liebe.

**BEEREN**
Tiefrote Beeren verkörpern Leben oder Blut. Holunderbeeren werden in der christlichen Tradition mit Reue verbunden: Judas soll sich am Ast eines Holunderbaums erhängt haben.

**BIRNE**
Die Römer benutzten das gleiche Wort (*pirum*) für Birne und die männlichen Genitalien, diese Assoziation blieb bis zur Renaissance erhalten. Bei den Griechen waren Birnen den Göttinnen Hera und Aphrodite geweiht.

**GRANATAPFEL**
Steht für Fruchtbarkeit und Versuchung. Persephone, die Tochter der griechischen Göttin Demeter, bekam von Hades, dem Gott der Unterwelt, einen Granatapfel zu essen. Da kam sie nicht mehr von der Unterwelt los.

**PFIRSICH**
Gilt in China und Japan als Symbol für Langlebigkeit. Im Christentum bedeutete ein Pfirsich mit einem Blatt Aufrichtigkeit. Diese Auslegung geht auf das uralte Sinnbild „wenn die Zunge aus dem Herzen spricht" zurück.

**APFEL**
Hat in der westlichen Welt wegen des Sündenfalls vielfache Bedeutungen. Die goldenen Äpfel der Hesperiden (Töchter der Nacht) verleihen Unsterblichkeit. Der Apfel, der im Hohelied Salomons erwähnt wird, soll das süße, köstliche Wort Gottes versinnbildlichen.

**FEIGE**
Wird mit Sexualität und Ekstase assoziiert. Ein vertrockneter Feigenbaum symbolisiert eine Kirche, deren Äste von Heretikern vernichtet wurden. Im Buddhismus ist die Feige heilig; Buddha erlangte unter einem Feigenbaum die Erleuchtung.

## DIE FRÜCHTE ASIENS

In China ist die **LITSCHI** (bis vor kurzem in der westlichen Welt unbekannt) ein Glückssymbol, da die chinesische Bezeichnung dafür ähnlich klingt wie das Wort für Interesse an finanziellen Dingen oder „Geburt eines Sohnes". **APFEL** klingt im Chinesischen ähnlich wie „Frieden" und steht daher für Harmonie. Derartige phonetische Überschneidungen haben in China große Bedeutung, ein Liebespaar würde sich dort niemals eine **BIRNE** teilen, weil das Wort für diese Frucht ähnlich wie „Trennung" klingt, obwohl der Birnbaum selbst eigentlich Langlebigkeit verkörpert. Die Blüten der **KIRSCHE** sind in Japan Nationalsymbol und außerdem ein Emblem der Samurai – die atemberaubende Schönheit der nur kurz blühenden Kirschblüten repräsentiert das flüchtige Dasein eines Kriegers, wird das rote Fruchtfleisch zermalmt, erinnert das an die Selbstaufopferung der Samurai durch (berufsbedingtes) Blutvergießen.

**WEINTRAUBEN**
Verkörpern den Wein, den Jesus beim Letzten Abendmahl mit seinem Blut verglich. In der hebräischen Bibel steht Wein für gesegneten Überfluss. Die Römer feierten den Gott des Weins, Bacchus, mit rauschenden Festen.

**APRIKOSE**
Wird in China mit Bildung assoziiert: Konfuzius soll seine Schüler unter einem Aprikosenbaum unterrichtet haben.

**BANANE**
Bringt eine Bananenstaude samenlose Früchte hervor, stirbt sie ab. Für Buddhisten symbolisiert die Banane daher die Sinnlosigkeit weltlicher Güter (in Wirklichkeit vermehrt sich die Pflanze durch Rhizome im Boden). In der Traumdeutung wird die Banane mit dem Penis gleichgesetzt.

**DATTEL**
Die Dattelpalme war der heilige Baum der Babylonier. In der hebräischen Bibel verkörpert die Dattel den aufrechten Bürger, der von Gott gesegnet ist. Im Islam wird die Frucht mit Maria verbunden, die Jesus unter einer Dattelpalme gebar.

**CHINESISCHE DATTEL**
Die chinesische Bezeichnung für diese Frucht klingt ähnlich wie „bald". Daher symbolisiert sie den Wunsch, dass eine Braut rasch Kinder haben soll.

**ORANGE**
Symbol für Heirat, eine Braut trägt Orangenblüten im Haar.

**KHAKIFRUCHT**
Schmeckt unreif bitter und reif sehr süß. Steht bei den Buddhisten für die spirituelle Transformation.

## FRÜCHTE IM ÜBERFLUSS

Die Ziege **AMALTHEA** nährte den kleinen **ZEUS** einst auf Kreta mit ihrer Milch. Als Dank dafür ließ der Göttervater ihr abgebrochenes Horn zum nie versiegenden **FÜLLHORN** mit Früchten werden. Das Füllhorn war auch Attribut der Fruchtbarkeitsgöttin **DEMETER**, des Weingottes **DIONYSOS** (**BACCHUS**), der römischen Schutzherrin der Blüte **FLORA** sowie der allegorischen Gottheiten **FORTUNA**, **PAX** und **CONCORDIA**. Als Symbol für Überfluss ziert das Füllhorn die **WAPPEN** von New Jersey, North Carolina und Idaho.

Die Göttin **POMONA** (siehe Seite 53) trug stets einen **OBSTKORB** bei sich, er gilt als Symbol für Sinnesfreuden. **ENGEL** sollen Jesus einen Obstkorb in die Wüste gebracht haben. Eine **SCHALE MIT OBST** steht entweder für **NÄCHSTENLIEBE** oder für **VÖLLEREI**.

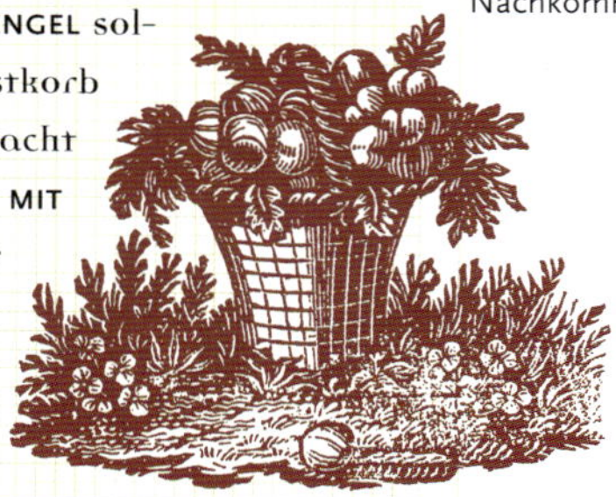

### ZITRONATZITRONE

*(rechts)* Wird auch Judenapfel genannt, da die Frucht von den Juden als heiliger Paradiesapfel verehrt wird. Fünfblättrige Triebe am unteren Stamm der Zitronatzitrone gelten in China als „Buddhas Hand“ *(Fo shou)*, da dieser nach der Erleuchtung die Erde berührte, damit sie seine Wandlung bezeuge. Im Chinesischen symbolisiert diese Frucht aufgrund eines Wortspiels auch Langlebigkeit (*Fu*) und Glück (*shou*). Gemeinsam bilden Zitronatzitrone, Pfirsich und Granatapfel die „Drei Reichtümer“, sie stehen für langes Leben, Wohlstand und viele Nachkommen.

### ERDBEERE

Wegen ihrer Form und ihrer sinnlichen Farbe verkörpert die Erdbeere weibliche Sexualität. Sie war ein Symbol der römischen Liebesgöttin Venus. In Frankreich teilen sich Frischvermählte eine Schale Erdbeersuppe als Aphrodisiakum. Ein Paar, das gemeinsam eine Erdbeere isst, soll sich verlieben. Als Sommerfrucht wird die Erdbeere in manchen Mythologien mit der Sonne assoziiert, bei den Indianern Nordamerikas repräsentiert sie den Sommer.

### ANANAS

Finden sich aus Stein auf Torpfosten und Hauswänden von vielen europäischen Anwesen des 18. Jahrhunderts. In jener Zeit konnten sich nur wenige exotische Früchte leisten, die über große Entfernungen aus den Tropen importiert oder in beheizten Gewächshäusern kultiviert werden mussten. Daher wurde die Ananas Symbol für Reichtum und großzügige Gastfreundschaft. Wohlhabende Adlige und Kaufleute schmückten ihre Häuser mit dieser Frucht.

## MARONE

Steht in China aufgrund eines Wortspiels für die Zeugung von Nachkommenschaft, also für den Sexualtrieb. In Schottland legen Liebende an Halloween zwei Maronen ins Feuer. Garen sie unbeschadet gleichmäßig durch, hat das Paar eine Zukunft, platzt jedoch eine Marone oder gar beide, werden sich die Liebenden irgendwann trennen.

## PFLAUME

Ist bei den Pawnee-Indianern ein Symbol für Fruchtbarkeit. In China zählt der Pflaumenbaum zu den „Drei Freunden des Winters" (siehe Seite 36). Die unreife Frucht steht für einen Schüler im Gegensatz zum Meister. Für Christen verkörpern Pflaumen Treue und Unabhängigkeit.

## WALNUSS

Nüsse werden allgemein mit Fruchtbarkeit verbunden. Die Römer aßen gekochte Walnüsse, um ihre Potenz zu steigern, obwohl Plinius der Ältere vor dem unheilbringenden Schatten des Walnussbaumes warnte. Der Kern in der harten Schale steht für Weisheit, die schwer zu erlangen ist. Es hieß, wenn man unter einem Walnussbaum schlief, würde man träumen, was im nächsten Jahr geschähe. In der christlichen Kunst symbolisiert die Walnuss Jesus: Die Hülse ist sein Fleisch, die Schale das Holz des Kreuzes und der Kern seine Göttlichkeit. Anhänger Christi wurden als Vogel dargestellt, der versucht, an den Kern zu kommen.

## CHILI & TOMATE

In Indien wird Chili (rechts) gemeinsam mit Limetten aufgehängt, um böse Geister und den bösen Blick abzuwehren. Die Urtomate wurde vermutlich von den Azteken kultiviert. Über Kolumbus gelangten Tomaten nach Europa. Sie waren nicht nur rot, sondern auch gelb oder weiß, daher der italienische Name *Pomodoro*, Goldapfel. Lange glaubte man, die Tomate sei der „Paradiesapfel", der die Menschheit ins Verderben stürzte. Für die Franzosen war es „pomme d'amour", der Liebesapfel.

## KIRSCHE

Gilt in der christlichen Tradition als „Frucht aus dem Paradies". Auf Gemälden, die die Madonna mit Kind zeigen, hält das Jesuskind manchmal Kirschen in der Hand. Sie verkörpern den Himmel und den Lohn für Tugendhaftigkeit.

## LIMETTE

Hält in Indien böse Geister fern. Die englische Marine erhielt im 18. Jahrhundert täglich eine Ration Limetten, um Skorbut vorzubeugen. Deshalb haben die Briten den Spitznamen „Limeys".

## MANDARINE

War im alten China eine sehr geschätze Frucht, die dem Kaiser und seinen höchsten Beamten vorbehalten war. Daher hießen Beamte auch „Mandarine". Wegen ihrer goldenen Farbe verkörpert sie üppiges Vermögen.

## PAMPELMUSE

Wird traditionell zum Chinesischen Neujahr verspeist und soll im nächsten Jahr Reichtum bringen. Die goldene Farbe der Frucht wird in China sprichwörtlich genommen, zudem klingt ihr Name *(you)* wie „besitzen".

## QUITTE

In der griechischen Mythologie war die Quitte ein Symbol für Heirat und Aphrodite (Venus), der Göttin der Schönheit und der Liebe, geweiht.

## WASSERMELONE

Wird in der mexikanischen Kunst mit dem Tag der Toten assoziiert; Wassermelonen gelten dort als Speise für die Verstorbenen. Im Chinesischen bedeutet *Zi* (Wassermelone) sowohl „Samen" als auch „Kinder". Der Verzehr dieser stark samenhaltigen Frucht soll für viele Nachkommen sorgen.

# Blumen & Pflanzen

Florale Motive dienten in allen Kulturen als Schmuckelement (links: indische Marmorintarsie), ihre Symbolik ist äußerst reichhaltig. Oft verweist die Form oder die Farbe auf die Bedeutung; dreiblättrige Blüten werden zum Beispiel mit der Heiligen Dreifaltigkeit assoziiert, gelbe Blüten verkörpern die Sonne. Die Symbolsprache der Pflanzen geht häufig auf ihre Entsprechung in der Natur zurück, in deren Mittelpunkt der Mensch steht. Das gilt vor allem für Heilpflanzen: Eine rotblühende Pflanze wurde gegen Scharlach oder eine Blutkrankheit eingesetzt, unförmige Wurzeln wurden für ein gutes Heilmittel gegen Gicht gehalten.

Blumen repräsentieren nicht nur üppige Vegetationsphasen wie Frühling und Sommer. Da sie verwelken, erinnern sie auch an die Vergänglichkeit des Menschen. Die Poeten der Renaissance beschworen die Geliebte, sich der Liebe zu öffnen, bevor Jugend und Schönheit dahinschwanden. Shakespeare verglich Ophelia im *Hamlet* mit Veilchen, die zwar lieblich, doch nicht beständig seien.

Kaum eine Blume besitzt so viel Symbolkraft wie die Rose. Laut christlicher Tradition erschuf Gott eine Rose ohne Dornen, doch durch den Sündenfall von Adam und Eva ging die Unschuld in der Welt verloren und der Rose wuchsen Dornen. Die sündenfreie Jungfrau Maria war hingegen eine „Rose ohne Dornen". Die rote Rose ist zudem ein Zeichen für Märtyrertum, Blutstropfen Christi sollen ihr die rote Farbe verliehen haben.

**LILIE**
Die weiße Lilie verkörpert Reinheit und Keuschheit, sie ist die Blume der Jungfrau Maria. Bei Darstellungen der Verkündigung hält der Erzengel Gabriel oft eine weiße Lilie in der Hand; ein Hinweis auf die unbefleckte Empfängnis. In anderen Kulturen wird die Lilie mit Sexualität verbunden, vielleicht weil die ungeöffnete Blüte wie ein Phallus aussieht. Drei goldene Lilien in blauem Feld schmückten das Wappen der Könige von Frankreich, sie sollten die Läuterung durch die Taufe zeigen.

**CHRYSANTHEME**
Ihr Name stammt aus dem Griechischen und bedeutet „Goldblüte". Da Chrysanthemen bis in den Herbst hinein blühen, stehen sie für Langlebigkeit. In China sind sie ein Symbol für Vollkommenheit und geistige Reife, die Blumen werden dort seit 1600 Jahren kultiviert. Das Staatswappen Japans hat die Form einer sechzehnblättrigen Chrysantheme, sie ist dort Nationalblume und repräsentiert die Abendsonne. Der japanische Kaiserthron trägt den Namen „Chrysanthemen-Thron".

## DIE SPRACHE DER BLUMEN

Im 19. Jahrhundert galt es als unschicklich, seinen Gefühlen offen Ausdruck zu verleihen. Liebende schickten sich daher heimlich Liebesbriefe oder vermittelten ihre Zuneigung durch Blumengeschenke. Die Sprache der Blumen war nicht nur den meisten Leuten bekannt, sie war auch sehr ausgefeilt. Einzelne Blumen in spezifischen Farben hatten eine ganz bestimmte Bedeutung: **STIEFMÜTTERCHEN** hießen „Ich denke an Dich"; gelbe **DAHLIEN** „Das größte Glück meines Lebens bist Du". Rote Blumen standen ungeachtet der Sorte stets für leidenschaftliche Liebe, vor allem **ROTE ROSEN**. Eine **GELBE ROSE** signalisierte hingegen freundschaftliche Gefühle. Heute werden Blumen vorrangig nach ästhetischen Kriterien verschenkt, dennoch empfiehlt es sich, rote Rosen wirklich nur zu überreichen, wenn man eine Liebeserklärung machen will. **WEISSE BLUMEN** werden von vielen Menschen als Grabblumen empfunden. **WEISSE ASTERN UND CHRYSANTHEMEN** gelten tatsächlich nach wie vor als Todesblumen. In Japan war die Blumensprache nicht auf Liebende beschränkt. Die Samurai verwendeten Blumen oft als Motiv für ihr Wappen (**MON**).

### NARZISSE
Laut griechischer Sage wies Narziss die Liebe der Nymphe Echo ab. Zur Strafe musste er sich in sein eigenes Spiegelbild verlieben, das er in einer Quelle erblickte. Dort verharrte er in qualvollem Verlangen, bis ihn die Götter in eine Narzisse verwandelten, ein Symbol für einen frühen Tod.

### ANEMONE
Da sie kurz blüht, steht sie für die Flüchtigkeit des Daseins. An der Stelle, wo der blutjunge Adonis von einem Eber getötet wurde, sollen zahlreiche Anemonen gewachsen sein. In der christlichen Kunst sind sie ein Hinweis auf die Wiederauferstehung. Man findet sie auf Darstellungen der Kreuzigung.

### VEILCHEN
Symbolisiert Demut und wird mit dem Jesuskind verbunden, dessen Weisheit die Lehrer im Tempel erstaunte und das seinen Eltern trotzdem gehorchte (Lukas 2,51). Die violette Farbe der Blume verweist auf Christi Stellung als König der Könige, ist durch seinen Tod am Kreuz aber auch Trauerfarbe.

### ROSE
Repräsentiert das Zentrum des Kosmos, das mystische Herz. Weiße Rosen stehen für Unschuld, Vollkommenheit und Keuschheit, rote für Leidenschaft und sexuelles Verlangen. Eine rote Rose war das Attribut der Liebesgöttin Aphrodite, die Dornen verkörpern den stechenden Liebesschmerz.

### STIEFMÜTTERCHEN
Gehört zur Familie der Veilchengewächse. Das Stiefmütterchen war schon im Mittelalter Symbol für humanistisches Gedankengut, in Frankreich sowie in Österreich war es ein Emblem der Freidenker. Es steht auch für liebevolle Erinnerung.

### OSTERGLOCKE
Galt als Unglücksblume; wurde sie in ein Haus gebracht, dachte man, die Hühner würden keine Eier mehr legen. In der griechischen Mythologie waren Osterglocken Blumen der Unterwelt.

### LÖWENZAHN
Verdankt seinen Namen den gezackten Blättern, die an Löwenzähne erinnern. Bei den Christen steht die Pflanze für Trauer, zweifellos wegen ihrer Bitterkeit.

### GÄNSEBLÜMCHEN
Die Kelten glaubten, der Genuss dieser Blumen hemme das Wachstum. Eine irische Sage erzählt von der Fee Milka, die dem Kind des Königs „Gänseblümchenspeise" zu essen gibt, damit es nie erwachsen wird. Magische Kräfte entfaltet die Blume beim Orakel: „Er liebt mich, er liebt mich nicht …"

### NELKE
Hat eine ähnliche Bedeutung wie die Rose: Weiße Nelken stehen für Reinheit und Keuschheit, rote für Leidenschaft. Als Zeichen für Mutterschaft und Mutterliebe werden Nelken mit der Jungfrau Maria verbunden. In den Gemälden der niederländischen Meister des 14. und 15. Jahrhunderts symbolisieren Nelken Verlöbnis und Heirat. Bei Raffaels *Madonna mit den Nelken* (um 1508) verweisen die Blumen auf Maria als gleichermaßen jungfräuliche Muttergottes und Braut Christi.

## HULDIGE DEM GEIST DES LOTOS

Diese Pflanze taucht aus den schlammigen Tiefen eines Teiches auf, um im Sonnenlicht zu erblühen. In vielen Kulturen ist sie deshalb ein Symbol für Schöpferkraft und spirituellen Aufstieg. Im alten Ägypten verkörperte die Lotosblume die Schöpfung; aus dem Urwasser **NUN** erhob sich eines Tages ein Urhügel, auf dem die Schöpfung ihren Fortgang nahm. In der hinduistischen Tradition wuchs aus dem Nabel **VISHNUS** eine Lotosblume, als er sich in den Wassern des Chaos auf einer kosmischen **SCHLANGE** ausruhte. Aus dem Lotos entsprang der Gott **BRAHMA**, der den nächsten Entwicklungsschritt der Welt übernahm. **CHAKREN**, im tantrischen Hinduismus, im Yoga und in der Traditionellen Chinesischen Medizin die Energiezentren des Körpers, werden durch Lotosblütenkelche mit unterschiedlich vielen Blütenblättern dargestellt.

Im Buddhismus zählt der Lotos zu den Acht Kostbarkeiten und ist Symbol für den Lauf der Zeiten (mit den Einzelphasen Frucht, Blüte und Stängel) und für die Wirkung der Lehre Buddhas: Die Wurzeln sind im Schlamm, auf der Oberfläche erblüht jedoch der Lotos. **BUDDHA** und andere erleuchtete Wesen sitzen häufig auf einem **LOTOSTHRON** oder sie haben Lotosblumen in der Hand (oben). Das heilige Mantra des tibetischen Buddhismus, *om mani pame hum,* preist die kostbare Lehre Buddhas als das Juwel (*mani*) im Lotos (*padme*).

### PFINGSTROSE

Einst trug man die Samen dieser schönen Blume bei sich, um das Böse abzuwehren. Die Griechen weihten sie Paeon, dem Arzt, der die Wunden der Götter im Trojanischen Krieg heilte. In China durften Pfingstrosen nur im kaiserlichen Garten stehen. Sie symbolisierten Königtum, Adel, Ehre, Reichtum und die Freuden des Frühlings.

### SONNENBLUME

Da sie ihre Blüte stets der Sonne zuwendet, war die Sonnenblume traditionell Symbol für die Sonne und für Ergebenheit, entweder einem Monarchen oder der Kirche gegenüber. Da sie viele nahrhafte Kerne produziert, steht sie auch für Fruchtbarkeit und Erneuerung. Im Bundesstaat Kansas in den USA ist die Pflanze Staatsblume.

### EFEU

In manchen Kulturen standen Efeu und Stechpalme für das männliche und weibliche Prinzip; sie verkörperten im Winter das Fortbestehen von Leben. Da Efeu giftig ist, wurde er nicht als Weihnachtsdekoration verwendet. Trug ein schottisches Mädchen ein Efeublatt am Busen, traf es bald auf seinen zukünftigen Mann.

### MISTEL

Sie trägt zur Wintersonnenwende weiße Beeren, daher ist die Mistel ein Symbol für Potenz und Fruchtbarkeit. Für die Druiden, die Priesterkaste der Kelten, war sie eine magische Pflanze, die mit goldenen Sicheln in Eichen geschnitten wurde. Laut Plinius kochten die Druiden einen Zaubertrank für Fruchtbarkeit daraus.

## ORCHIDEE

Wird in Asien wegen ihres feinen Duftes hoch geschätzt. Die Blume symbolisiert Liebe, weibliche Schönheit und Anmut sowie vollendete, ritterliche Umgangsformen bei einem Mann. Orchideen sollen vor Unfruchtbarkeit bewahren. Diese Verbindung gibt es auch im Westen, das griechische Wort für Orchidee bedeutet „Hoden". Wegen ihrer Schönheit wird die Blume aber auch mit Reinheit und Spiritualiät assoziiert.

## MOHNBLUME

Sie war der griechischen Erdgöttin Demeter heilig und symbolisierte die Phase des Vergessens zwischen Tod und Wiedergeburt. Heute werden Mohnblumen mit der Nacht und dem Tod assoziiert, vielleicht wegen ihrer narkotisierenden Wirkung. In England zieren Mohnblumenkränze Kriegsgräber.

## KAMELIE

In China repräsentiert diese winterharte Zierpflanze Schönheit und Ausdauer. Ihre Blüten verheißen Glück und werden an Neujahr als Dekoration verwendet. In Japan prophezeien Kamelien einen überraschenden Tod.

## SONNENWENDE

Symbol für die Sonne, da sie ihre Blätter mit der Sonne dreht. Weil die Wassernymphe Clytia von Apollon verschmäht wurde, verwandelte sie sich in eine Sonnenwende. Sie schmückte die Kronen der römischen Kaiser. Bei den Christen steht sie für Gotteshingabe.

## HYAZINTHE

Der Jüngling Hyakinthos wurde vom Gott Apollon geliebt. Er wurde versehentlich von einem Diskus getroffen und starb. Aus seinem Blut erwuchs eine Blume, die nach ihm Hyazinthe genannt wurde. Sie gilt als Symbol für Frühling.

## JASMIN

Das arabische Wort für Jasmin bedeutet „Geschenk Gottes". Er wird allgemein mit weiblicher Anmut und Schönheit verbunden. Bei den Christen steht die duftende Blume für die Jungfrau Maria. In Thailand ist sie ein Symbol für Mutterschaft.

## KLEEBLATT

Ziert in Irland viele Wappen. Der heilige Patrick soll die Iren mittels eines Kleeblatts in der Heiligen Dreifaltigkeit unterwiesen haben. Vierblättrige Kleeblätter gelten als machtvoller Schutz gegen Feenzauber.

## BLAUREGEN

Diese wunderschöne Kletterpflanze ist in Japan sehr beliebt, ihr zu Ehren werden in April und Mai „Blauregenfeste" gefeiert. Bedeutet Kummer über eine verlorene Liebe, bei der das Herz standhaft bleibt.

## RINGELBLUME

Ist in Indien den Göttern geweiht und wird bei religiösen Festen üppig als Schmuck eingesetzt. In China nennt man sie „Blume der zehntausend Jahre", sie steht dort für Unvergänglichkeit und zierte kaiserliche Roben. In der christlichen Tradition symbolisiert die Ringelblume die Jungfrau Maria.

# ROSENKREUZER

Zu Beginn des 17. Jahrhunderts entstand eine geheime, mystische Gesellschaft, deren Mitglieder sich Rosenkreuzer nannten. Es handelte sich um eine Reformbewegung innerhalb des deutschen Protestantismus, als deren Urheber der evangelische Theologe Johann Valentin Andreae gilt. Kirche, Staat und Gesellschaft sollten umfassend erneuert werden, und zwar durch die Harmonie von Naturwissenschaften, christlichem Glauben und einer Bruderschaft, deren Ziel das menschliche Wohl war. Die Lehren der Rosenkreuzer enthalten unter anderem alchemistische, kabbalistische und hermetische Elemente. 1614 wurde das erste Manifest namens *Fama Fraternitatis* veröffentlicht. In symbolreicher Sprache wird darin geschildert, wie der legendäre „Christian Rosenkreuz“ in Afrika und im Nahen Osten geheimes Wissen erwarb. Danach folgten 1615 die *Confessio Fraternitatis* und 1616 die *Chymische Hochzeit*, ein Roman, der geheimnisvolle Riten beschreibt.

Zentrale Symbole des Rosenkreuzertums sind das goldene Kreuz und die aufblühende rote Rose, Sinnbilder für das Herz der Göttlichkeit und die brüderliche Liebe (links). Das Rosenkreuz ist ein sehr komplexes Symbol, vereinfacht ausgedrückt steht es für das Ideal und das geistige Ziel der Bruderschaft, nämlich dass der Mensch sein Wesen vom „unedlen“ zum „edlen“ wandeln soll.

Viele Gelehrte und Adlige waren mit dem Entwicklungsprozess der Reformation unzufrieden. An der Schwelle zur Neuzeit suchten sie nach neuen Wegen der Naturbetrachtung und der Gottesbegegnung. Auch Wissenschaftler schlossen sich den Rosenkreuzern an. Der Stich gegenüber stammt aus dem 1785 erschienenen Werk *Geheime Figuren der Rosenkreuzer aus dem 16ten und 17ten Jahrhundert*. Es veranschaulicht den spirituellen Aufstieg zum Mons Philosophorum, dem Berg der Weisheit, der für die Kenntnis des Universums steht.

**MIKROKOSMISCHER MENSCH** Bei den Rosenkreuzern ist der Mensch von Engeln flankiert. Seine Füße stehen auf der Erde, sein Kopf, der Sitz der Wahrheit, ist in himmlischem Licht. Der sechszackige Stern bezeichnet den hermetischen Grundsatz: „Wie oben, so unten.“

**ROSENHERZ** Kreuz und Herz liegen manchmal in einer Rose. Die Texte der Rosenkreuzer erläutern, dass das Herz des wahren Eingeweihten nach unten hin geschlossen ist, um nichts Irdisches einzulassen. Nur oben, zum Göttlichen hin, ist es offen.

**WASCHZUBER** Die äußere Reinigung durch die himmlischen Kräfte Sonne und Mond. Ein Meister pflanzt den Baum des spirituellen Erfolgs hinein.

**SCHWARZE KRÄHE** Symbolisiert in der Alchemie das Schwärzen: den Beginn der Transformation.

**GEFLÜGELTER DRACHE** Kommt aus der Dunkelheit, bezeichnet Irdisches, das sich in Spirituelles wandelt.

**PHILOSOPH** Er ist der Pförtner der Berghöhle, der Wächter des Wissens.

**EINGEWEIHTE** Die drei Figuren stehen für Körper, Geist und Seele, sie müssen sich vereinen, um das Ziel zu erreichen.

REICHSAPFEL & KRONE
Sitz des Göttlichen und Ziel der Suche. Die Krone ist Gott, der Reichsapfel Christus; darunter liegt das „Haus des Heiligen Geistes“. Rot verweist auf die höchste Stufe derAlchemie.

TRINITÄTSBAUM
Die drei Sterne verkörpern die Heilige Dreifaltigkeit, die Quelle der Wahrheit.

GLUTOFEN Das Feuer der inneren Reinigung. Ein Bild aus der Bibel (Maleachi 3,2).

WEISSER ADLER
Bezeichnet in der Alchemie die Weißung, die auf die Schwärzung folgt: Die Transformation ist nahe.

LÖWE Bewacht das königliche Schloss und die letzte Stufe; steht für Wahrheit, Macht, Stärke und spirituelle Wachsamkeit.

HENNE Die brütende Henne symbolisiert die geduldige Annäherung an tiefe Geheimnisse.

HASE Bezeichnet die Alchemie, die sich in heilige Wahrheiten versenkt, und den flinken Geist des Suchenden.

## GOLDEN DAWN

Die Rosenkreuzer zogen eine Reihe esoterischer Geheimbünde nach sich. Zu den berühmtesten zählte der **HERMETISCHE ORDEN DER GOLDENEN MORGENDÄMMERUNG** oder **GOLDEN DAWN**, der 1888 in London gegründet wurde und der 1903 zerfiel. Zu den Mitgliedern gehörten u. a. der Dichter W.B. Yeats und der Okkultist Aleister Crowley. Die Initiationsrituale des Ordens basierten auf den zehn **SEFIROT** der **KABBALA** (siehe Seiten 38–39). Die Idee der aufsteigenden Stufen entstammt der Praxis der Rosenkreuzer, die auch die Rituale der ersten sieben Grade beeinflusste, aus denen der Orden der **ROTEN ROSE** und des **GOLDENEN KREUZES** hervorgingen. Schlüssel zum Erfolg ist der **WILLE**. Durch ihn kontrolliert der Magier die übernatürlichen Kräfte, die beim Ritual freigesetzt werden. Die Inschrift auf dem Stich unten zeigt, wie der Wille zu einer Kraft zum Wohl oder zum Wehe wird.

# Gärten

Die ersten uns bekannten Gärten lagen in Altägypten, in 3500 Jahre alten Grabstätten fand man Abbildungen von Einfriedungen mit Bäumen, Blumen und Teichen, in denen Fische schwammen. Streng genommen setzte die Gartenkultur jedoch wesentlich früher ein, und zwar als die Menschen in der Jungsteinzeit Nutzpflanzen anbauten und ihr Dasein als umherziehende Jäger und Sammler aufgaben. Gärten stehen im Kontrast zur Wildnis, in ihnen ist alles geordnet und strukturiert, daher symbolisieren sie Gelassenheit, Frieden und Zivilisation. Jenseits der Gartenmauern herrschen Chaos und viele unwägbare Gefahren. Aus psychologischer Sicht steht ein Garten für das Bewusstsein und die Wildnis für das Unterbewusstsein. Schöne Gärten sind seit Menschengedenken ein beliebtes Motiv auf zahllosen Gemälden, Teppichen, Wandmalereien und Kacheln (rechts, aus der Zeit des Osmanischen Reiches).

Gärten werden vorrangig als sorgenfreier Rückzugsort angelegt. Die aristokratischen Gärten Englands idealisieren die Natur, die königlichen Gärten Frankreichs hingegen wohlfeile Ordnung (siehe Seite 52). Christliche und buddhistische Klostergärten sind Orte tiefer Kontemplation, sie dienen der Meditation und dem Gebet. Im Nahen Osten und in der islamischen Welt repräsentieren Gärten sogar das Paradies, eine Stätte der unendlichen Glückseligkeit. Manchmal verkörpern sie auch himmlische Regionen, in welche die Gesegneten nach ihrem Tod gelangen, eine Residenz der Götter und der Unsterblichen.

**PARADIESGÄRTEN**

Nach islamischer Vorstellung war das Paradies ein glückseliges Reich, das von vier Flüssen durchzogen wurde, die den Garten in vier Bereiche aufteilten. Die traditionellen Gärten im Iran liegen um eine Oase, sie beherbergen duftende Blumen, Obstbäume sowie Gewürzpflanzen und sollen das Paradies auf Erden darstellen. Orientalische Gärten prägten auch den Begriff Paradies. Das Wort *pairidaeza* stammt aus dem Persischen und bedeutet so viel wie „Umwallung". Gutes Beispiel für einen Paradiesgarten ist der achtzehn Hektar große Garten vor dem Mausoleum Tadsch Mahal in Agra, Indien (links).

**FLORA**
War in der römischen Mythologie die Göttin der Blüte. Sie wurde mit der griechischen Nymphe Chloris gleichgesetzt, die der Windgott Zephyr zu seiner Frau machte. Die beiden lebten in einem herrlichen Garten. Die Römer feierten ihr zu Ehren ein rauschendes Frühlingsfest. Botticelli hat Flora in seinem berühmten Bild *Primavera* festgehalten (Detail, links).

**GETHSEMANE**
Im Garten Gethsemane betete Jesus Christus in der Nacht vor seiner Kreuzigung, während seine Jünger schliefen. Er erlitt dabei große Qualen. Gethsemane ist ein Olivenhain am Fuß des Ölbergs in Jerusalem. Dieser Ort symbolisiert die „dunkle Nacht der Seele", den häufig schmerzhaften Prozess der Selbsterkenntnis.

**WESTLICHES PARADIES**
Die chinesische Göttin Xiwangmu, die „Königinmutter des Westens", residiert in Kunlun Shan, einem heiligen Berg im Westen, der ein Paradies darstellt. Dort baut sie die begehrten Pfirsiche der Unsterblichkeit an, durch deren Genuss Götter und Göttinnen alle dreitausend Jahre ihre Lebensenergie auffrischen.

## DIE JUNGFRAU IM GARTEN

Der **GESCHLOSSENE GARTEN** (lateinisch: **HORTUS CONCLUSUS**) ist ein Motiv der bildenden Kunst, das in der Mariensymbolik eine besondere Rolle spielt. Es geht auf eine Textstelle im Hohen Lied (4,12) zurück und ist ein Symbol für die **JUNGFRAU MARIA**. Bei Darstellungen der **VERKÜNDIGUNG** oder der **MADONNA MIT KIND** (oben) sitzt Maria in oder vor einem Garten, der ihre Jungfräulichkeit und die **UNBEFLECKTE EMPFÄNGNIS** verkörpert. Sie ist frei von Sünde und ihr Schoß entspricht dem reinen Garten, in dem Jesus heranwächst. Maria im Garten verweist auf **ADAM UND EVA** im Zustand der Unschuld im **PARADIES**. Manchmal sitzt die Jungfrau Maria auch in einer **ROSENLAUBE** („Rose ohne Dornen") oder wird zusammen mit einem **EINHORN** im Garten dargestellt. Das Einhorn ist ein Symbol für Reinheit und Keuschheit.

## GARTEN EDEN

taucht im 1. Buch Mose (Genesis) der Bibel auf. Gott setzte **ADAM UND EVA** in das irdische **PARADIES EDEN**, einen Garten, wo sie im Einklang mit der Natur und im Zustand glückseliger Unschuld lebten. Es gab kein Verlangen, keine Angst, keinen Schmerz und keinen Tod. Der Garten repräsentiert das ideale Verhältnis zwischen Gott und Mensch, das gestört wurde, als **SATAN** in Gestalt einer **SCHLANGE** die beiden in Versuchung führte. Sie widersetzten sich Gottes Befehl, nicht von den Früchten am **BAUM DER ERKENNTNIS VON GUT UND BÖSE** zu essen (oben). Im Judentum gilt diese Handlung als Präzedenzfall für die Neigung des Menschen, Gott nicht zu gehorchen. Für Christen ist sie die Erbsünde, die erst durch Jesus Christus überwunden wurde. Zur Strafe wurden Adam und Eva aus dem Paradies vertrieben, ohne zuvor von den Früchten am **BAUM DES LEBENS** gekostet zu haben, die ihnen Unsterblichkeit verliehen hätten. So bleibt der Garten Eden ein Symbol für ein verlorenes Paradies, für einen unerreichbaren Zustand der Harmonie und der Glückseligkeit.

**ENGLISCHE GÄRTEN**
Form und Stil dieser Gartenkunst entwickelte sich im 18. Jahrhundert als bewusster Kontrast zum Barockgarten französischer Prägung, der die Natur in geometrisch exakte Formen zwang. Englische Gärten verkörperten das Ideal der Aufklärung: die perfekte Harmonie von Natur und Vernunft. Sie waren zwar sorgfältig geplant und angelegt, sollten jedoch „natürlich" wirken, mit weiten Rasenflächen, Wäldchen und Seen oder Teichen. Romantische Akzente setzten künstliche antike Tempel und Ruinen. Sie sollten daran erinnern, dass alles vergänglich ist.

**FRANZÖSISCHE GÄRTEN**
Entstanden zur Zeit des Barock und gehörten zum architektonischen Gesamtkonzept eines Schlosses. Bei der Planung wurde auf Regelmäßigkeit und Symmetrie höchster Wert gelegt. Der Garten war mittels Haupt- und Nebenachsen, die durch Kanäle, Wege oder Bassins gebildet wurden, streng geometrisch gegliedert. Er symbolisierte die perfekt geordnete Gesellschaft, an deren oberster Spitze der König stand. Vergleichbar mit Gott, der im Zentrum eines perfekt geordneten Universums steht.

**ZOOLOGISCHE GÄRTEN**
Was wir heute Zoo nennen, geht auf mittelalterliche Menagerien zurück; Gärten, die Blumen, Bäume und exotische Tiere enthielten. Heinrich I., König von England (regierte 1100–1135), soll als Symbol für seine Macht Leoparden, Löwen, Luchse, Kamele und Stachelschweine gehalten haben. In den Gärten der Azteken gab es ebenfalls Tiere. Moctezuma II. (regierte 1502–1520) war der letzte König der Azteken. Er hatte Lustgärten, die seinen Herrschaftsbereich repräsentierten: Pflanzen aus dem gesamten Aztekenreich.

**OBSTGARTEN**
Symbolisiert stets Fruchtbarkeit und Überfluss. In der Kunst der Renaissance war Pomona, die römische Göttin des Obstsegens, ein äußerst beliebtes Motiv. Sie wurde in ihrem Obstgarten vom Erdgott Vertumnus verführt.

**SPRINGBRUNNEN**
Bilden oft den Mittelpunkt eines formalen Gartens. Sie verkörpern den Quell des Lebens, der im Paradies an den Wurzeln des Baums des Lebens entspringt. In der Kunst kann ein Springbrunnen für den „Jungbrunnen" stehen, der unsterblich macht.

**ZEN-GÄRTEN**
Sind als Orte für die Meditation gedacht. Felsen, Moose, Sträucher, Teiche und sorgsam geharkte Kieselsteine bilden ein harmonisches Ganzes, das dem Samsara entspricht, dem immerwährenden Zyklus des Seins. Zen-Gärten versinnbildlichen eine Landschaft, in der ein Zen-Buddhist jene Ruhe und simple Eleganz vorfindet, die er benötigt, um *Satori* (Erleuchtung) zu erlangen.

**CHINESISCHE GÄRTEN**
In China unterscheidet man zwischen weitläufigen, kaiserlichen Gärten und kleinen, intimen. Selbst in einem Stadtgarten soll der Eindruck erweckt werden, man sei restlos von Natur umgeben, die man von sorgsam platzierten Pagoden aus in Ruhe betrachten kann. Gärten symbolisieren den Kosmos, in dem Yin und Yang perfekt ausgeglichen sind: Es gibt helle und dunkle Pflanzen, Schatten und Sonnenlicht, Gewässer und Hügel.

# Die Elemente

Die westliche Tradition kennt die vier Himmelsrichtungen Norden, Süden, Westen, Osten sowie die Elemente Erde, Luft, Wasser und Feuer. Die Vier-Elemente-Lehre stammt von antiken griechischen Philosophen, sie wurde von den Alchemisten des Mittelalters aufgegriffen und weiterentwickelt. Auf dieser Lehre basiert auch die Symbolik der vier Jahreszeiten, die sich bis ins Zeitalter des Barock (ca. 1575–1770) nahezu unverändert erhielt. Der Frühling wurde entweder von Flora, der römischen Göttin der Blüte, verkörpert oder von der Liebesgöttin Aphrodite; ihre Attribute waren Blumen, Hacke oder Spaten. Weizengarbe, Früchte und Sichel waren die Merkmale des Sommers, der von der Erdgöttin Demeter personifiziert wurde. Der Weingott Dionysos (Bacchus) stand für den Herbst, sein Attribut ist die Weinrebe. Ein dicht verhüllter, alter Mann am Feuer kennzeichnete den Winter, entweder in Gestalt von Boreas, dem Gott des winterlichen Nordwinds, oder von Hephaistos, dem Gott des Feuers. Bei den Chinesen gibt es fünf Elemente: Holz, Feuer, Erde, Metall und Wasser. Frühling, Osten und Wind sind „Holz"; Sommer, Süden und Hitze sind „Feuer"; Mittelpunkt und Donner sind „Erde"; Herbst, Westen und Kälte sind „Metall"; Winter, Norden und Regen sind „Wasser".

**CHAAC & TLALOC**
Bei den Maya war der Regen- und Gewittergott Chaac (rechts) für Fruchtbarkeit und Ackerbau verantwortlich. Der aztekische Wettergott Tlaloc war ambivalent. Er brachte nicht nur die Pflanzen zum Sprießen, er bewirkte auch verheerende Stürme.

**WIND**
Laut der Bibel setzte die Schöpfung ein, als Gott dem Wind befahl, die Oberfläche des Urwassers zu bewegen. In der griechischen Antike wurde der Wind von den Gottheiten Zephyros, dem sanften Westwind und Symbol des Frühlings, sowie von Boreas, dem winterlichen Nordwind, verkörpert. Herr aller Winde war Äolus, er gab Odysseus einen Sack, der alle widrigen Winde enthielt, dieser wurde leider von den Gefährten des Odysseus geöffnet.

**FLUT**
Dieses Phänomen findet sich in vielen Mythen und steht meist für völlige Zerstörung, auf die neues Leben folgt. Wie in der biblischen Geschichte von Noah und seiner Arche. Chinesische Philosophen bezeichneten das „Qi", die Energie des Universums, als Flut, die man stärken kann, damit sie stets frei fließen kann und für den Körper günstig ist. Im Buddhismus bedeutet das Überfluten mit Wasser den Verlust des Ichs.

### ERDE
Gilt in der westlichen Kosmologie als passiv und weiblich. Die Erde ist das Reich der Sterblichen, sie ist den himmlischen Sphären entgegengesetzt und Ursprung der Schöpfung. In vielen Mythen formen die Götter den ersten Menschen aus Erde bzw. Lehm. Sobald sich die Erde aus den Urwassern erhebt, beginnt das Leben.

### FEUER
Ist ein aktives und männliches Element. Es symbolisiert den dynamischen Prozess der geistigen und materiellen Transformation. Feuer spendet Wärme, Energie und Licht, daher gilt es als Symbol für gemeinsame Wertvorstellungen und Familie. Das lateinische Wort *focus* bedeutet schlicht „Herd“: den einstigen Mittelpunkt jedes Haushalts.

### WASSER
Wird zwar als passiv und weiblich erachtet, verfügt jedoch über enorme Kräfte: entweder als gewaltiger Meeressturm oder als steter Fluss, der sich langsam durch einen Berg gräbt. In der Bibel und in altägyptischer Tradition bestand die Welt vor der Schöpfung aus einer einzigen Wassermasse, die alles Leben enthielt.

### LUFT
Wird traditionell als aktiv und männlich eingestuft. Luft liegt zwischen Himmel und Erde, sie ist das Reich des Geistes. Bei den Hindu wird Luft mit Brahman assoziiert, dem Atem des Lebens. In China verkörpert sie das Qi, die unsichtbare Lebensenergie. Wolken gelten als göttliche Manifestationen, die Regen spenden und Fruchtbarkeit sichern.

### GEISTERWESEN
In der westlichen Esoterik werden die vier Elemente durch Geisterwesen symbolisiert: Kobolde und Gnome stehen für die Erde, Sylphen für Luft, Meerjungfrauen für Wasser und Salamander für Feuer.

### REGENBOGEN
Verkörpert in Afrika die kosmische Schlange, die Mutter aller Dinge. Man nennt sie dort Chinawezi, sie teilte sich die Welt mit ihrem Ehemann Nkuba, dem Blitz. Die Aborigines kennen ebenfalls eine Regenbogenschlange.

### WIRBELWIND
Für die Indianer Nordamerikas war ein Tornado Symbol für den machtvollen Großen Geist. Bei den Irokesen war der Wirbelwind ein Urwesen, das Krankheit und Tod brachte. In der Bibel ist der Wirbelwind ein göttliches Medium, das Himmel und Erde verbindet.

## DONNER & BLITZ
Für die Indianer Nordamerikas verkörperte **DONNER** das Flügelschlagen des **DONNERVOGELS**, während **BLITZ** das Aufleuchten seiner Augen war. Diese mächtige Gottheit der Elemente wurde häufig als großer **ADLER** (rechts) dargestellt. Bei dem Stamm der Nootka im Nordwesten der USA war ein Blitz die Personifikation einer **SCHLANGE** namens **HAIETLIK**, der Herrscherin der widrigen Winde. Für die Griechen versinnbildlichte ein Gewitter den Zorn des **ZEUS**. Der Gott des Himmels schleuderte Blitze, wenn er wütend war. Im vorchristlichen Nordeuropa verursachten die Hammerschläge **THORS** gegen seinen Amboss den Donner, die Funken, die dabei sprühten, waren die Blitze. Eine ähnliche Rolle spielte der hinduistische Himmelsgott **INDRA**, seine Waffe war der Donnerkeil **VAJRA**. In der buddhistischen Tradition symbolisierte der Donnerkeil oder das Diamantzepter die völlige Klarheit und Schärfe eines erleuchteten Geistes.

# Metalle & Steine

Edelmetalle stehen seit jeher für Unvergänglichkeit und Ewigkeit, deshalb wurden sie im alten Ägypten für Königsmasken in Gräbern verwendet, wie hier bei der von Tutanchamun (rechts). Die Griechen hielten Felsen für die Knochen der Mutter Erde Gaia. In der Tradition des Fengshui haben Felsen eine ähnliche Bedeutung: Sie sind die Knochen der Drachen, deren Körper die Landschaft formen. In den Psalmen ist Gott der Fels in der Brandung, die Zuflucht in bewegten Zeiten. Der Name des Apostels Petrus ist die latinisierte Form von *petros*, dem griechischen Wort für Fels, und in Matthäus 16,18 spricht Jesus: „Und ich sage dir auch: Du bist Petrus und auf diesen Felsen will ich bauen meine Gemeinde."

Unbearbeiteter Stein ist Ambivalenz und Passivität. Die Wandlung von rohem Felsen in polierten Quader ist eine zentrale Metapher der Freimaurer (siehe Seite 158), sie symbolisiert den Weg vom unreinen, unaufgeklärten Geist zu Reife und Weisheit. Im Alten Testament entspricht Gott der Umwandlung von Erz in Edelmetall, „er wird die Söhne Levi reinigen und läutern wie Gold und Silber" (Maleachi 3,3). Bei den Alchemisten verkörpert der Versuch, Blei in Gold zu verwandeln, den Prozess, eine reine Seele zu erlangen. Die alchemistische Rangordnung der Metalle reflektiert die astrologische Hierarchie der Planeten: Die Sonne (Gold) steht an oberster Stelle, Saturn (Blei) an unterster.

In der chinesischen Tradition ist Metall eines der fünf Elemente. Es wird Yin zugeordnet, seine Aktionsqualitäten sind Ablösung, Kondensation und Sinken, vielleicht, weil Erz eingeschmolzen werden muss, um Metall daraus zu gewinnen. Metall wird mit dem Westen (wo die Sonne untergeht) und mit dem Herbst verbunden.

**GOLD**
Wird mit den höchsten Gottheiten der Sonne assoziiert. Der Tempel des Inka-Sonnengottes Inti war vollständig mit Goldplatten bedeckt. Die Ägypter glaubten, das Fleisch der Sonne sei aus Gold und ihre Knochen aus Silber. In der hinduistischen Tradition repräsentiert Gold versteinerte Sonnenstrahlen. Gold verkörpert spirituelle Vollkommenheit und das innere Licht der mystischen Erleuchtung, deshalb sind Buddhastatuen häufig vergoldet. Gold steht für die spirituelle Suche, sei es nun nach dem Goldenen Vlies wie in der griechischen Sage oder nach der Materie Gold wie bei den Alchemisten. Gold war stets Göttern und Königen vorbehalten, daher wurde es bei den traditionellen Insignien königlicher Macht verarbeitet, Zepter und Reichsapfel waren immer aus Gold oder zumindest vergoldet (siehe Seite 150).

## DIE ZEITALTER DER MENSCHEN

Laut griechischer Mythologie durchlief die Menschheit fünf Zeitalter: **GOLDENES, SILBERNES, BRONZENES, HEROISCHES** und **EISERNES**. Nach Ovid lebten die Menschen im Goldenen Zeitalter ohne Sorge, Krankheit, Alter und Arbeit. Im Silbernen Zeitalter brauchten die Menschen 100 Jahre, um erwachsen zu werden. Sie waren streitsüchtig und gottlos, deshalb wurden sie von **ZEUS** vernichtet. Im Bronzezeitalter wurde das Metall entdeckt. Die Menschen vernichteten sich gegenseitig mit Waffen aus Bronze. Im Heroischen Zeitalter wurden die Heroen gezeugt; Kinder von Göttern und sterblichen Müttern. Das Eiserne Zeitalter entspricht dem jetzigen, in ihm herrscht ein Gleichgewicht zwischen den guten und bösen Eigenschaften der Menschen.

### QUECKSILBER
Ist seit der Antike bekannt, es symbolisiert den römischen Gott und den Planeten Merkur. Bei den Griechen stand Quecksilber aufgrund seiner „Flinkheit" für den Götterboten Hermes. Für die mittelalterlichen Alchemisten waren Quecksilber, Schwefel und Salz die drei grundlegenden Elemente. Das Einhorn verkörperte das Quecksilber.

### BRONZE & MESSING
Die Verbindung von Kupfer und Zink vereint zwei Gegensätze: Kupfer wird mit der Sonne assoziiert; weiße Metalle mit dem Mond. Bronze ist härter als Eisen, es verkörpert Stärke und himmlische Macht. Glocken und sakrale Gegenstände sind aus Bronze gefertigt. Die Ägypter glaubten, das Firmament sei aus Bronze.

### KUPFER
Wird mit dem Planeten und der Göttin Venus (Aphrodite) verbunden. Aphrodite wurde auf Zypern geboren, dort wurde in der Antike Kupfer abgebaut; der Name der Insel geht auf das lateinische Cyprium (Kupfer) zurück. Kupfer zählte einst zu den vielseitigsten Metallen, es wurde unter anderem für die Herstellung von Bronze verwendet.

### SILBER
Wird allgemein mit dem Mond verbunden und mit Mondgöttinnen wie Artemis (Diana). Steht auch für die Jungfrau Maria (links) und für Königin per se. Da Silber mit Dunkelheit assoziiert wurde, symbolisierte es einerseits Weisheit und Beredsamkeit („silberne Zunge"), andererseits aber auch undurchsichtiges Handeln und Verrat: Judas erhielt für seinen Verrat an Jesus 30 Silberlinge.

### EISEN
Ist minderwertiger als Gold, Silber oder Bronze. Eisen bezeichnet den Kriegsgott Mars und den gleichnamigen Planeten. Beim Bau des Tempels von Salomon war Eisen verboten. Vielleicht, weil es für die Herstellung von Waffen verwendet wird. Eisen gilt als martialisches Metall; das Eiserne Kreuz (rechts), die deutsche Kriegsauszeichnung, ist an das Balkenkreuz des Deutschen Ritterordens angelehnt.

### BLEI
Das schwerfällige Metall wurde dem Planeten Saturn zugeschrieben, der sich langsam bewegt. In der Alchemie stand Blei für das unedle „Ausgangsmaterial" des Menschen.

### ZINN
Wurde mit der Gottheit und dem Planeten Jupiter gleichgesetzt. In der Antike war Cornwall Hauptquelle für Zinn, die Flagge von Cornwall erinnert daran.

### JADE

*(links)* Wird in China seit mindestens 6000 Jahren als „Stein der Götter“ hoch geschätzt. Für Konfuzius (551–479 v. Chr.) verkörperte die Reinheit, Härte und der warme Schimmer von Jade moralische Integrität, Weisheit, Gerechtigkeit und Beharrlichkeit. Man glaubte, Jade konserviere den Körper, daher stand sie für Unsterblichkeit. Die höchste Gottheit, der König des Himmels, war der „Jade-Kaiser“ und eine Jadescheibe (der Kreis des Himmels) mit einem quadratischen Loch in der Mitte war das „Tor zum Himmel“.

### TÜRKIS

*(unten)* Für die Ureinwohner Amerikas war Türkis ein Stein der Götter. Diese doppelköpfige Schlange ist ein aztekischer Brustschmuck; er wurde aus Holz geschnitzt und dann mit Türkisen und roten Muscheln besetzt. Der Feuergott der Azteken, Xiuhtecuhtli, war der „Türkise Gott“. Bei den Navajo war ein türkiser Knabe eine Schutzgottheit.

### SMARAGD

Wegen seiner tiefgrünen Farbe wird dieser Edelstein mit Fruchtbarkeit und Regeneration verbunden: Irland wird auch die „Smaragd-Insel“ genannt. Für Christen ist der Smaragd ein Symbol für Glaube, Hoffnung und ewiges Leben; er wird zu Hochzeitsjubiläen verschenkt. Der Smaragd-Buddha in Thailand (rechts) ist dort Nationalheiligtum.

## DIE HEILKRAFT DER STEINE

**DIAMANT**
Steht für ewige Liebe und Unvergänglichkeit. Diamanten werden gerne in Verlobungs- und Eheringen verarbeitet. Im Buddhismus verkörpert der Edelstein die Klarheit der Erleuchtung: Der Diamant-Donnerkeil zerschneidet die Unwissenheit. Im buddhistischen Tantra wird die Vajrayana-Praxis „Diamantfahrzeug" genannt.

Die Sumerer verbanden bereits im 4. Jahrtausend v. Chr. bestimmte Minerale mit Planeten: **DIAMANT (SONNE)**, **SELENIT (MOND)**, **ACHAT (MERKUR)**, **SMARAGD (VENUS)**, **RUBIN (MARS)**, **ROTER ZIRKON (JUPITER)** und **SAPHIR (SATURN)**. Der ägyptische Papyrus Ebers (ca. 1550 v. Chr.) zählt zu den ältesten medizinischen Texten der Welt, darin werden auch Heilkräfte der Steine beschrieben. Heute werden viele Steine für die körperliche Heilung und Unterstützung des spirituellen Wachstums eingesetzt, ihre Wirkung wird zum Teil von jahrtausendealten Überlieferungen übernommen. Dabei korrespondiert manchmal die Farbe mit dem zu behandelnden Leiden. Roter **GRANAT** soll zum Beispiel bei Herz- und Blutkrankheiten helfen. Ein rosa **AMETHYST** ist der „Liebesstein", er soll negative Emotionen abhalten und die Liebesfähigkeit erhöhen. Für die Schamanen Australiens und der Indianer Nordamerikas sind **OPALE** heilige Steine. Wegen ihrer Lichtdurchlässigkeit werden sie mit **MOND** und **WASSER** assoziiert, sie sollen die psychische Achtsamkeit verstärken.

**ACHAT**
Gilt seit jeher als „Schwangerschaftsstein" und wird zum Schutz von Mutter und Kind getragen. Soll auch dabei helfen, Diebe zu entdecken.

**BENBEN**
Der heilige Stein der Ägypter. Mit diesem Namen bezeichnete man die Spitzen der Pyramiden und der Obelisken. Benben war der ursprüngliche Stein von Heliopolis, dem Ort, an dem der Sonnengott entstand.

**FEUERSTEIN**
In der Steinzeit war Feuerstein ein äußerst wichtiges Rohmaterial, um Schneidwerkzeuge und Waffen herzustellen. Man glaubte, er sei die Spitze eines Blitzes. Feuersteine wurden lange Zeit als Talisman getragen.

**STEINE DER GAIA**
In der griechischen Mythologie zerstörten die Götter die Erde durch eine Flut. Nur Deukalion und Pyrrha überlebten. Mit der Erlaubnis von Zeus schufen sie ein neues Menschengeschlecht, indem sie die Steine der Mutter Erde hinter sich warfen. Aus den von Deukalion geworfenen Steinen entstanden Männer, aus den von Pyrrha geworfenen Frauen.

**LAPISLAZULI**
Galt im alten Ägypten als kostbarster Stein, der Göttern und Königen vorbehalten war. In China war Lapislazuli der Stein des Himmels.

**LINGAM**
Glatt polierte Steine in Form eines Phallus symbolisieren die männliche Schöpferkraft der Hindu-Gottheit Shiva. Der säulenartige Lingam besteht meist aus drei Teilen, den oberen Teil bildet Yoni, das weibliche Prinzip des Göttlichen, sie steht für die Vulva.

**LITERATENSTEINE**
Die Gelehrten im alten China verehrten ungewöhnlich geformte Steine als Objekte der Kontemplation und als Symbol für das Qi, die universelle Energie, welche die Natur durchdringt. Diese Steine werden heute als Antiquität hoch gehandelt.

**METEORIT**
Diesem Stein kosmischen Ursprungs werden göttliche Kräfte nachgesagt. Der schwarze Stein in der Kaaba, dem heiligsten Ort des Islam in Mekka, ist möglicherweise ein Meteorit. Der Prophet Abraham soll ihn vom Engel Gabriel erhalten haben.

**OMPHALOS**
War ein phallischer Stein im Allerheiligsten des Apollon-Tempels in Delphi. Er war mit Wollgirlanden überzogen und markierte den „Nabel der Welt".

**PERLE**
Wird mit dem Mond und weiblicher Fruchtbarkeit verbunden. Da Perlen auf wundersame Weise in einer Muschel heranwachsen, galten sie früher als Symbol für geheimes Wissen. In der christlichen Tradition repräsentiert die Perle Christus im Schoß von Maria.

**RUBIN**
Steht für Liebe und Leidenschaft. Einst wurden Rubine in Eheringen verarbeitet. Man glaubte, sie würden verblassen, wenn die Liebe nachlässt. In der Antike trug man Rubine zum Schutz gegen Kummer und Gift. Sie galten als königliche Steine und zierten Kronen und Insignien.

**SAPHIR**
Blaue Saphire symbolisierten himmlischen Frieden, Wahrheit und Harmonie. Laut der Chakrenlehre steht der Saphir für das dritte Auge, das der Wahrnehmung des Göttlichen dient.

**SISYPHOS**
Der König von Korinth wollte seinem Tod entkommen. Die Götter straften seinen Hochmut, indem sie ihn dazu verurteilten, einen schweren Felsbrocken auf einen Berg hinaufzuwälzen. Diese Mühe nahm kein Ende, da der Felsen immer wieder von der Höhe herabrollte. Der Felsbrocken symbolisiert Vergeblichkeit und die Grenzen des menschlichen Willens.

# ALCHEMIE

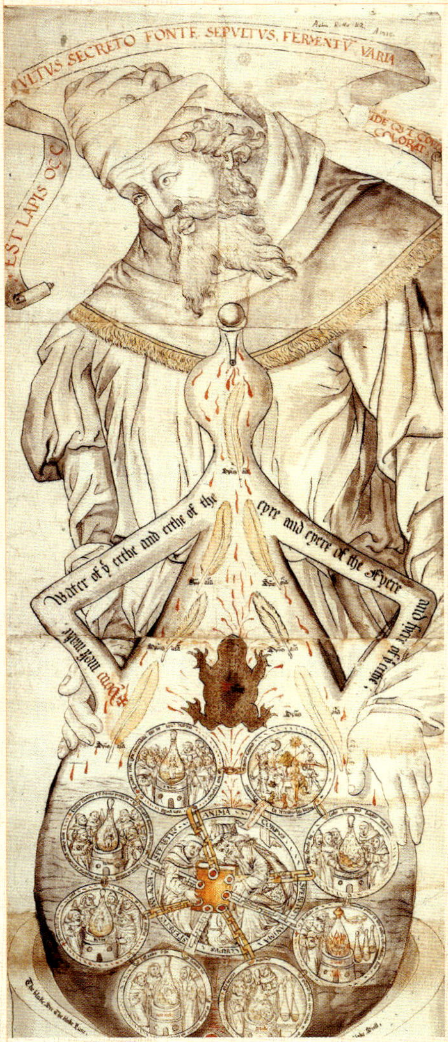

Alchemie entstand im 3. Jahrhundert v. Chr. und wurde als Kunst der Umwandlung bezeichnet. Beim sogenannten „Großen Werk" des Alchemisten ging es primär darum, unedle Stoffe oder die eigenschaftslose Ursubstanz (Prima Materia) – das konnte auch die menschliche Seele sein – in etwas Edles und Vollkommenes umzugestalten. Dabei hoffte man, den Stein der Weisen zu entdecken, ein Elixier, das unedle Metalle in Gold oder Silber verwandeln sollte. Im Grunde war Alchemie die wissenschaftliche Beschäftigung mit chemischen Stoffen, doch spirituelle Aspekte spielten ebenfalls eine Rolle, nämlich Umwandlung und Vervollkommnung des Geistes.

Für die Ursubstanz, die verschiedene Phasen durchlaufen musste, gab es unendlich viele Symbole (siehe unten). Zwar wurden von Alchemisten häufig die gleichen Symbole benutzt, sie hatten jedoch sogar innerhalb eines einzigen Dokuments eine unterschiedliche Bedeutung. So wurde zum Beispiel das Erhitzen, also Schwärzen, der Substanzen durch eine schwarze Kröte (links) dargestellt oder durch einen schwarzen Vogel wie auf dem großen Bild rechts, das aus einem im 16. Jahrhundert in Deutschland entstandenen Manuskript namens *Sonnenglanz* stammt. Es ist prächtig illustriert.

**BAUM DES LEBENS**
Symbolisiert den Aufstiegsprozess der Ursubstanz (die Erde, in der der Baum wurzelt) zu transzendenter Reinheit (der Himmel).

**MANN AUF LEITER**
Steht für den Eingeweihten, der den Pfad zur spirituellen Perfektion betreten hat – die „Früchte", die er in seinem Korb sammeln wird. Symbolisiert auch die Ursubstanz in der Phase des Erhitzens.

**PHILOSOPHEN**
Der Eingeweihte (roter Umhang) und sein Meister (weißer Umhang) repräsentieren die letzte Phase des Großen Werks (siehe auch Kasten auf Seite 61).

**GEFLÜGELTER DRACHE**
Ein Symbol für den Stein der Weisen war Uroboros (siehe Seite 81). Ein weiteres war der Drache, der sich in den eigenen Schwanz beißt (links). Er repräsentiert die Vollendung des Großen Werks.

**METALLE & PLANETEN**
Jedes der sieben Hauptmetalle der Alchemisten wurde einem Himmelskörper zugeordnet, der das Metall regiert. Diese Zeichen symbolisieren Mars (oben), der das Eisen beherrscht, und Venus (unten), die Kupfer beeinflusst.

VÖGEL
Stehen für die reine Seele, die sich von allen irdischen Zwängen befreit hat. Die hellen Bäuche zeigen, dass sie die Schwärzungsphase (schwarze Krähe) bereits hinter sich gelassen haben.

GOLDENE KRONE
Rankt sich um den Baum des Lebens und symbolisiert das Große Werk, die Erlangung der Vollkommenheit (die Krone bildet einen Kreis) in Form von Gold oder geistiger Perfektion.

BLUMEN
Stehen für die rote Tinktur oder den Stein der Weisen, der „goldenen Blume" des Großen Werks.

## DAS GROSSE WERK

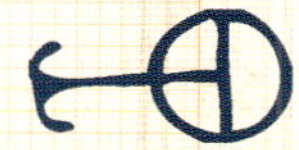

Jede alchemistische Stufe ist durch eine Farbe und mehrere Symbole gekennzeichnet. Den Anfang bildet die „Schwärze" (**NIGREDO**), dargestellt durch **KRÄHE**, **RABE** oder **KRÖTE**, bei der die **URMATERIE** erhitzt wird, um deren männliche und weibliche Elemente freizusetzen (**KÖNIG UND KÖNIGIN** oder **SONNE** und **MOND**). Während der „Weißung" (**ALBEDO**), symbolisiert durch **SCHWAN**, **WEISSEN ADLER** oder ein **SKELETT**, werden König und Königin wieder vereint. Darauf folgt die „Gelbung" (**CITRINITAS**) oder „Grünung" (**VIRIDITAS**; **GRÜNER LÖWE**), die in Schillern übergeht (**PFAUENRAD**, **REGENBOGEN**). Ist alles gelungen, erscheint die **WEISSE TINKTUR** (**EINHORN**, **MOND**, **WEISSE ROSE**), nun wird **BLEI** zu **SILBER**. Die höchste Stufe ist die „Rötung" (**RUBEDO**; **HAHN**, **ROTE ROSE**, **PELIKAN**), die zur Transformation (**SONNE**, **PHOENIX**) führt, bei der die **ROTE TINKTUR** oder **DER STEIN DER WEISEN** entsteht, der alles in **GOLD** verwandelt.

**GRÜNER LÖWE, DER DIE SONNE VERSCHLINGT**
Der grüne Löwe war ein machtvolles Symbol, das die Lebenskraft verkörperte, die durch Destillation aus der Ursubstanz gewonnen werden sollte. Der grüne Löwe symbolisierte Schwefelsäuren wie Vitriol, die so stark waren, dass sie selbst Gold (die Sonne) auflösen konnten.

# säugetiere

Tiere spielen in der Menschheitsgeschichte und ihrer Symbolik eine zentrale Rolle. Davon zeugen unter anderem die Höhlenmalereien bei Vallon-Pont-d'Arc im Südosten Frankreichs, die vor 34 000 Jahren entstanden. Alles deutet daraufhin, dass die Darstellung von Großkatzen, Bären, Pferden, Bisons, Mammuts und Nashörnern nicht dem reinen Zeitvertreib diente. Höhlenmalereien stellen zwar hauptsächlich Tiere dar, die von den Menschen damals gejagt oder gefürchtet wurden, sie haben aber eindeutig Symbolcharakter. Offenbar wollte man die außergewöhnliche Kraft und Schnelligkeit der Wesen bannen, um die gleichen magischen Kräfte zu erlangen. Dies ist in schamanistischen Kulturen heute noch Brauch.

Tiere bildeten im menschlichen Leben den Mittelpunkt – sei es als gezähmtes Nutztier oder als wertvolles Reittier (links) – entsprechend reichhaltig ist die Symbolik, die mit ihnen verbunden wurde. Ihre Größe und Farbe, ihre Eigenschaften wie Schnelligkeit, Beweglichkeit, Mut, Hinterlist und Beschützerinstinkt beflügelten die Fantasie der Menschen, die sie beobachteten. Letztlich ist das Tierreich ein Spiegel der Menschheit, es gibt kein körperliches oder psychisches Merkmal, das im Tierreich keine Entsprechung hätte. Tiere verkörpern die „Bestie in uns", das, was Carl Gustav Jung die „animalische Seele" nannte.

**WOLF**
*(unten)* Symbolisiert weithin ein wildes Raubtier. Der Wolf ist der Feind Christi (das Lamm). Wegen seiner Furchtlosigkeit wurde er oft als Kriegerabzeichen benutzt. Der Wolf verkörpert die Macht Roms, die Stadtgründer Romulus und Remus sollen von einer Wölfin gesäugt worden sein.

**FUCHS**
Das schlaue Tier war für seine Hinterlist und Tücke berüchtigt; es repräsentierte die Scheinheiligkeit Satans, der Prinz der Dunkelheit. In chinesischen Sagen verführen Füchse als schöne Frauen die Männer, in Japan sind sie hingegen Boten von Inari, dem Gott des Reis und des Wohlstands.

**KOJOTE**
*(links)* Gilt als Trickster; der Kojote ist ein Synoym für Gefräßigkeit und Einfallsreichtum. Er überlistet Monster, beschwört aber auch ihren Zorn herauf. Im Mythos der Navajo half ein Kojote den Menschen, auf die Welt hinabzusteigen, vereitelte aber ihren Plan, unsterblich zu werden.

**JAGUAR**
Galt in Mittelamerika als Symbol für Königtum, Macht und Fruchtbarkeit. Da er zu Land, zu Wasser sowie in den Bäumen zu Hause und ständig auf der Jagd ist, war der Jaguar der Herr der Tiere, der Elemente und des geheimen Wissens.

**TIGER**
Die größte Raubkatze ist ein Einzelgänger und verlässt den Wald nur, um sich fortzupflanzen. Daher ist der Tiger nicht nur Symbol für Wildheit und Heldenmut, ihm werden auch geheimnisvolle sowie übernatürliche Kräfte zugeschrieben. In China bewachen Tiger Gräber, sie gelten als Wächter der Seelen. Der Weiße Tiger in der chinesischen Sternkonstellation repräsentiert den Westen und den Herbst: den Samen des Yang, der im Frühjahr mit Hilfe von Yin aufgehen wird.

**PUMA**
Diese Raubkatze kommt in ganz Nord- und Südamerika vor und wird auch als Berglöwe oder Silberlöwe bezeichnet. Bei den Inka war der Puma ein wichtiges Emblem für Königtum und Königreich. Die Inka begriffen ihr Reich in den Anden als großen Puma und nannten ihre Hauptstadt Cuzco, der „Große Puma". Die Tempelfestung in Sacsayhuaman hat die Form eines Pumakopfes, sein Schwanz lag in einem Teil der Stadt, der noch heute Pumachapan heißt – der „Schwanz des Puma".

**LEOPARD**
Da sein Fell mit vielen „Augen" übersät ist, steht der Leopard für Wachsamkeit. Er wurde auf vielen europäischen Wappen verwendet (siehe Seite 79). Dieses Tier verkörpert Mut sowie Wildheit und außerdem Raffinesse, weil es nachts alleine jagt und seine Opfer durch einen Überraschungsangriff tötet. In manchen Teilen Afrikas nehmen böse Geister die Gestalt eines Leoparden an, da seine Felltupfen wie Regentropfen aussehen, wird er jedoch auch als Fruchtbarkeitssymbol verehrt.

## LÖWEN: WILDE BESCHÜTZER

Der **LÖWE** ist seit jeher ein Symbol für Königtum, Heldentum und Macht. Bei den Sumerern war er ein Schutzsymbol des Kriegsgottes **NERGAL**. Die Paläste der Assyrer wurden von geflügelten Bestien bewacht, die halb Mensch, halb Löwe waren (unten Mitte). Auf den Gräbern griechischer Krieger waren oft Löwen abgebildet, sie sollten böse Geister fernhalten. In der christlichen Kunst wird das Tor zur **HÖLLE** häufig als Löwenmaul dargestellt, gleichzeitig wird **CHRISTUS** als Messias der „Löwe von Juda" genannt und das Emblem des heiligen Markus ist ein Löwe, er verkörpert die physische und spirituelle Kraft Christi. Die Hindu-Gottheit **DURGA**, die das Böse zerstört, reitet auf einem Löwen (unten rechts).

Wegen seiner majestätischen Erscheinung wurde der männliche Löwe vorrangig als Symbol verwendet. Die Wildheit der Löwin und ihr Geschick als Jägerin wurde in der Gestalt der ägyptischen Löwengöttin **SACHMET** (unten links) verehrt. Die Tochter des Sonnengotts **RE** war die mächtige Göttin des Krieges und der Heilung.

## UNSERE ANVERWANDTEN: PRIMATEN

**AFFEN** nehmen aufgrund ihres menschenähnlichen Verhaltens und Aussehens in der Tiersymbolik einen besonderen Platz ein. In vielen Kulturen verkörpern sie niedere Aspekte der Menschheit, etwa Gier und hemmungslose Sexualität, ihre Neugier und Intelligenz wurde oft als Gerissenheit und Falschheit gedeutet. **SUN WUKONG**, der **KÖNIG DER AFFEN** im klassischen chinesischen Roman *Die Reise nach Westen*, ist ein typisches Beispiel für die angebliche Verschlagenheit dieser Tiere: Nicht einmal die Götter können ihn davon abhalten, ihre Pfirsiche der Unsterblichkeit zu stehlen. Zur Läuterung muss er einen Mönch auf eine Pilgerreise begleiten, um die heiligen Schriften des Buddha für den Kaiser zu holen. Sun Wukong ist schlau, liebenswürdig und respektlos; in China ist er bis heute eine sehr populäre Figur.

In Indien gelten Affen ebenfalls als boshaft, doch sie sind auch die heiligen und unantastbaren Wesen von **HANUMAN**, dem beliebten Affengott (rechts). Hanuman ist der Sohn des Windgotts, ein treuer, tapferer und furchtloser Gestaltwandler, der dem göttlichen Helden **RAMA** gegen **RAVANA** beisteht, dem bösen König von Lanka. Im alten Ägypten war der paviangestaltige **THOT** der Gott des Mondes und der Erfinder der Hieroglyphenschrift. Auch die Maya verehrten den Affen als Erfinder der Kunst, des Schreibens und der Mathematik.

**STIER**
Machtvolles Symbol für Männlichkeit und menschliche Urinstinkte. Der persische Gott Mithras wurde oft beim Schlachten eines großen Bullen dargestellt; ein Zeichen für den Sieg über unsere animalische Natur. Bei Initiationsriten der Perser wurden die Knaben mit Stierblut getauft. Die griechische Mythologie kennt unzählige Sagen, in denen der Stier eine zentrale Rolle spielt: Zeus entführte die schöne Europa in Gestalt eines Stiers; die Königin Pasiphae gebar den Minotauros, halb Mensch, halb Stier, ein Ungeheuer, das König Minos im Labyrinth gefangen hielt. Theseus gelang es schließlich, den Minotauros zu töten. Der Stier, der den Minotauros zeugte, wurde von Herakles im Rahmen seiner zwölf Arbeiten gefangen. Rechts sieht man einen Stier auf dem berühmten Ischtartor, einem der Stadttore von Babylon.

**PFERD**
Verkörperte für die Völker Europas Kraft, Schnelligkeit und Edelmut. Die Spanier brachten Pferde nach Südamerika, bei den dortigen Ureinwohnern hatten sie einen ähnlichen Status. Bei den Kelten war das Pferd das Tier des Königs, bei den nordischen Völkern verstand es die Weisheit der Götter; Odin ritt einen achtbeinigen Hengst. In China symbolisierten Pferde militärische Macht und hatten weltliche sowie spirituelle Gaben.

**HIRSCH**
Der majestätische Hirsch ist in vielen Kulturen ein Symbol für Fruchtbarkeit. Die keltische Gottheit Cernunnos, der „Gehörnte", war der Gott der Natur. Im Buddhismus werden Hirsche mit dem Wildpark verbunden, in dem Buddha erstmals lehrte; sie verkörpern die Bescheidenheit und Aufmerksamkeit des idealen Schülers. Im Christentum ist der Hirsch ein Symboltier Christi. Christus oder auch Maria erscheinen in christlichen Darstellungen oft als ein weißer Hirsch mit goldenem Geweih.

**BÄR**
Bären können aufrecht gehen, bei den Indianern Nordamerikas wurden sie daher als Blutsverwandte und Schutzgeister verehrt. Man schrieb ihnen magische Kräfte zu. In europäischen Sagen hieß es, Bärenjungen würden von ihren Müttern „in Form geleckt", deshalb waren Bären ein Symbol für die Schöpfung. Der griechischen Jagdgöttin Artemis war der Bär heilig. Die Nymphe Kallisto, die ihr Keuschheitsgelübde brach, wurde von ihr in eine Bärin verwandelt.

**EISBÄR**
Die arktischen Völker fürchten und respektieren den Eisbär wegen seiner Kraft, Geduld und Klugheit: Die Raubtiere harren oft stundenlang an Eislöchern aus, bis eine Robbe zum Luftholen an die Oberfläche kommt, und erlegen die Beute dann durch blitzschnellen Zugriff. Bei den Schamanen der Arktis ist der Eisbär ein heiliges Tier. Wegen seiner Farbe wird der Eisbär mit dem Mond assoziiert; der Mondmann, der Schutzpatron der Inuit-Jäger, trug ein Eisbärenfell.

**KÄNGURU**
In den Mythen der Traumzeit der Aborigines gab es ein „großes Känguru". Es sorgte dafür, dass die „Tiermenschen" das Wasser zurückhielten, als die große Flut kam. Danach spie es alle Worte aus, die die Menschen auf der Erde sprechen. Damit wurde es zum Schöpfer aller Töne, der Laute und Sprachen. Ein Känguru und ein Emu sind die Wappentiere Australiens.

**KUH**
Ist in Indien ein heiliges Tier. Allgemein werden Kühe als nährende Wesen verehrt. Die ägyptische Hathor war eine kuhgestaltige Göttin, die die Frauen schützte. Sie war aber auch Totengöttin und Göttin der Liebe, des Friedens, der Schönheit, des Tanzes, der Kunst und der Musik. Zudem galt sie als Mutter des Pharao. Audhumla ist die Urkuh in der nordischen Mythologie. Ihre vier Milchströme nährten Ymir, den Urzeitriesen, aus dessen Körperteilen die Götter die Welt erbauten.

## ELEFANT

Trotz ihrer Größe sind Elefanten sanfte Wesen, die sich gegenseitig helfen und ein sterbendes Mitglied ihrer Herde abschirmen. Sie gelten seit jeher als weise Tiere; die Griechen verehrten sie deshalb. Thailänder flüstern ihre intimsten Probleme in das Ohr eines Elefanten. In Indien betet man vor jedem Vorhaben zum Elefantengott Ganesha, er ist eine Manifestation des Göttlichen und verheißt Glück. Das Reittier der Hindu-Gottheit Indra ist ein Elefant.

## SCHWEIN

Der gefährliche und aggressive Eber war ein Symbol für energische Herrschaft und Tyrannei. In den griechischen Mythen finden sich viele Geschichten über die Jagd auf Eber. Wildschweine sind auch klug, die Kelten verehrten sie als heilige Tiere mit magischen und prophetischen Fähigkeiten. Bei den alten Ägyptern standen Schweine für Fruchtbarkeit: Die Himmelsgöttin Nut wurde oft als Sau dargestellt, die ihre Ferkel (die Sterne) säugt. In anderen Gebieten des Nahen Ostens galten Schweine als unrein, in Judentum und Islam ist der Verzehr ihres Fleisches verboten. In China ist das Schwein ein Glückstier.

## ZIEGE & SCHAF

Widder und Ziegenbock wurden aufgrund ihrer phallischen Hörner und ihres heftigen Paarungsverhaltens mit Potenz und Lust assoziiert. Die alten Ägypter verehrten den Widder als Symbol für Fortpflanzungskraft; die Schöpfergottheiten Amun und Chnum wurden oft mit Widderköpfen dargestellt. Im Christentum spielt das Lamm bzw. Schaf eine zentrale Rolle. Jesus ist der gute Hirte seiner Herde; das Lamm Gottes steht für Christus, der die Sünden der Welt auf sich nimmt. Der Hirte trennt die Schafe (Gläubigen) von den Ziegen (Sündern). Die Ziege ist ein Tier des Teufels, der häufig mit Hörnern und Bocksbeinen dargestellt wird; ähnlich wie der griechische Pan, der Gott der Herden, der für seine Lüsternheit berüchtigt war.

## BÜFFEL

Bevölkerten die Prärien Nordamerikas einst millionenfach, bevor sie im 19. Jahrhundert von europäischen Siedlern hingeschlachtet wurden. Für die Indianer waren Büffel eine wichtige Nahrungsgrundlage, sie verehrten sie wegen ihrer spirituellen Macht und Vitalität. In den prähistorischen Höhlenmalereien Europas sind Büffel ein häufiges Motiv, offenbar wurde ihnen hier die gleiche Verehrung erwiesen wie in Nordamerika. Im tantrischen Buddhismus werden die zornigen Schutzgötter Mahakala und Yamantaka büffelköpfig dargestellt, ein Zeichen für ihr Bezwingen übler Kräfte.

## HASE

Wegen ihrer Fähigkeit, flinke Haken zu schlagen, galten Hasen allgemein als Trickster. Viele Traditionen erkennen im Gesicht des Mondes einen Hasen, in China fertigt der Hase im Mond das Elixier für Unsterblichkeit an. Da sie sich enorm rasch vermehren, wurden Hasen mit Fruchtbarkeit und Promiskuität assoziiert. In England war eine Hasenpfote ein Glücksbringer, den man gegen Krämpfe und Rheumatismus trug; es brachte jedoch Unglück, auf einen Hasen zu treffen oder ihn auf See zu erwähnen. Dieser Aberglaube geht möglicherweise auf die Kelten zurück; diese hielten Hasen für machtvolle Geister.

## KATZEN & HUNDE

sind beliebte Haustiere. **KATZEN** unterscheiden sich nur wenig von ihren wilden Vorfahren und symbolisieren daher Gegensätze; menschliche Zuwendung wird zwar geschätzt, doch Katzen pochen auf ihre Unabhängigkeit und führen vor allem nachts ein geheimnisvolles Leben. Daher wurden sie oft für Dämonen und böse Hexen gehalten. Diese Ambivalenz spiegelt sich auch in der ägyptischen Katzengöttin **BASTET** (rechts) wider; sie besaß sowohl sanfte als auch zornige Eigenschaften und köpfte jede Nacht die Schlange **APEP**, den Widersacher des Sonnengotts **RE**.

**HUNDE** stammen von **WÖLFEN** ab, laut Wissenschaftlern wurden sie um 14 000 v. Chr. in China domestiziert. Da Hunde in Rudeln leben, symbolisieren sie Treue und Hilfsbereitschaft. Wegen ihrer feinen Sinne dachte man, sie hätten Verbindung zur Geisterwelt. In Japan glaubte man, sie könnten Geister aufspüren; die Maya begruben Hunde mit ihren Herren, damit sie die Menschen in das Reich der Geister geleiteten. Hunde sind auch grimmige Wächter, wie der dreiköpfige Höllenhund **KERBEROS**, der das Tor zum **HADES** bewachte. Das römische Mosaik oben ist ein „Hüte dich vor dem Hund!"-Zeichen.

# JUDENTUM

Der Name „Juden“ geht auf das Königreich Juda zurück, das nach biblischer Darstellung von König David gegründet wurde. 587 v. Chr. wurde Jerusalem von Nebukadnezar II. erobert, damit verlor das Königreich seine Eigenständigkeit. Nach der *Thora*, den fünf Büchern Mose, beginnt die Geschichte des jüdischen Volkes mit dem Bund, den Gott mit Abraham schließt. Die jüdische Tradition sieht Abraham als den Begründer des Monotheismus, des Glaubens an einen einzigen, unsichtbaren Gott. Diesen Bund setzt Gott mit Abrahams Sohn Isaak und dessen Sohn Jakob fort. Jakob hatte zwölf Söhne, die Stammväter der zwölf Stämme Israels. Diese ziehen von Kanaan, dem heutigen Palästina bzw. Israel nach Ägypten, wo ihre Nachfahren vom Pharao versklavt werden. Aus dieser Sklaverei werden die von Moses angeführten Israeliten durch Gott befreit, der ihnen am Berg Sinai die Thora offenbart. Die Thora ist der erste und wichtigste Teil des *Tanach*, der hebräischen Bibel.

Eines der wichtigsten Symbole des Judentums ist die *Menora*. Im Tempel Salomons stand eine Menora. Die Illustration rechts zeigt die Ausstattung des Tempels, sie ziert eine hebräische Bibel von etwa 1299. Jeder jüdische Haushalt verfügt über eine Menora, die am Sabbat und an Feiertagen angezündet wird. An Chanukka (Lichterfest) wird ein neunarmiger Leuchter angezündet. Chanukka wird zum Gedenken an die Wiedereinweihung des 2. Tempels in Jerusalem im Jahr 164 v. Chr. gefeiert.

Juden befestigen eine *Mesusa* an ihrem Türpfosten. Die Schriftkapsel enthält das Deuteronomium 6, das mit den Worten beginnt: „Höre Israel“ (Schma Jisrael). Es ist das älteste Bekenntnis zur Einzigkeit Gottes. Die Hand der Mirjam (links) wird zum Schutz gegen den bösen Blick getragen. Mirjam war die Schwester von Moses und eine Prophetin.

**Bundeslade**
Enthielt nach Darstellung der Thora die Steintafeln mit den Zehn Geboten, die Moses von Gott erhielt. Sie ist bis heute Symbol für den Bund Gottes mit dem Volk Israel, daher die Bezeichnung „Bundeslade“. Sie wird von zwei Cherubinen bewacht.

**Weihrauchpfannen**
In diesen Pfannen wurde bei Tempelritualen Weihrauch verbrannt.

**Schaubrote**
Die zwölf ungesäuerten Brote stehen für die zwölf Stämme Israels. Sie werden im Tempel als Opfergabe präsentiert und jeden Sabbat neu bereitet.

## DER DAVIDSTERN

Der **Davidstern** ist Symbol des Judentums und des Volkes Israel. Man findet ihn in jeder Synagoge (rechts) und auf der Flagge Israels. Der Davidstern ist ab dem 7. Jahrhundert v. Chr. nachweisbar und geht auf das **Siegel Salomons** zurück, ein **Hexagramm** aus zwei ineinander verwobenen Dreiecken. In der **Kabbala** symbolisiert es die Wechselbeziehung zwischen Himmel und Erde und das untrennbare Band zwischen Gott und den Menschen.

Das Siegel soll die **vier Elemente** repräsentieren, das nach unten weisende Dreieck ist das **Wasser**, das nach oben weisende das **Feuer**. Dort, wo sich die Dreiecke überlagern, wird das obere von einer horizontalen Linie geteilt, es soll die **Luft** darstellen; das untere, ebenfalls zweigeteilte Dreieck ist die **Erde**. Das Hexagramm verkörpert die Einheit und Komplexität von Gottes Schöpfung. Die zwölf Ecken des Sterns sind die zwölf Stämme Israels.

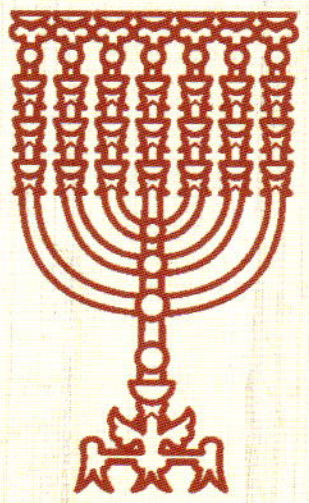

**Menora** Der siebenarmige Leuchter ist das Wahrzeichen des jüdischen Volkes. Nach dem Erhalt der Zehn Gebote errichtete Moses ein Heiligtum, das Stiftszelt. Zu diesem gehörte auch ein goldener Leuchter, die Menora. Sie ziert das Staatswappen Israels.

**Dochtlöscher & Zangen** Mit diesen Geräten wurden die Kerzen in der Tempelmenora ausgerichtet und gelöscht.

**Aaronstab** Der Stab steht für die Priesterwürde Aarons, des Bruders von Moses. Sein Stab ergrünte auf der Bundeslade. Die Stäbe flankieren ein Gefäß, das Manna enthält, das Himmelsbrot, das die Israeliten in der Wüste am Leben erhielt.

# Wasserwesen

Unser Planet ist zu zwei Dritteln von Wasser bedeckt. Meere, Seen, Quellen, Flüsse sowie die Lebewesen, die sich in den Fluten tummeln, nehmen in der Menschheitsgeschichte einen besonderen Rang ein. Wasser bedeutet Leben; in den Mythologien vieler Völker bestand die Erde vor der Schöpfung aus gewaltigen Wassermassen, die den Keim allen Lebens in sich trugen. In der jüdisch-christlichen Tradition gibt es das Seeungeheuer Leviathan, das von Gott erst vernichtet werden musste, um den Menschen eine Wohnstätte zu schaffen. Wasser und somit auch Wasserwesen stehen für Fruchtbarkeit und kosmische Erneuerung.

Eines der ältesten christlichen Symbole ist der Fisch: Das Mosaik links stammt aus dem 4. Jahrhundert, die Fische bezeichnen das christliche Volk. Der Fisch verkörpert die unter Wasser verborgene Wahrheit, die es zu fangen bzw. ans Licht zu holen gilt. Die reinigende Kraft des Wassers wird vor allem in Indien verehrt, der Ganges ist der Fluss der Erlösung. Dunkle Wasser werden mit profundem und geheimem Wissen verbunden. Meereskreaturen symbolisieren die Fähigkeit, die Tiefen der Weisheit zu durchdringen. In vielen Kulturen sind Wasserwesen Mittler zwischen irdischen und göttlichen Reichen. Der Weise Adapa ist die Hauptfigur einer altbabylonischen Erzählung, die etwa zwischen 2000 bis 1600 v. Chr. entstand. Seine Kleidung war aus Fischschuppen gefertigt.

**MEERESSCHNECKE**
Hinduisten und Buddhisten blasen bei Ritualen ein Muschelhorn, vermutlich, weil der Ton, den das Horn erzeugt, wie die heiligen Silbe Om klingt. Die Muschel wächst im Uhrzeigersinn, daher ist sie im Buddhismus ein Symbol für „sich nach rechts wenden", also zur Wahrheit, die durch die Lehre Buddhas verkörpert wird.

**JAKOBSMUSCHEL**
Wahrzeichen der Göttin Aphrodite (bei den Römern Venus), die aus den Schaumkronen des Meeres geboren wurde. Die Pilger, die zum Schrein des heiligen Jakob im spanischen Santiago de Compostela gingen, trugen eine Jakobsmuschel als Erkennungszeichen; sie symbolisiert den Heiligen und Pilgerschaft allgemein.

**KREBS**
Da sich dieses Tier seitwärts bewegt, ist es ein Symbol für Hinterhältigkeit. Der Name Krebs für die Krankheit, die sich im Körper tückisch verbreitet, geht auf diese Bedeutung zurück. Hera wollte Herakles durch einen Krebs schaden. Der Held zertrat den Krebs, Hera setzte ihn an den Himmel und so entstand das Sternzeichen.

**ZWEI FISCHE**
Repräsentieren das Sternzeichen Fische. Werden die Fische als Oval oder als Kreis dargestellt, symbolisieren sie im Hinduismus die Vagina oder *Yoni* – in Sanskrit der „Quell des Lebens" und schöpferische Energie. In China bedeuten zwei Fische Geschlechtsverkehr sowie eine glückliche und erfolgreiche Ehe.

## DER WOLF DER OZEANE

Er gleitet lautlos durch die Tiefen der Meere, um plötzlich aufzutauchen und seine Opfer brutal anzugreifen: Der **HAI** verkörpert Grausamkeit und die Angst vor unbekannten Gefahren. In den Mythen der Inselvölker Südostasiens und der Südsee spielen Haie eine bedeutende Rolle. Der hawaiianische Haigott **KAMOHOALI'I** wurde als Erfinder des Wellenreitens verehrt; die **'AUMAKUA** waren die Geister der Ahnen in Gestalt von Haien. Auf Fidschi gab es einen Gott namens **DEKUWAQA**, ein Riesenhai, der die Kanus der Krieger bei nächtlichen Angriffen lotste. Auf den Trobriand-Inseln wird ein Knabe nur zum Mann, wenn er in einem Kanu alleine losfährt und einen Hai fängt. Auf den Salomoninseln wurden die Köpfe der Verstorbenen in Reliquien aufbewahrt, die die Form eines Hais hatten.

Die Tlingit-Indianer in Alaska nahmen oft einen Hai als Totemtier ihres Clans, und die Aborigines in Australien hielten Haie für urzeitliche Wesen aus der **TRAUMZEIT**.

Der „große Fisch", von dem Jona in der biblischen Geschichte verschlungen und nach drei Tagen wieder ausgespien wird, könnte auch ein Hai gewesen sein, und kein **WAL**.

### KARPFEN
Diese Fische können über 50 Jahre alt werden, deshalb sind sie in der chinesischen Tradition ein Symbol für Langlebigkeit. Sie verkörpern auch Widerstandskraft und Heldenmut, weil sie naturgemäß gegen die Strömung schwimmen. Der Koikarpfen steht in Japan für die Liebe; *koi* ist ein altjapanisches Wort für Liebe.

### DREIFISCH
Drei Fische, deren Köpfe in der Mitte einen einzigen Kopf bilden, ist ein maritimes Zeichen, das auf die Haupteinnahmequelle der Region verweist. Der Dreifisch ist auch ein Symbol für die christliche Trias von Glaube, Liebe, Hoffnung oder für die Heilige Dreifaltigkeit: Gottvater, Sohn und Heiliger Geist.

### LACHS
Dieser Fisch überwindet Tausende von Kilometern, um den Fluss, in dem er geboren wurde, zu erreichen. Nach dem Ablaichen stirbt er. Für viele Völker war der Lachs deshalb ein Symbol für Tod und Wiedergeburt, Fruchtbarkeit, Weisheit und Weitsicht. Finn, der Held einer irischen Sage, musste nur einmal vom Fleisch eines Zauberlachses kosten, um die Gabe der Prophezeiung zu erlangen.

### SEEHUND
Galten in manchen Kulturen als urzeitliche Vorfahren, die menschliche Gestalt annehmen konnten: In schottischen Sagen gab es weibliche Seehunde, die ihr Fell abstreiften und als schöne Frauen an Land gingen. Ohne das Fell konnten sie nicht ins Meer zurück. Die Isländer glaubten, Seehunde seien verlorene Seelen.

### DELFIN
Die Indianer Nordamerikas hielten Delfine für Boten aus dem Reich der Geister. Die Griechen verbanden sie mit Liebe, Erlösung und spiritueller Wiedergeburt. Als der Sonnengott Apollon auf einer Insel mitten im Meer geboren wurde, wurde er von einem Delfin an Land gebracht. Dem Meeresgott Poseidon waren sie heilig.

### TINTENFISCH
Hydra, das vielköpfige Monster, das Herakles bezwang, wird auf griechischen Vasen oft als riesiger Tintenfisch dargestellt. Seeleute erzählten von Kraken, die ganze Schiffe in die Tiefe rissen. Tintenfische verkörpern Unheil und zudem Wankelmut, weil sie bei Gefahr die Farbe wechseln können.

## FISCHE UND REICHTUM

In China und Japan symbolisieren Fische Wohlstand; das chinesische Wort für Fisch, *yu*, bedeutet auch Reichtum und Überfluss. Karpfen und Goldfische werden dort in Teichen oder Glasbehältern gehalten. Die chinesische Bezeichnung für Goldfisch, *jinyu*, heißt zudem „Gold im Überfluss", deshalb sind diese Fische in China sowie Japan sehr beliebt und ein häufiges Motiv in der Kunst. Die Darstellung von Fisch (*yu*) und Lotos (*lian*) verweist auf den Ausdruck *yu lian nian*, „immerwährender Reichtum". *Yu* bedeutet darüber hinaus „Wunsch", daher werden bei festlichen Anlässen Fische verspeist, um Glückwünsche zu übermitteln. Zum chinesischen Neujahr serviert man Fische mit Kopf und Schwanz, damit der Wohlstand das ganze nächste Jahr über nicht versiegt. Früher aßen die Chinesen das Fleisch des Fisches und opferten dem Gott des Wohlstands den Kopf.

### WAL

In Ländern, in denen dieses mächtige Säugetier eine wichtige Nahrungsgrundlage bildet (links), wird der Wal sehr verehrt. Im Koganji-Tempel an der japanischen Küste werden alljährlich Feierlichkeiten zu Ehren der getöten Wale abgehalten. Die Inuit-Schamanen in Alaska rufen bei bestimmten Riten den Geist der Wale an. Bei den Kwakiutl-Indianern in Kanada bescheren Wale ein langes Leben und Wohlstand.

Die berühmteste Walgeschichte in der westlichen Tradition ist das Buch Jona in der Bibel. Jona wird von Gott beauftragt, nach Ninive zu gehen und gegen die Stadt und ihre Bewohner zu predigen. Er segelt jedoch in die entgegengesetzte Richtung. Da entfacht Gott einen gewaltigen Sturm und die verängstigte Besatzung wirft Jona über Bord. Er wird von einem riesigen Fisch verschlungen und nach drei Tagen und drei Nächten des Gebets wieder an Land ausgespien. Die Geschichte wurde ein berühmtes christliches Gleichnis: Jesus verglich Jonas Schicksal mit seinem eigenen, weil er seinen Tod und die drei Tage später folgende Auferstehung vorausahnte (Matthäus 12,40).

### TIAMAT & APZU

Tiamat (oben) ist die Urgöttin in der babylonischen Mythologie. Sie verkörpert das Salzwasser und bildet den Gegenpart zu ihrem Gemahl Apzu, dem Prinzip des Süßwassers. Die beiden zeugen viele Götter, darunter auch Ea, der Apzu tötet. Aus Rache zettelt Tiamat einen großen Krieg an, bei dem sie gespalten wird. Ein Teil von ihr bildet die Erde, der andere den Himmel. Die Babylonier stellten diese Urgewalt als eine Art Wasserdrachen dar.

### MAKARA

Ist das Reittier der hinduistischen Götter Ganga und Varuna. Der Makara hat den Körper eines Fisches und den Kopf eines Elefanten; er steht für die göttlichen Kräfte des Wassers.

### MEERJUNGFRAU

Diese Mischwesen, halb Frau, halb Fisch, kommen in vielen Mythen vor. Für Seeleute verkörperte die Meerjungfrau die Sehnsucht nach den fleischlichen Gelüsten der Heimat. In der griechischen Mythologie waren Meerjungfrauen als Sirenen gefürchtet; mit ihrem schönen Gesang lockten sie die Schiffer an, um sie zu töten. In der modernen Psychologie stehen Meerjungfrauen für das Unterbewusstsein, jenen Teil unseres Wesens, der im Verborgenen liegt.

### LEVIATHAN

Das biblische Seeungeheuer könnte auf die babylonische Salzwassergöttin Tiamat zurückgehen. Thomas Hobbes verglich die Unbezwingbarkeit Leviathans mit der Allmacht des Staates.

### KRAKE

Laut skandinavischer Sage waren Kraken riesige Tintenfische, die im Nordatlantik zwischen Island und Norwegen lebten. Sie trieben große Fischschwärme vor sich her; was für die Fischer ein Segen war, sofern sie dem Monster nicht zu nahe kamen. Beim Auftauchen sollen Kraken wie eine Insel ausgesehen haben. Der Strudel, den sie beim Abtauchen verursachten, soll so stark gewesen sein, dass Schiffe davon in die Tiefe gerissen wurden.

## FISCH UND CHRISTENTUM

**FISCHE** sind ein verbreitetes Bildmotiv frühchristlicher Kunst, man findet sie auf den Wänden von Katakomben, auf Sarkophagen, Siegeln und Lampen. Bis zum 4. Jahrhundert n. Chr. war der Fisch ein häufigeres Erkennungszeichen für das Christentum als das **KREUZ**.

Der Gebrauch des Fisch-Symbols (oben: Tobias und der Erzengel Raphael) geht vermutlich auf einige biblische Episoden zurück, bei denen Fische und Fischfang eine zentrale Rolle spielen. Petrus und sein Bruder Andreas waren Fischer am See Genezareth. Nach Markus 1,17 traf Jesus sie am Seeufer beim Auswerfen ihrer Netze und forderte sie auf, ihm nachzufolgen, um „Menschenfischer" zu werden. Menschenmengen werden durch eine kleine Anzahl an **BROTEN UND FISCHEN** genährt; wundersamer Fischfang symbolisiert das Anwachsen der christlichen Gemeinde und die Tempelsteuer kann beglichen werden, weil in einem Fisch eine **MÜNZE** gefunden wird.

Das griechische Wort für Fisch, **ICHTHYUS**, enthält ein kurzgefasstes Glaubensbekenntnis: *Iesous Christos, Theou Hyios, Soter* („Jesus Christus, Sohn Gottes, Erlöser"). Das Ichthyus-Symbol besteht aus zwei gekrümmten Linien, die einen Fisch darstellen. Die christliche Tauflehre spricht von Menschen als „Fischlein", in vielen Kirchen wird das Taufbecken bis heute „Fischteich" genannt. Das Symbol für **PETRUS** ist ebenfalls ein Fisch, auch der **HEILIGE ANTONIUS VON PADUA** hat als Attribut Fische. Er predigte am Ufer des Meeres den Fischen, die ihm genauso andächtig zugehört haben sollen wie dem heiligen Franz von Assisi die Vögel.

# Himmelwesen

In fast allen Kulturen wurden Vögel als Mittler zwischen irdischem und himmlischem Reich betrachtet. Der Garuda der indischen Mythologie ist ein halb mensch-, halb adlergestaltiges Reittier des Vishnu und gleichzeitig ein Götterbote. Schamanen rufen Vögel als Beschützer und Heiler an, bevor sie in Trance verfallen. Bei den alten Ägyptern reiste die Seele der Verstorbenen in Gestalt des Vogels *Ba* ins Totenreich. Die Navajo glaubten, die Seele würde sich in eine Eule verwandeln.

Die Römer interpretierten den Flug der Vögel als Indiz für Weissagungen. Der Rad schlagende Pfau (links) ist weithin ein Symbol für Eitelkeit und Stolz. Doch bei den Hinduisten ist der Pfau das Reittier des Liebesgottes Kama, und im antiken Griechenland war er der Vogel der Göttin Hera; die Augen in seinen Federn sollten von dem Riesen Argos stammen, dessen Leib mit hundert Augen bedeckt war. Pfauenfleisch galt als unverderblich, daher verkörperte der Vogel Unsterblichkeit. Im Buddhismus steht er für er die universelle Wachsamkeit von Avalokiteshvara, dem Gott des Mitgefühls.

**FALKE**
War im alten Ägypten der König der Vögel und der Vogel der Könige. Der Falke wurde durch Horus personifiziert, den Himmelsgott, dessen Flügel die Welt umspannten. Der Falkengott beherrschte die Welt und das Licht. Horus symbolisierte den jeweiligen Pharao, der auf dem „Horusthron der Lebenden" saß; er war der Sohn des Sonnengotts Re und der Göttin Isis. Das „Auge des Horus" wurde als menschliches Auge mit den für Falken typischen Einkerbungen über dem Schnabel dargestellt.

**GEIER**
Die ägyptische Geiergöttin Nechbet symbolisierte die Herrschaft des Pharao über Oberägypten, sie ist das Gegenstück der Kobragöttin Uto, die für die Herrschaft über Unterägypten stand. Auch das Königskopftuch und vor allem der Uräus sind Erscheinungsformen der Nechbet, ihr Abbild auf der Decke des Schlafgemachs beschützte den Pharao nachts. Nechbet wurde mit ausgebreiteten Flügeln dargestellt, in ihren Klauen stand das Wort „Ewigkeit" in Hieroglyphenschrift.

**RABENVÖGEL**
Raben und Krähen galten im Christentum als Unglücksvögel und wurden mit dem Teufel assoziiert; bei den Kelten waren sie Vorboten von Krieg und Tod. Doch für die Römer waren Krähen Hoffnungsträger, weil ihr Krächzen wie *cras*, das lateinische Wort für „morgen", klingt. Odin, die höchste Gottheit in der nordischen Mythologie, besaß zwei Raben; Hugi (Gedanke) und Munin (Erinnerung). Sie flogen umher und flüsterten ihm jegliche Neuigkeiten seines Reichs zu. Deshalb wurde Odin auch Rabengott genannt.

**KUCKUCK**
Sein Ruf verkündet den Frühling. Doch der Vogel steht auch für Parasitentum, weil das Weibchen jeweils ein Ei in das Nest eines Wirtsvogels legt und das Junge von diesem aufziehen lässt. Meist ist das Kuckucksjunge wesentlich größer als der Wirtsvogel. Es verdrängt die anderen Jungvögel im Nest und lässt die Altvögel unermüdlich Futter für sich heranschaffen. Daher die Bezeichnung „Kuckucksei". Beim ersten Kuckucksruf im Jahr sollte man Geld berühren, damit es nie ausgeht.

## KÖNIG DER LÜFTE: DER ADLER

Dieser eindrucksvolle Vogel verfügt über mächtige Flügel, scharfe Krallen und enorm scharfe Augen. In der Antike war der Adler der Vogel des griechischen Göttervaters Zeus und des obersten römischen Gottes Jupiter; ein Symbol für Macht und Sieg. Der doppelköpfige Adler bezeichnete die Herrschaft und Ausdehnung des Römischen und des Byzantinischen Reichs (siehe Seite 79). Bei den Azteken war der Adler ebenfalls der Vogel des Königs; der Donnervogel der Indianer Nordamerikas soll ein riesiger Adler gewesen sein. Nach dem Löwen sind Adler die beliebtesten Wappentiere, sie stehen für Souveränität und Unabhängigkeit. Der Adler verkörpert spirituelle Weisheit; ein Adler, der eine Schlange verschlingt, gilt weltweit als Emblem für den Triumph des Geistes über brutale Gewalt oder für den Sieg des Guten über das Böse.

### EULE

Wegen des starren Blicks, des lautlosen Flugs und weil sie nachts aktiv ist, wurde die Eule zuweilen mit okkulten Kräften verbunden. Bei vielen Völkern war sie ein Symbol für Weisheit und Prophezeiung. Die Eule war Athene, der griechischen Göttin der Weisheit, heilig und auf den Münzen Athens abgebildet. In Ägypten, Indien und Ostasien war die Eule ein Todesvogel, bei einigen Indianerstämmen Nordamerikas war sie ein Schutzgeist.

### ELSTER

Dieser prächtige Vogel mit dem schwarz-weißen Gefieder gehört zur Familie der Rabenvögel. In der germanischen Mythologie war die Elster sowohl Götterbote als auch der Vogel der Todesgöttin Hel, sie galt als Unheilsbote. Als „diebische" Elster war sie auch im Mittelalter als Hexentier und Galgenvogel unbeliebt. In Asien ist sie dagegen ein Glücksbringer, und bei den nordamerikanischen Indianern gilt sie als Geistwesen, das mit den Menschen befreundet ist.

### FLEDERMAUS

Diese Tiere werden bei vielen Völkern mit den Geistern der Unterwelt, mit Dunkelheit und Unheil verbunden.In Osteuropa sind Fledermäuse die Gefährten des Vampirs Dracula. Ihr scheinbar unkoordiniertes Hin- und Herflitzen in der Dämmerung (in Wirklichkeit jagen sie nach Insekten) hat sie zu einem Symbol für alptraumhaftes Chaos werden lassen. In China sind sie hingegen positiv besetzt; die chinesische Bezeichnung für Fledermäuse, *fu*, bedeutet auch Glück.

### TAUBE

Gilt im Christentum als Symbol für Frieden. Eine weiße Taube überbrachte Noah einen Olivenzweig, als Zeichen dafür, dass Gott der Menschheit vergeben hatte. In der christlichen Kunst verkörpert eine weiße Taube den Heiligen Geist. In China sind Möwen und Tauben Embleme für Langlebigkeit und eheliche Treue.

### KOLIBRI

Dieser winzige Vogel mit dem prächtig schillernden Gefieder kann rückwärts fliegen, daher hielt man ihn für einen Götterboten. Wegen seiner Furchtlosigkeit gegenüber Tieren, die viel größer als er selbst sind, war er bei den Azteken ein Attribut des Kriegsgottes Huitzilopochtli, dem „Kolibri des Südens".

### VOGEL ROCK

Ist in den arabischen Märchen von Tausendundeiner Nacht ein Vogel von so sagenhafter Größe, dass er Elefanten durch die Lüfte tragen kann. Sindbad der Seefahrer band sich an ein Bein des Vogels Rock, um von einer abgelegenen Insel zu entkommen. Das Schlagen seiner Flügel soll sich wie Donnerschläge angehört haben.

### SIMURGH

Dieses Fabelwesen der persischen Mythologie ist eine Mischung aus Greifvogel, Hund oder Löwe. Der Simurgh soll übernatürliche Kräfte haben. Er macht die Erde fruchtbar, indem er Samen ausstreut, und besitzt die Weisheit der Welt. Er lebte viele Jahrhunderte lang, bis er wie Phönix in Flammen aufging.

## RABE ALS TRICKSTER

Ein Trickster ist ein raffinierter Schwindler. Für die nordamerikanischen Indianer verkörperte der **RABE** einen wichtigen Schöpfer, Kulturbringer und **TRICKSTER**, außerdem war er ein Clanemblem (links). Diese intelligenten Vögel sollen von einer Frau geboren worden sein, die eine **FEDER** oder einen **STEIN** verschluckt hatte. Nachdem das Wasser der **URFLUT** abgeflossen war, fand ein Rabe eine riesige **VENUSMUSCHEL**, in der sich viele kleine Tiere befanden, die sich nicht trauten, herauszukommen. Der Rabe überredete sie, ihre Schutzbehausung zu verlassen und die Welt zu erkunden: Sie wurden die ersten Menschen.

Manchmal ist der Rabe Schöpfer und Trickster. Die Tsimshian, ein Indianervolk in Kanada, erzählen, er habe den Göttern das Feuer gestohlen, um es den Menschen zu bringen. Zur Strafe wurde der Rabe, der ursprünglich weiß war, von den Göttern versengt. Laut anderer Mythen hat der Rabe die **SONNE** und andere Himmelskörper einem habgierigen Häuptling entrissen und in den Himmel gesetzt; er brachte den Menschen den ersten **LACHS**, Beeren sowie andere Geschenke. Bei den Inuit ist der Rabe die Hauptgottheit.

**KRANICH**
Laut chinesischer Tradition gibt es nur ein Wesen, das noch glückverheißender als der Kranich ist: der *Fenghuang* (siehe gegenüber.) Angeblich können Kraniche Jahrhunderte alt werden; sie sind ein Symbol für Langlebigkeit und Kindespflicht, weil die Jungvögel den Gesang der Altvögel wiedergeben. Ihr hoher Flug repräsentiert Weisheit und Erfolg, die höchsten Beamten des Kaisers trugen als Rangabzeichen einen weißen Kranich. Der Kranich befördert die Seelen ins Jenseits, bei traditionellen chinesischen Begräbnissen ist der Sarg mit einem Kranichbild versehen.

**SCHWAN**
Wird häufig mit Seelenwanderung und Transformation verbunden. Zeus verwandelte sich in einen Schwan, um die schöne Leda zu verführen (oben), und bei den Kelten flogen die Seelen in Gestalt eines Schwans in die Anderwelt. Angus war der keltische Gott der Liebe, seine Geliebte verwandelte sich einmal im Jahr in einen Schwan. In Hans Christian Andersens *Das hässliche Entlein* wird aus dem unansehnlichen Küken eines Tages ein wunderschöner Schwan. Der Ausdruck „Schwanengesang" geht auf den Mythos zurück, dass Schwäne kurz vor ihrem Tod herrlich singen.

## PHOENIX, DER WIEDERGEBORENE

Bereits in der ägyptischen Mythologie gibt es **BENU**, meist dargestellt in Form eines Reihers, der im Abstand von mehreren hundert Jahren erscheint, bei Sonnenaufgang in der Glut der Morgenröte verbrennt und aus seiner Asche verjüngt wieder aufersteht. Im antiken Griechenland wurde er als **PHOENIX** überliefert, der bis zu 500 Jahre alt werden kann. Am Ende seines Lebens baut er ein Nest, setzt sich hinein und verbrennt. Nach Erlöschen der Flammen bleibt ein Ei zurück, aus dem nach kurzer Zeit ein neuer Phoenix schlüpft. In der Spätantike wurde er zum Symbol für Unsterblichkeit, da er die Fähigkeit hatte, sich nach einer Verwundung zu regenerieren. Im Christentum repräsentiert er die Auferstehung.

Im alten China gab es den **FENGHUANG** (siehe Illustration rechts). Er hatte ähnliche Eigenschaften wie der Phoenix. Die Redewendung „wie Phoenix aus der Asche" ist heute noch weit verbreitet.

**STORCH**
Ist im Christentum ein Vorbote des Frühlings und der Ankunft Christi. Der Storch war der griechischen Göttin Hera heilig. Sie wurde auch als Geburtshelferin angerufen; die Legende, dass Störche Babys bringen, könnte auf Hera zurückgehen. Störche kehren stets zum gleichen Nest zurück, daher sind sie ein Symbol für Beständigkeit. In China verkörpern sie Langlebigkeit und Kindespflicht.

**HAHN & HENNE**
Der Hahn ist ein Symbol für Wachsamkeit und männliche Eitelkeit. Im Shintoismus ist sein morgendliches Krähen der Ruf zum Gebet. Laut islamischer Tradition erblickte Mohammed im ersten Morgenlicht einen riesigen Hahn, der rief: „Es gibt keinen Gott außer Allah!" Hennen symbolisieren Feigheit und Scheu, aber auch neues Leben und beschützende Mutterliebe.

**ROTKEHLCHEN**
Ist einer der wenigen Vögel, der den Winter nicht im Süden verbringt. Wegen seiner Zutraulichkeit ist das Rotkehlchen ein besonderer Sympathieträger. In Christuslegenden steht es Jesus im Sterben tröstend bei. Zudem wird es als inoffizieller Nationalvogel Englands mit Weihnachten in Verbindung gebracht. Sein rotes Brustgefieder erinnert an das Blut, das Jesus für uns vergoss.

**ZAUNKÖNIG**
Dieser kleine Vogel hat einen sehr lauten Gesang; bei Gefahr flattert der Altvogel aggressiv um das Nest herum. Daher ist der Zaunkönig ein Symbol für Mut und schützende Mutterschaft. Bei den Druiden wurde aus dem Zwitschern des Zaunkönigs wahrgesagt.

**BENU**
Wurde in der ägyptischen Mythologie als göttlicher Vogel verehrt. Er galt als Schöpfer des Sonnengotts und wurde als Purpurreiher dargestellt, der Licht in die Dunkelheit des Chaos bringt. Der Schrei, den er ausstieß, war der erste Laut auf Erden.

**FENGHUANG**
Ist in China ein Glücksvogel, der den südlichen Teil des Kaiserpalastes beschützt. Er ähnelt einem Pfau oder einem Goldfasan und war ursprünglich wahrscheinlich eine Windgottheit. Später galt er als Wächter des Südens, der Sonne und des Sommers. Zusammen mit dem Drachen Long symbolisierte er das kaiserliche Paar. Der *Fenghuang* war die Kaiserin, der Drachen der Kaiser. Er soll nur während der Regentschaft eines gerechten Kaisers aufgetaucht sein, daher konnte man dem Herrscher schmeicheln, wenn man behauptete, der Fenghuang käme bald.

**QUETZAL**
Dieser farbenprächtige Vogel war bei den Urvölkern Amerikas Symbol für Fruchtbarkeit. Die Azteken assoziierten ihn mit ihrem Gott Quetzalcoatl, der „Gefiederten Schlange". Der Quetzal ist das Wahrzeichen Guatemalas.

**GANS**
War das heilige Tier von Juno, der römischen Göttin der Geburt und der Ehe. Deshalb wurden bei ihrem Tempel auf dem Kapitol Gänse gehalten. Da diese die Bürger Roms 387 v. Chr. beim nächtlichen Angriff der Gallier durch lautes Geschnatter weckten, gelten sie seither als Sinnbild für aufmerksame Warner.

# KÖNIGE & HERALDIK

Der Brauch, auf Schilde und Fahnen verschiedene Zeichen und Tiere zu setzen, ist sehr alt. In Europa begann die Heraldik mit dem Aufkommen des Rittertums im frühen Mittelalter. Da die Ritter Rüstungen trugen, benötigte man Erkennungszeichen, um Freund und Feind voneinander unterscheiden zu können. Gold (oder Gelb), Silber (oder Weiß), Rot, Grün und Blau waren beliebte Farben. Als Wappentiere fungierten Löwen, Wildschweine, Adler oder andere Kreaturen, die mit Tapferkeit und Wildheit assoziiert wurden. Die Kreuzfahrer hatten zusätzlich das Kreuz, vermieden aber die Farbe Grün, um nicht mit muslimischen Kriegern verwechselt zu werden.

Im Rahmen der Kreuzzüge entstanden auch die Motive der einzelnen Herrscherhäuser und Erbwappen. Bereits im zweiten Kreuzzug (1147–1149) wurden stolz die Wappen der Vorfahren getragen. Auf allen späteren Kreuzzügen prangten dann die Wappenzeichen weithin sichtbar auf den Schilden, auf Brust und Rücken, bis hin zu Pferdedecken und den Wimpeln der Lanzen.

Das aufkeimende Wappenwesen übertrug sich auf andere Bereiche und wurde neben der militärischen Funktion für juristische Formen genutzt: Die Wappen prangten auf Siegeln, Palastportalen, Stadttoren und Festungswehren. Die Darstellungen wurden kunstvoller und mit einem Motto oder Sagen über ihre Entstehung unterlegt. Das Wappen der französischen Stadt Amiens (unten, als Briefmarke) entstammt einem Schöffensiegel, das König Philipp-August 1185 der Stadt verlieh. Es enthält die französischen Königslilien, ein Sinnbild der Jungfrau Maria und der Menschen, die sich dem Patronat der Gottesmutter unterstellen. Die rote Fläche ist mit Efeuranken ausgefüllt, sie symbolisieren die Bindung der Stadt an die Krone.

Das Wappen des Seefahrers Christoph Kolumbus (rechts) wurde ihm 1493 von König Ferdinand und Königin Isabella von Spanien gewährt. Es ist in fünf Bereiche unterteilt, somit konnte man mehrere Symbole unterbringen.

**LÖWE & EINHORN** Die Prunkstücke eines Wappens sind sogenannte Schildhalter. Das Wappen des Vereinigten Königreichs von Großbritannien wird von einem gekrönten Löwen (England) und einem Einhorn (Schottland) gehalten.

**STERNE & STREIFEN** Das Wappen der englischen Vorfahren der Familie Washington besteht aus zwei roten Streifen und drei Sternen. Es soll Vorbild für die Nationalflagge der USA gewesen sein und ist heute Flagge von Washington.

**GOLDENE FESTUNG** Bezeichnet die Herrschaft von Königin Isabella über Kastilien. Durch die Heirat mit Ferdinand wurde es mit Aaragon vereint. Die drei Türme verweisen auf die Dreifaltigkeit; das Königreich war eine Bastion des römisch-katholischen Glaubens.

**INSELN & WELLEN** Stehen für unbekannte Kontinente und Teile des Ozeans, die es im Namen der spanischen Krone zu entdecken und erobern gilt.

**Wilder Löwe**
Solch ein Löwe war das Wappentier des Königreichs Leon, das 1037 von Ferdinand I. von Kastilien erobert wurde.

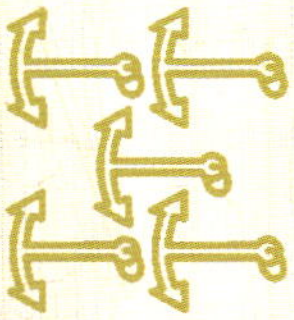

**Anker**
Die fünf quer liegenden, goldenen Anker sollen den Admiralstatus von Kolumbus wiedergeben.

**Familienwappen des Kolumbus**
Der fünfte Teil des Wappens ist wie ein Anker geformt. Der Querstreifen wurde von Kolumbus hinzugefügt, er entstammt seinem eigenen Familienwappen.

## WAPPENTIERE

Der **LÖWE** ist ein Symbol für Kraft, Macht und Gerechtigkeit. Neben dem Adler zählt er zu den häufigsten Wappentieren. Der **LEOPARD** wurde auch gerne verwendet, er steht für Schnelligkeit und Wachsamkeit. Der **ADLER** symbolisiert Unsterblichkeit, Mut, Weitblick und Kraft, gilt aber auch als König der Lüfte und Bote der höchsten Götter. Der **DOPPELADLER** wurde bereits vom Römischen Reich und vom Byzantinischen Reich genutzt, die beiden Köpfe repräsentieren Osten und Westen. Das Russische Reich, die Doppelmonarchie Österreich-Ungarn und das Heilige Römische Reich der deutschen Kaiser hatten ebenfalls einen Doppeladler in ihrem Wappen.

Die Fabelwesen **GREIF**, **EINHORN**, **DRACHE** und **LINDWURM** wurden in der Heraldik ebenfalls gerne benutzt. Meist hatten sie in einer Region oder Stadt ein Wunder bewirkt, zum Beispiel die Pest vertrieben.

**RUSSISCHER ADLER**
Der Doppeladler des russischen Wappens (oben) stammt vom Adler des byzantinischen Kaisers, in dessen Tradition sich die Moskauer Großfürsten und die späteren russischen Zaren stellten. Der Adler hält das goldene Reichszepter und den goldenen Reichsapfel. Das rote Brustschild zeigt den heiligen Georg. Die drei Kronen standen früher für die Einheit Russlands (Weißrussland und Ukraine).

# Schlangen & Reptilien

Nur wenige Tiere haben eine derartig reichhaltige Symbolik wie die Schlange. Alle Völker dieser Erde kennen Legenden, in denen sie eine zentrale Rolle spielt, sie ist Grundlage heiliger Mysterien und Kulte. Obwohl Schlangen nicht nur am Boden leben, verkörpern sie die Kräfte der Erde und der Unterwelt. Sie stehen auch für geheimes Wissen und finstere Mächte. Da sie sich lautlos bewegen, wurde ihnen Feindseligkeit und Falschheit nachgesagt. In der jüdisch-christlichen Tradition ist sie das Tier Satans, die „große Schlange", die Adam und Eva dazu verführt, von der Frucht vom Baum der Erkenntnis zu kosten. Ihr Gift ist gefürchtet. In Teilen Englands tötete man bis ins 20. Jahrhundert hinein jede Schlange, die man im Frühjahr sah; man glaubte, sich auf diese Weise alle Feinde für den Rest des Jahres vom Leib halten zu können.

Die Schlange hat aber auch positive Bedeutungen. Sie war die Vertraute mächtiger Erdgöttinnen wie der griechischen Gaia und der aztekischen Coatlicue und wurde deshalb mit Schöpfung, Fruchtbarkeit und Heilung verbunden. Die angeblich heilende Wirkung geht vermutlich auf das wundersame Häuten der Schlangen zurück: Die Menschen dachten, die Tiere würden sich verjüngen oder tatsächlich sterben und dann wiedergeboren werden. Daher wurden Schlangen außergewöhnliche Kräfte der Transformation, der Magie und der Heilung zugeschrieben. Ihr Gift, ihre Haut oder ihr Fleisch wurde in der traditionellen Medizin vieler Kulturen verwendet. In der indischen Mythologie gibt es Vasuki, den König der Schlangen. Die Götter legten ihn um den Berg Mandara und zogen dann an seinem Schwanz und Kopf. Was dazu führte, dass sich der Berg wild drehte und der Milchozean stark aufgewirbelt wurde: der Beginn der Schöpfung. In der hinduistischen Schöpfungslehre wird der Kosmos in regelmäßigen Abständen zerstört und wieder neu geschaffen. In den Pausen zwischen diesen Schöpfungszyklen ruht der Schöpfergott Vishnu auf der Schlange Ananta. Sie hat viele Köpfe, damit sie den Schlaf Vishnus gut bewachen kann.

## WASSERSCHLANGEN

Das Gift der **WASSERSCHLANGEN** ist meist tödlich. Sie verkörpern unwägbare Gefahren dunkler Tiefen. Legenden über furchterregende **SEESCHLANGEN** kursierten vor allem unter Völkern, die zur See fuhren. In der griechischen Mythologie wurde die neunköpfige **HYDRA** von Herakles getötet (links). Das Meeresungeheuer **SKYLLA** verschlang alles, was in ihre Reichweite kam, sie fraß sechs Gefährten von Odysseus. Die Schlange **NIDHÖGG** in den nordischen Mythen ruht auf dem Grund des Meeres und nagt dort an der Wurzel des Weltenbaums **YGGDRASIL**, sie repräsentiert den unvermeidlichen Wandel und Untergang. Für die Indianer am Amazonas ist die **ANACONDA** ein mythischer Vorfahre, der den großen Fluss hinaufschwamm und die ersten Menschen ausspie. Die Urvölker Afrikas und Australiens erzählen von einer **REGENBOGENSCHLANGE**, die in der Wasserunterwelt lebt und am Himmel als **REGENBOGEN** erscheint.

**SCHLANGENHÜGEL**
Befindet sich in Adams County, Ohio und wurde von Indianern vor ca. 1000 Jahren aufgeschichtet. Der Hügel ist über 400 Meter lang und stellt eine riesige Schlange dar, die gerade ein Ei verschlingt. Ihr Kopf zeigt in Richtung Sommersonnenwende, möglicherweise symbolisiert der Hügel eine kosmische Schlange, die die Sonne (das Ei) im Hochsommer verschluckt.

**PYTHON**
Die griechische Erdgöttin Gaia ließ das Orakel von Delphi von einem riesigen Python bewachen. Die Schlange verkörperte die heiligen Energien und Orakelkräfte der Erde, die durch die Priesterin Pythia im Tempel von Delphi vermittelt wurden. Der Python wurde von Apollon getötet, der die Orakelstätte zu seinem Heiligtum machen wollte. Der Gott des Lichts war auch der Gott der Weissagung.

**WADJET**
Die Ägypter verehrten eine aufgerichtete Kobra als Manifestation der Wadjet, einer Schlangengöttin des Deltagebietes. Wadjet entspricht der Uräusschlange, dem ägyptischen Herrschaftssymbol an der Stirn des Pharao, die ihn vor seinen Feinden schützen sollte, indem sie Feuer oder Gift spie. Wadjet war die Landesgöttin von Unterägypten. Ihr Gegenstück war Nechbet, die Landesgöttin von Oberägypten.

**NAGA**
Ist in der indischen Mythologie eine Schlangengottheit, meist eine Kobra. Naga symbolisiert die Verbindung zwischen Himmel und Erde und hat magische Kräfte. In der buddhistischen Mythologie beschützte der Nagakönig Mucalinda den Buddha in seiner mehrere Wochen dauernden Meditation vor Regen und Unwetter, indem er seine vielen Köpfe wie einen Schirm über ihn breitete.

**COATLICUE**
Der Name der Aztekengöttin Coatlicue bedeutet etwa „Rock der Schlange“. Sie war Fruchtbarkeitsgöttin, Herrscherin der Erde, der Finsternis und des Todes. Ihr wurden Menschenopfer dargebracht. Coatlicue war die Mutter des Stammesgottes Huitzilopochtli. Ihr Rock besteht aus sich windenden Giftschlangen, die Tod oder Heilung bringen. Um den Hals trägt sie eine Kette aus menschlichen Herzen.

**ÄSKULAPSTAB**
Ist das Symbol des ärztlichen und pharmazeutischen Standes. Es geht auf Asklepios, den griechischen Gott der Heilkunst, zurück, dessen Attribute Stab und Schlange waren. In seinen Heiltempeln wurden Schlangen gehalten. Kranke legten sich dort zum Schlafen nieder und wurden im Traum von Asklepios geheilt. Er soll stets eine Äskulapnatter bei sich gehabt haben, die sich um seinen Wanderstab ringelte. Der Stab des Götterboten Hermes (rechts) trägt zwei Schlangen. Er besaß Zauberkräfte, mit ihm konnte Hermes Menschen einschläfern und Träume bewirken.

**UROBOROS**
Ist eine sich in den Schwanz beißende Schlange und war auf altägyptischen Särgen ein Symbol für die Ewigkeit. Bei den Alchemisten verkörperte Uroboros die sich wandelnde Materie. Im Mythos westafrikanischer Stämme bezeichnet das Symbol den Ozean vor der Schöpfung, als es noch keine Gegensätze gab. Die Midgardschlange bei den Germanen ist auch ein Uroboros.

**VISIONSSCHLANGE**
Für die Maya waren Schlangen der Geist des Lebens. Bei Blutopfern fing man das gewonnene Blut durch Papierstreifen auf, die dann verbrannt wurden, um die Visionsschlange freizusetzen; die „Atemseele", die durch Rauch verkörpert wurde. Die Atemseele wurde durch ein Wesen dargestellt, dessen Unterkörper aus einer Schlange bestand (oben). Die Maya glaubten, heilige Ahnen kämen als Schlange.

**STAB MOSES'**
Gott befahl Moses, eine eherne Schlange als Stab zu errichten, um sein Volk bei Schlangenbissen zu heilen. In der christlichen Tradition wird der Stab als Ankündigung auf das Kreuz Christi interpretiert. Durch seinen Tod wurde die Menschheit von ihren Sünden geheilt. In der christlichen Kunst des Mittelalters symbolisiert eine ans Kreuz genagelte Schlange die Wiederauferstehung.

**BASILISK**
Im Mittelalter stellte man sich dieses Monster mit dem Oberkörper eines Hahns und dem Unterleib einer Schlange vor. Sein Blick konnte töten. In der Antike war der Basilisk eine Schlange mit einem weißen Fleck am Kopf, der sie wie ein Diadem schmückte, daher auch sein Name: *Basiliskos* = „kleiner König". Möglicherweise handelt es sich um eine Kobra. Bei den Christen symbolisierte das Fabelwesen Begierde.

**MEDUSA**
War eine der Gorgonen. Sie hatte Schlangenhaar und ihr Anblick ließ jeden zu Stein erstarren. Perseus gelang es, ihr das Haupt abzuschlagen, indem er sie nicht direkt ansah, sondern ihr Spiegelbild in einem Schild, den ihm Athene gegeben hatte. Später nutzte er das Haupt der Medusa, um seine Feinde in Stein zu verwandeln. Aus den Blutstropfen vom Haupt der Medusa entsprang Aamphisbaena, eine Schlange, die an jedem Körperende einen Kopf hat. Das Haupt der Medusa überbrachte Perseus Athene, die es fortan als Zeichen für die Überwindung der Dämonen in ihrem Schild trug.

**KROKODIL**
Das gefährliche Tier war dem altägyptischen Gott Sobek (rechts) geweiht. Der Herrscher über das Wasser wurde mit einem Krokodilkopf dargestellt. Im restlichen Afrika verehrte man das Krokodil als Geist der Ahnen. Es wurde mit Fruchtbarkeit verbunden.

**SATAN ALS SCHLANGE**
*(links)* In Gestalt einer Schlange verführte Satan Adam und Eva, von der Frucht vom Baum der Erkenntnis zu essen. Sie verloren daraufhin ihre Unschuld. Gott bestrafte die Schlange, die fortan auf dem Bauch kriechen musste.

**SALAMANDER**
Die Griechen hielten dieses Tier für einen Feuergeist, dem Flammen nichts anhaben können. Die Römer dachten, Asbest sei die abgeworfene Wolle des Salamanders. Im Christentum verkörpert er den Widerstand gegen das Feuer der Begierde, bei den Alchemisten Schwefel sowie das Element Feuer. Der Salamander gilt auch als Emblem für Mut.

## DIE KOSMISCHE SCHILDKRÖTE

Bei vielen Völkern herrschte die Vorstellung, die Erde liege auf einer großen **SCHILDKRÖTE**, einem universellen Symbol für Beständigkeit. Im indianischen Mythos vom **ERDTAUCHER** gab es zu Beginn nur ein Urmeer. Eine **BISAMRATTE** steigt vom Himmel auf den Meeresgrund herab und holt eine Handvoll Schlamm herauf. Da sie den Schlamm nirgends ablegen kann, nimmt ihn die Schildkröte auf ihren Rücken. Die Bisamratte schafft noch mehr Schlamm herbei und allmählich entsteht die Erde. Im chinesischen Mythos verwendet die Schöpfergöttin **NÜ GUA** die Beine einer riesigen Schildkröte, um den Himmel zu stabilisieren. Der Berg Mandara in der indischen Mythologie steht auf dem Rücken der **KURMA**, einer Riesenschildkröte, die eine Inkarnation des **VISHNU** ist.

**DREI GIFTE**
Der Buddhismus geht davon aus, dass unser Sein durch drei „Gifte" des Geistes gesteuert wird. Diese drei Geisteshaltungen drehen das Lebensrad und werden durch ein Schwein, einen Hahn und eine Schlange symbolisiert. Die Schlange steht für Hass, der Hahn für Gier und das Schwein für Verblendung. Es gilt, die drei Gifte ins Gegenteil zu verwandeln, um Erleuchtung zu erlangen.

**APEP**
Bei seiner Reise durch die Unterwelt wird die Sonnenbarke des Re jede Nacht von der Schlangengottheit Apep angegriffen. Apep muss allmorgendlich besiegt werden, damit die Sonne aufgehen kann. Die Ägypter glaubten, dass Apep seit Anbeginn der Zeit im Meer des Urchaos lebte, das vor der Schöpfung existierte.

**SCHILDKRÖTE**
Dieses Tier kann ein hohes Alter erreichen und ist durch seinen Panzer vor Feinden geschützt. Daher ist es ein Symbol für Stabilität und Langlebigkeit. Eine Schildkröte legt bis zu 200 Eier, bei vielen Völkern verkörperte sie Fruchtbarkeit. Die Maya assoziierten sie mit Chaac, dem Gott des Regens und des Ackerbaus.

Schildkröten spielen auch in Schöpfungsmythen eine wichtige Rolle (siehe oben). Eine schwarze Schildkröte, ein blauer Drache, ein roter Vogel und ein weißer Tiger sind Symbole für altchinesische Sternkonstellationen oder Wundertiere. Der erste Urahn der Menschen, Fu Xi, soll das Geheimnis der Schöpfung von einer Schildkröte erhalten haben.

**FROSCH & KRÖTE**
Stehen für Fruchtbarkeit und Überfluss, vielleicht, weil ihr Laich aus unzähligen Eiern besteht. Heket, die ägyptische Göttin der Geburt, wurde meist als froschköpfige Frau dargestellt. Sie schützte Schwangere und Neugeborene. Als „Dienerin der Heket" wurden vermutlich Hebammen bezeichnet. Kröten sondern Gift ab, deshalb galten sie im Mittelalter als Vertraute von Hexen. Laut chinesischem Volkstum sitzt im Mond eine goldene, dreibeinige Kröte, die ständig Gold- und Silbermünzen ausspuckt. In China ist die Kröte daher ein Symbol für Reichtum, Unsterblichkeit und den Mond. Allerdings auch für Habgier, das chinesische Wort für Kröte klingt ähnlich wie das für Gier.

# Insekten & Spinnen

Insekten und Spinnen verkörpern oft positive Eigenschaften wie Tapferkeit, Fleiß und Zusammenarbeit. Schmetterlinge, die sich aus einer unscheinbaren Raupe zu einem wunderschönen Wesen entwickeln, gelten als Symbol für Regeneration und Wiedergeburt. Der Skarabäus (links) wurde von den Ägyptern verehrt. Er legt seine Eier in einer Dungkugel ab, die er ständig vor sich herrollt, der Dung dient den Larven als Nahrung. Chepre war der Gott des Sonnenaufgangs, die Ägypter hielten ihn für einen kosmischen Skarabäus, der die Sonne jeden Tag aus der Unterwelt heraufrollt.

Spinnen wurden für ihre Fähigkeit bewundert, feinmaschige Netze zu spinnen. Bei den Maya gab es den Großen Weber, der das Netz des Lebens fertigt. Eine berühmte schottische Legende erzählt, wie König Robert Bruce (regierte 1306–1329) sich einmal eine Spinne zum Vorbild nahm. Nach sechs vergeblichen Versuchen, die Engländer zu schlagen, hatte sich der König in ein Versteck zurückgezogen. Da sah er eine Spinne, die geduldig ihr Netz spann. Ihre Beharrlichkeit beeindruckte Robert und er beschloss, ein letztes Mal gegen die Engländer zu ziehen. Es gelang ihm tatsächlich, die Engländer aus Schottland zu vertreiben.

Spinnen sind jedoch auch giftig und ihr Netz kann zur tödlichen Falle werden; je mehr das Opfer darum kämpft, sich zu befreien, umso mehr verheddert es sich. Deshalb sind Spinnen auch Symbol für Heimtücke, Schonungslosigkeit und ein „Netz von Lügen“.

**SCHMETTERLING**
*(links)* War in vielen Kulturen Sinnbild für Wiedergeburt und Unsterblichkeit, in der christlichen Kunst für Wiederauferstehung. Die Griechen hielten Schmetterlinge für die Seelen der Toten. Aufgrund ihrer sprichwörtlichen Flatterhaftigkeit verkörpern sie auch Oberflächlichkeit und Eitelkeit.

**MOTTE**
*(oben)* Der Nachtfalter, der im Licht verbrennt, von dem er unwiderstehlich angezogen wird, verkörpert den unglücklich Liebenden, der sich danach sehnt, von Flammen verzehrt zu werden. Er steht auch für Rücksichtslosigkeit. Ein Totenkopffalter gilt als Omen für den Tod.

## FLEISSIGE BIENE

versorgt die Menschen seit jeher mit **HONIG** und **WACHS**. In vielen Kulturen hatte sie eine besondere Bedeutung. Im altägyptischen Mythos wurden Bienen aus den Tränen des Sonnengotts **RE** geboren.

Im europäischen Mittelalter wurden Bienen für die Seelen von Verstorbenen gehalten. Von Bienen zu träumen wurde als Todesahnung gedeutet. Da man annahm, dass Bienen zur Entstehung ihrer Brut selbst nichts beitragen, sondern sie von Blumen einsammeln, galten sie auch als Symbol für Jungfräulichkeit und Keuschheit. **MARIA** wird deshalb in alten Schriften mit einem Bienenstock verglichen. Da Bienen nach der Winterruhe an einem geschützten Ort wieder auftauchen, verkörpern sie zudem die Auferstehung und Unsterblichkeit. Außerdem stehen sie für das Prinzip der Ordnung, da sie auf engstem Raum zusammenleben. **MET** galt in der nordischen Mythologie als Geschenk der Götter. Der Honigwein wurde bei kultischen Handlungen eingesetzt.

### AMEISE

Gilt als Symbol für Fleiß und Gemeinschaftssinn; auch für weise Voraussicht, da man glaubte, Ameisen würden sich einen Wintervorrat anlegen. In Wirklichkeit handelt es sich bei den „Körnern", die Ameisen manchmal tragen, um Larven. In Teilen Westafrikas stehen Ameisen und Termiten für Fruchtbarkeit; der Termitenhügel stellt das Sexualorgan der Erde dar, die sich mit dem Himmel vereinte, um die Welt zu erschaffen.

### RAUPE

Wurde mit Wiedergeburt und Auferstehung assoziiert, weil sie sich in einen Schmetterling verwandeln kann. Raupen wurden sogar Heilkräfte zugeschrieben: Noch in den 1950er Jahren trug man in Teilen Englands eine behaarte Raupe am Hals, um Keuchhusten zu bekämpfen.

### TAUSENDFÜSSLER

Zählt in China zu den Fünf Giftigen Kreaturen: Tausendfüßler, Skorpion, Kröte, Eidechse und Viper. Auf Kinderbekleidung und Gebrauchsgegenständen sind in China bis heute Tausendfüßler abgebildet. Sie sollen die Fünf Giftigen Kreaturen und andere Gefahren fernhalten.

### MARIENKÄFER

Gilt als Glückssymbol und verkörpert die Jungfrau Maria, laut einer Legende soll die heilige Maria den Käfer den Menschen geschenkt haben. Die schwarzen Punkte sind die Tränen, die Maria beim Tod Jesu vergoss. Sind es sieben Punkte, so stehen sie für die sieben Tugenden der Maria. Gemäß Volksglauben findet eine Person, bald ihren Schatz, wenn ein Marienkäfer auf ihr landet.

### FLIEGE

*(oben)* Die Ägypter verehrten Fliegen wegen ihrer Zähigkeit und Widerstandskraft. Die weltweit erste militärische Auszeichnung waren die „Fliegen der Tapferkeit", die vom Pharao verliehen wurden. Bei Shakespeare sind Fliegen vom Schicksal gebeutelte Menschen. Im *König Lear* heißt es: „Seitdem erfuhr ich mehr, was Fliegen sind / Den müßigen Knaben, das sind wir den Göttern / Sie töten uns zum Spaß."

### SCHNECKE

Wird wegen der Form ihres Gehäuses mit dem Mond assoziiert und ist ein Symbol für Wollust. In der Malerei war ein leeres Schneckenhaus ein Memento mori (Gedenke des Todes), da vielfach die Meinung herrschte, starke sexuelle Aktivität führe zum frühen Tod.

### SKORPION

Wird meist mit Zerstörung und Tod verbunden. Im alten Ägypten war der Skorpion ein Symbol für Seth, den Gott des Chaos, der sich in einen Skorpion verwandelte, um seinen Rivalen Horus anzugreifen. Das Sternzeichen Skorpion soll von Zeus an den Himmel gesetzt worden sein.

# Fabelwesen

Die Fantasie der Menschen hat unzählige Fabelwesen hervorgebracht, die jeweils Sinnbild für unterschiedliche Eigenschaften sind. Manchmal waren es Wesen, die in der Tierwelt tatsächlich vorkommen, etwa der Donnervogel (Adler) oder der griechische Höllenhund Kerberus. Besonders interessant sind Mischwesen wie der Kentaur (halb Mensch, halb Pferd) oder der Greif, der einen Löwen und einen Adler in sich vereint, da sie eine mehrfache Symbolik vertreten. Diese Kreaturen sind unzähmbar, sie sind Zerstörer oder Beschützer und verfügen über Zauberkräfte.

Das berühmteste Fabelwesen ist der Drache. Er wird häufig als geflügeltes Reptil (oben) dargestellt und existiert in fast allen Kulturen. Er wurde verehrt und gefürchtet. Er verkörpert die Elemente Luft, Feuer, Wasser und Erde, da er in Höhlen und im Wasser lebt, durch die Luft fliegen kann und Feuer speit. In den orientalischen und westlichen Schöpfungsmythen ist der Drache ein Ungeheuer, das von einem Helden im Kampf überwunden werden muss, damit die Welt weiterbestehen kann. Für Psychologen entspricht der Kampf mit dem Drachen dem Konflikt zwischen Licht (Bewusstsein) und Schatten (Unterbewusstsein).

Manche Fabelwesen entstanden durch Berichte von Reisen in ferne Länder, doch der Großteil der Kreaturen, von denen Legenden und Sagen erzählen, sind Fantasieprodukte, die sich durch die neuesten wissenschaftliche Erkenntnisse über die Grenzen der Natur nicht beirren ließen.

## DER CHINESISCHE DRACHE

In China ist der Drache ein ambivalentes Wesen mit überwiegend positiven Eigenschaften. Der blaugrüne Himmelsdrache symbolisiert den Osten, die Sonne und die Fruchtbarkeit der Erde; er bewacht auch den Sitz der Götter im Himmel. Alle Naturerscheinungen werden durch die Energie des Drachen zusammengehalten, er sorgt für wohltuenden Regen, aber auch für Wirbelstürme, die von Meeresdrachen verursacht werden. Laut der Lehre des *Feng shui* bestimmen Drachen die Form der Landschaft; Gebäude und Möbel werden vom Feng-shui-Meister nach den „Drachenlinien" ausgerichtet, das sind Energieströme des Drachen, die in der Erde verlaufen. König Yu, der Begründer der legendären Xia-Dynastie, war ein Drachenwesen. Alle Kaiser sind angeblich Inkarnationen von Yu und der fünfklauige Drache Long (unten) ist das exklusive Herrschaftssymbol des Kaisers. Unerlaubter Gebrauch dieses Symbols wurde mit dem Tode bestraft. Symbol der Kaiserin war der Phönix.

### MANG-DRACHE

*(rechts)* Die Drachen niederer Beamten hatten nur vier oder drei Klauen. Sie hatten manchmal eine magische Perle bei sich. Man glaubte, Drachen würden ein Destillat des Mondes absondern, das sich zu einer Perle verdichtete.

### QILIN

*(unten)* Das chinesische Einhorn ist ein Glückssymbol. Es hat einen Drachenkopf, einen Hirschkörper, einen Ochsenschwanz, Pferdehufe und ein kleines Horn. Das Erscheinen eines Qilins galt als Zeichen für die Ankunft eines weisen Herrschers.

### DRACHE & TIGER

*(oben)* Japanische Drachen haben drei Klauen. Das japanische Kaisergeschlecht soll ebenfalls auf einen Drachen zurückgehen. Im japanischen Mythos verkörpert der Drache Tatsu den Geist. Er befindet sich im ständigen Konflikt mit dem Tiger, der den Körper darstellt. Der Kampf zwischen den beiden kann Erdbeben und Gewitter verursachen.

### MICHAEL & DER DRACHE

Im Christentum verkörpert der Drache das Böse. Laut Offenbarung 12,7 wurde der Teufel in Gestalt eines siebenköpfigen Drachen durch den Erzengel Michael besiegt. Die sieben Köpfe repräsentieren die sieben Todsünden. Margareta von Antioch, einer Märtyrerin im 3. Jahrhundert, soll der Teufel als Drache erschienen sein. Sie rettete sich, indem sie das Kreuzzeichen schlug.

## GREIF

*(rechts)* Dieses Wesen ist eine Mischung aus Löwe und Adler, hier in stilisierter Form. Der Greif war bereits in der Antike bekannt. Er gilt als Hüter des Goldes, Bote der Ewigkeit und Herrscher über Himmel und Erde, weil er aus dem König der Lüfte und dem König der Tiere zusammengesetzt ist.

## DER DRACHE DES OSIRIS

*(unten)* Eine geflügelte Schlange oder eine Art Drachen repräsentierte Osiris, den Gott des Jenseits und der Fruchtbarkeit. Die Ägypter glaubten, der Drache des Osiris verursache die jährliche Nilüberschwemmung, die das Land fruchtbar werden ließ.

## ÄGYPTISCHE SPHINX

*(oben)* Ist eine Statue eines männlichen Löwen, meist mit Menschenkopf und Adlerflügeln. Die Sphinx stellt den Pharao als Sonnengott, Horus oder als anderen ägyptischen Gott dar. Vor Tempeleingängen waren Sphingen Wächterfiguren. Die Große Sphinx von Gizeh wurde vermutlich von Pharao Chephren (um 2600 v. Chr.) erbaut, der auch die Pyramide dahinter errichten ließ. Die griechische Sphinx hat einen Frauenkopf und gab vorbeikommenden Reisenden Rätsel auf. C. G. Jung sah in ihr die alles verschlingende Mutter.

## KELTISCHER DRACHE

*(links)* Eine walisische Sage erzählt, das Gebrüll zweier kämpfender Drachen sei so laut gewesen, dass die Frauen unfruchtbar wurden. Uther träumte von einem roten Drachen und nannte sich fortan „Kopf des Drachen". Uther war der Vater von König Artus. Der Drache war das Wahrzeichen von Artus, heute ist es das von Wales.

## CHIMÄRE

Dieses feuerspeiende Mischwesen war derartig sonderbar, dass es zu einem Synonym für Fantasiegebilde wurde. Es hatte den Oberkörper eines Löwen, den Unterleib einer Schlange und einen Ziegenkopf am Rücken. Der Held Bellerophon tötete die Chimäre mit Hilfe von Pegasus (gegenüber).

**PERSEUS & ANDROMEDA**
König Kepheus schmiedete seine Tochter Andromeda wegen der Weissagung eines Orakels an einen Felsen am Meer, um sie dem Drachen Ketos zu opfern, der das Land verwüstete. Perseus besiegte den Drachen und befreite Andromeda. Hier überwinden die Kräfte des Himmels (Perseus konnte dank Zauberschuhen fliegen) die Kräfte der Finsternis, die Sage könnte das Vorbild für die Legende vom heiligen Georg (unten) sein.

**EINHORN**
Dieses pferdeähnliche Wesen mit einem Horn an der Stirn ist das edelste aller Fabeltiere. Es steht für Reinheit, Keuschheit und das Gute. Ein Einhorn war sehr menschenscheu, nur in Jungfrauen hatte es großes Vertrauen. In der Kunst wurde das Einhorn benutzt, um Jungfräulichkeit darzustellen. Im Mittelalter war es deshalb ein Zeichen für die Jungfrau Maria. Das Einhorn soll magische Heilkräfte gehabt haben.

**KENTAUR**
Diese wilde Kreatur war halb Mensch, halb Pferd. Sie verkörperte Zerstörungswut, Zügellosigkeit und Triebhaftigkeit. Eine Ausnahme bildete der weise Kentaur Chiron. Er zog Götter sowie Helden auf und unterrichtete sie in vielerlei Künsten und Handfertigkeiten. Achilles zählte zu seinen Zöglingen.

**ECHIDNA & TYPHON**
Die griechische Erdgöttin Gaia vereinte sich mit ihrem Bruder Tartaros, der Dunkelheit, und zeugte mit ihm Echidna und Typhon. Echidna war halb Mädchen, halb Schlange und unglaublich hässlich; Typhon war ein hundertköpfiger Riese. Die beiden zeugten wiederum den Höllenhund Kerberos, die Hydra, die Chimäre, den Nemeischen Löwen und die Sphinx. Echidna und Typhon symbolisieren die dunklen kosmischen Kräfte und die Gefahren der Tabuüberschreitung.

**PEGASOS**
Das geflügelte Pferd war das Kind des Meeresgotts Poseidon und der Gorgone Medusa. Wo Pegasos hintrat, entsprang eine Quelle. Der Held Bellerophon fing Pegasos ein, als er an einem Brunnen trank, und ritt auf ihm bei seinem Kampf gegen die Chimäre und die Amazonen.

**KERBEROS & ORTHROS**
Zwei schreckliche Wachhunde. Der dreiköpfige Kerberos stand am Tor zum Hades; er symbolisierte Leben, Tod und Jenseits. Der zweiköpfige Orthros bewachte die Rinder des Ungeheuers Geryon, er bezeichnete übernatürliche Umsicht. Herakles besiegte alle beide (siehe Seite 179).

**AMMIT**
Die altägyptische Unterweltsgöttin Ammit verschlang die Herzen der Verstorbenen, wenn ihre Seelen von Sünde belastet waren. Die Seelen dieser Menschen konnten dann nicht weiterexistieren. Die gefürchtete Ammit hatte den Kopf eines Krokodils, den Oberkörper eines Löwen und den Unterleib eines Nilpferds.

# TAOISMUS

Taoismus bedeutet „Lehre des Wegs". Diese chinesische Philosophie und Religion entstand ca. im 4. Jahrhundert v. Chr. und umfasst viele unterschiedliche Ausprägungen. Zentral ist die Vorstellung, der Kosmos bestehe aus einer Energie namens *Qi* (*Ch'i*). Im ursprünglichen Qi, aus dem die Welt entstand, waren *Yin* und *Yang* noch vermischt. Himmel und Erde bildeten sich erst durch Trennung des Einen: Was Yang-Qi empfing, stieg hell und klar empor und wurde Himmel, was Yin-Qi erhielt, wurde dunkel und schwer und sank zur Erde. Yang ist männlich, trocken, hell, warm und aktiv; Yin ist weiblich, dunkel, feucht, kalt und passiv. Alle Dinge enthalten sowohl Yin als auch Yang, die beiden bedingen einander. Das Prinzip von Yin und Yang wird im *Tai Chi* („Symbol des sehr großen Äußersten") zusammengefasst. Die gegensätzlichen Kräfte haben einen fließenden Übergang, in der schwarzen Hälfte befindet sich ein weißer Punkt und in der weißen ein schwarzer (siehe Abbildung auf Seite 13).

Yin und Yang korrespondieren mit den Fünf Elementen, den Wandlungsphasen oder Aktionsqualitäten „Feuer", „Holz", „Metall", „Wasser" und „Erde". Feuer und Holz sind Yang, Wasser und Erde sind Yin. Metall ist neutral und bildet den Gleichgewichtspunkt. Der gesamte Kosmos und alle Wandlungen können entsprechend der Fünf Elemente und dem Fluss von Yin und Yang kategorisiert werden. Das Vollkommene wird im Taoismus als leer, weich und spontan gedacht und dementsprechend sollte auch das Handeln sein: ohne ein Eingreifen des dualistischen Intellektes, sich der Situation anpassend und intuitiv. Man soll dem Fluss des Qi nachgeben, die Dinge natürlich geschehen lassen (*Wu wei*), um Harmonie und Ordnung in sein Leben zu bringen.

Der Taoismus ist sehr komplex und vielschichtig, deshalb ist seine Symbolik auch sehr reichhaltig. Dieses Weihrauchgefäß (links) in einem Tempel hat drei Beine und drei Etagen, sie repräsentieren die chinesische Trinität Himmel, Erde und Menschheit. Bei besonderen Riten tragen taoistische Priester Seidenroben. Die hier rechts abgebildete stammt aus dem 19. Jahrhundert und ist mit vielen für den Taoismus wichtigen Symbolen versehen.

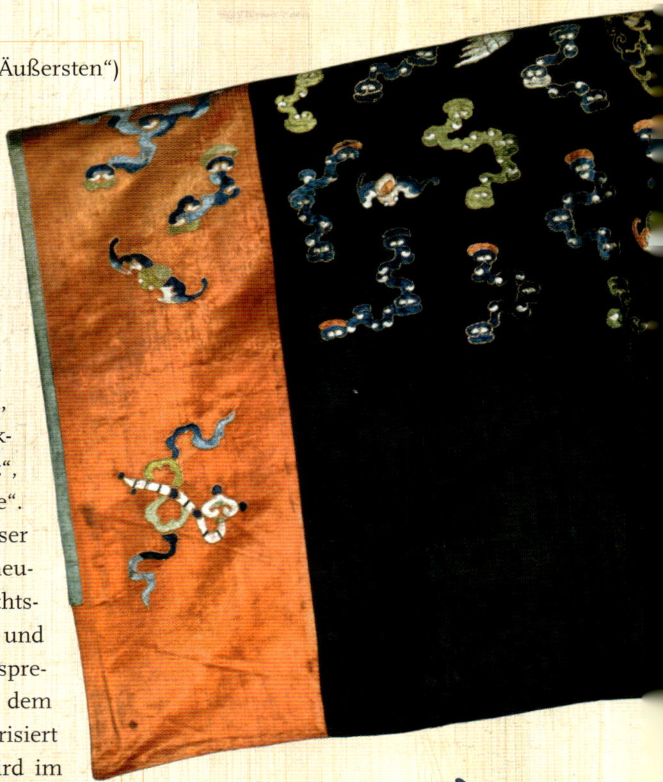

**KRANICH** Diese Vögel werden angeblich 600 Jahre alt. Der weiße Kranich bringt die Unsterblichen von einer Welt zur anderen.

**TRIGRAMME** Acht Trigramme (drei durchgezogene oder unterbrochene Linien) dienen im *I Ging* der Weissagung. Die Trigramme hier repräsentieren Westen / Wasser (links) und Osten / Feuer (rechts).

**SCHMETTERLING & CHRYSANTHEME** Der Schmetterling steht für den Sommer, die Chrysantheme für den Herbst; sie sind Yang und Yin sowie der Übergang der Jahreszeiten.

**Fledermäuse**
Die stilisiert dargestellten Tiere bezeichnen die Acht Unsterblichen des Taoismus, die den Menschen in Not beistehen. Wolken repräsentieren das himmlische Reich.

**Blauer Drache**
Das Tierzeichen Drache steht für den Frühling und das Prinzip des Yang.

**Weisser Tiger**
Der Tiger ist ein chinesisches Sternzeichen; er verkörpert den Osten, Holz und Yin.

# MENSCHEIT



**UNSER LEBEN IST VON DREI PHASEN GEPRÄGT: KINDHEIT, ERWACHSENSEIN UND ALTER. VIELE KULTUREN GLAUBEN, WIR HÄTTEN UNS VOM STAND DER UNSCHULD UND DER PERFEKTION HIN ZU STERBLICHKEIT UND VERDERBTHEIT BEWEGT UND WÄREN DEM SCHICKSAL AUSGELIEFERT.**

## LEBEN & SCHICKSAL

**Das Bewusstsein, sterblich zu sein, durchzieht die gesamte menschliche Geschichte, Mythologie und Psychologie. Kindheit und Jugend gehen unweigerlich vorüber und am Ende erwartet alle Lebewesen das gleiche Schicksal: der Tod.**

### VATER DER ZEIT

Wird oft mit Flügeln dargestellt; ein Hinweis darauf, dass „die Zeit fliegt“. Er trägt ein Stundenglas und wie der grimmige Gevatter Tod eine Sense. Der griechische Kronos, der seinen Vater Uranos mit einer Sichel entmannte, wurde häufig mit Chronos, der allegorischen Gestalt der Zeit, vermengt.

### MEMENTO MORI

Stammt aus dem Lateinischen und bedeutet „gedenke des Todes“. Der Mahnruf war bereits in der Antike gebräuchlich. Das Motiv Memento mori durchzieht in der bildenden Kunst alle Epochen. Beliebte Sinnbilder waren Totenschädel, Urnen, Sonnenuhren, Stundengläser und verwelkende Blumen.

### GRÄBER

Dienen in erster Linie dazu, die Erinnerung an die Toten bei den Lebenden wachzuhalten; außerdem verweisen sie auf die religiöse Tradition des Verstorbenen. Grabstätten wurden oft als sprichwörtliches Heim der Toten angesehen, dort verweilten die Seelen nach dem Tod, dort befand sich die Pforte zum Jenseits. Ob in China, Ägypten oder Mittelamerika: Grabstätten wurden mit den gleichen Dingen ausgestattet, die auch Lebende benötigen; Speisen sowie Waffen und bei Hochgestellten sogar Diener oder eine Armee.

**TRAUM DES RITTERS**
*El Sueño del Caballero* von Antonio de Pereda Salgado (ca. 1655) enthält einen Totenschädel und andere Symbole der Vergänglichkeit; eine Uhr, eine Rose und die Maske der Jugend. Auf dem Spruchband des Engels wird der Tod beschrieben, der unaufhörlich sticht und mordet.

# Die ersten Menschen

Fast alle Kulturen haben eine Legende, die erzählt, wie die ersten Menschen entstanden sind. Meist gab es zuerst ein Paar, wobei der Mann in patriarchisch strukturierten Gesellschaften vor der Frau existierte; damit wurde zugleich die Herrschaft des Mannes über die Frau legitimiert. Die untergeordnete Stellung der Frau wurde durch die jüdisch-christliche Schöpfungsgeschichte von Adam und Eva zusätzlich verwurzelt. Es ist Eva, die den Sündenfall herbeiführt. Sie bringt das Leid über die Menschheit. Bei den Maori und bei vielen Indianerstämmen Amerikas war der erste Mensch hingegen eine Frau. In der Mythologie der Maori gibt es eine Frau, die von einem Gott aus Sand geschaffen wurde. Das entspricht der weit verbreiteten Vorstellung, dass Menschen aus Lehm oder Erde geformt wurden. In der Bibel stehen zwei Versionen. Im 1. Buch Mose 1,27 erschuf Gott Mann und Frau nach seinem Ebenbild und in Genesis 2,7 macht er den ersten Menschen aus „Erde vom Acker und blies ihm den Odem des Lebens in seine Nase". Eva wird dann aus einer Rippe Adams geformt. Auch in anderen Kulturen entstammt die Frau aus einem Knochen des Mannes. In einer Schöpfungsgeschichte Zentralafrikas wird die erste Frau aus dem linken Kniegelenk des ersten Mannes geschaffen.

**ADAM & EVA**
*(links)* Sind laut der Bibel die ersten Eltern und archetypische Symbole der Unschuld. Sie verkörpern aber auch Ungehorsam und Sünde. Ihre Geschichte erklärt, wie Scham, Sterblichkeit, Krankheit und Schmerz in die Welt kamen, kurz: das menschliche Befinden.

**NÜ GUA & FU XI**
In der frühchinesischen Mythologie hat die Schöpfergöttin Nü Gua eine Liane in Lehm getaucht und durch die Luft gewirbelt; aus jedem Lehmtröpfchen wurde ein Mensch. Ihr Bruder Fu Xi hat die Menschen in Fischfang, Jagd und Schreiben unterrichtet. Außerdem hat er ihnen die Musik gebracht. Die beiden wurden manchmal als ineinander verschlungene Schlangen gezeigt (oben), ein Sinnbild für die Schöpfungskraft der Erde und die Einheit von männlich und weiblich.

**HÖHLEN DER SCHÖPFUNG**
Die Indianer Amerikas verehren oft Höhlen als Stätten, aus denen die ersten Menschen an die Erdoberfläche kamen. Das „Aufsteigen" aus der Erde symbolisiert auch den Läuterungsprozess des Geistes; von der Niedertracht zur Weisheit. Dabei steht den Menschen manchmal die Maismutter (oben) zur Seite. Die Maismutter ist eine Erdgöttin, die in den Mythen der Indianer im Südwesten der USA und Mexikos eine bedeutende Rolle spielte.

## KULTURHEROEN

Viele Mythen berichten von **KULTURHEROEN**, Helden oder Halbgöttern, die den Menschen Fertigkeiten wie Ackerbau und Metallverarbeitung oder das Feuer bringen. Häufig geht es dabei um von den Göttern eifersüchtig bewachtes Wissen, das listenreich entwendet werden muss. Bei den Indianern Nordamerikas sind der **RABE** und der **KOJOTE** deshalb **TRICKSTER**. Auch **PROMETHEUS** (siehe unten) musste eine List anwenden, um in den Besitz des Feuers zu kommen. Der aztekische Gott **TEZCATLIPOCA** (rechts) fing die Sonne ein, um die Welt zu erschaffen. Kulturheroen sind die Gegenspieler mächtiger Götter, sie verweigern den Gehorsam und sind ideenreich. Sie verkörpern den Freiheitsdrang des menschlichen Geistes, den Wunsch, an der Gestaltung der Welt aktiv mitzuwirken, also in gewisser Weise selbst zum Schöpfergott zu werden.

### PROMETHEUS

Ist in der griechischen Mythologie ein Titan, der die Menschen aus Ton formte und für sie das Feuer von den Göttern stahl. Zur Strafe ließ ihn Zeus an einen Felsen fesseln. Jeden Tag kam der Adler Ethon und fraß von seiner Leber (oben). Da Prometheus ein Unsterblicher war, waren seine Qualen endlos. Prometheus ist der Kulturstifter, Lehrmeister und Freund der Menschheit. Als solcher wurde er in der christlichen Tradition mit Jesus Christus gleichgesetzt. Prometheus wurde später von Herakles erlöst.

### DIE ERSTE FRAU

Bei den Navajo war der erste Mensch eine Frau. Diese Vorstellung findet sich auch bei den Huron und den Irokesen im Nordosten der USA. Deren Urahnin Aataensic, die Tochter des Großen Meisters, war eine Erdgöttin. Bei vielen Schöpfungsmythen der Indianer spielt Mais (oben) eine zentrale Rolle. Dieses wichtige Grundnahrungsmittel wurde ihnen von der Maismutter, ebenfalls eine Erdgöttin, überbracht. Die Cherokee erzählen von einer ersten Frau namens Selu, sie war die Göttin des Mais, wobei mit Göttin der Geist gemeint ist.

### CHNUM

Der altägyptische Gott der Nilquellen gilt als Schöpfer von Menschen und Göttern. Er formte Menschen, Götter, Tiere sowie Pflanzen auf einer Töpferscheibe und erweckte sie mittels eines Zauberstabes zum Leben. Chnum war auch der Gott der Zeugung und der Geburt. Er wurde meist in Menschengestalt mit einem Widderkopf dargestellt. Den „göttlichen Töpfer“ gibt es auch in Ruanda. Dort stellen die Frauen neben ihrem Bett Wasser auf, damit der Gott über Nacht ein Kind aus Ton in ihrem Schoß formen kann.

### PANDORA

Um die Menschen für das Vergehen von Prometheus (siehe links) zu bestrafen, sandte Zeus die erste Frau auf die Erde. Sie hieß Pandora und ehelichte Epimetheus, den Bruder von Prometheus. Pandora hatte eine Büchse dabei; als sie sie öffnete, kamen das Böse und Krankheiten in die Welt. Nur die Hoffnung verblieb in dem Gefäß.

### TRAUMZEIT

Bezeichnet in der Mythologie der Aborigines die Schöpfung. Die Regenbogenschlange und andere Figuren schufen Himmel, Erde, Menschen und Tiere. Auch die Regeln für das Zusammenleben der Menschen wurden in der Traumzeit festgelegt.

# Körper & Geist

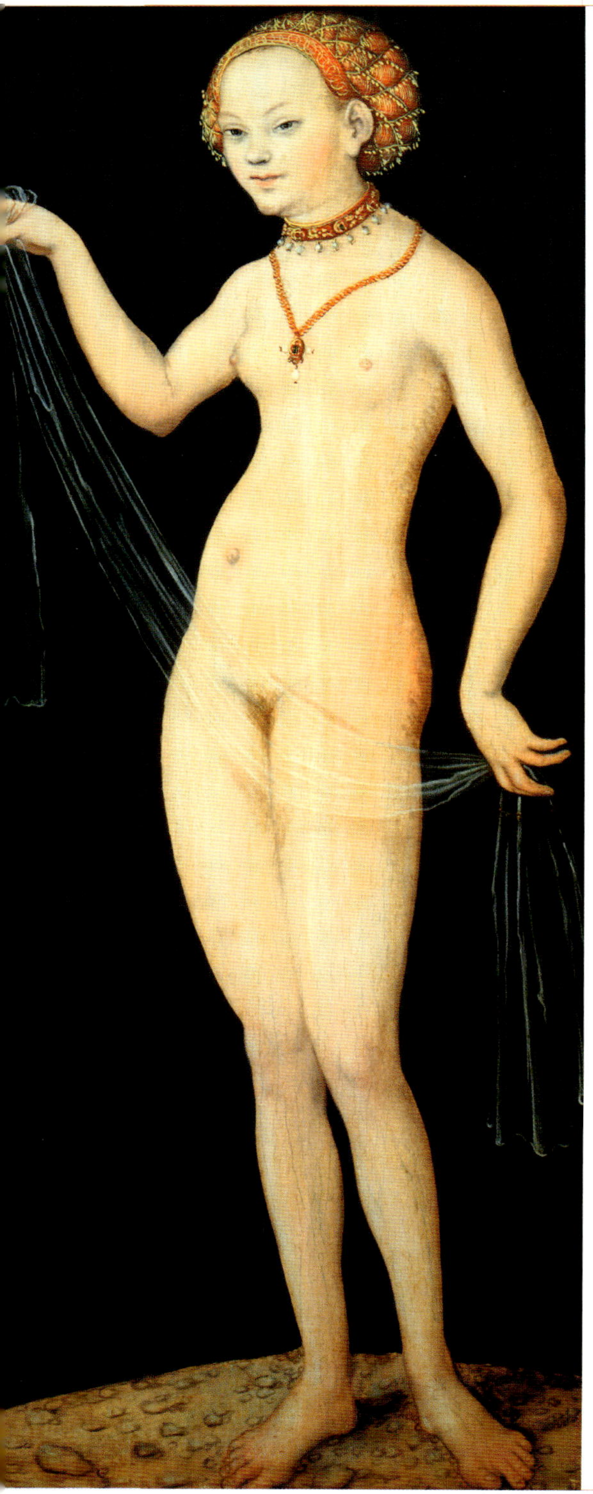

Die frühen Naturphilosophen betrachteten den menschlichen Körper als Mikrokosmos (von griechisch *mikros kosmos*: „kleine Welt"), dabei entsprachen bestimmte Körperteile einem Gegenstück im Universum, dem Makrokosmos (*makros kosmos*: „große Welt"). Die Augen korrespondierten zum Beispiel mit Sonne und Mond, das Fleisch mit der Erde und der Intellekt mit dem himmlischen Äther. Diese Vorstellung begründete auch die Astrologie, man glaubte, die Bewegungen der Planeten würden sich auf das Schicksal der Menschen auswirken. Adam Kadmon, der „Urmensch" in der Kabbala (siehe Seiten 38–39), umspannt alles, er bildet die Gesamtheit von allen heiligen Energien.

Jeder einzelne Körperteil ist von Symbolik behaftet, die mit seiner Funktion verbunden ist, soweit sie jeweils bekannt war. So wurde bei den alten Griechen etwa die Leber als Sitz des Lebens und des Sexualtriebs gesehen. Leonardo da Vinci beschrieb die Augen treffend als Fenster zur Seele, sie bestimmen ja tatsächlich den Gesichtsausdruck eines Menschen. In der bildenden Kunst nahmen Augen daher einen besonderen Stellenwert ein. In vielen Kulturen glaubte man an den „bösen Blick"; der Ausdruck „wenn Blicke töten könnten" geht auf diese Annahme zurück. Der böse Blick wirkt nur, wenn mit dem Opfer ein direkter Blickkontakt hergestellt wird, vielleicht dachte man, über die Augen in die Seele eindringen zu können. Der Anblick Medusas ließ jeden zu Stein erstarren und Perseus gelang es, sie zu töten, indem er ihr Spiegelbild in seinem Schild ansah. Ein Auge in einer erhobenen Hand gilt im Mittelmeerraum und im Nahen Osten als Schutz gegen den bösen Blick. Dort bemalen Seeleute auch den Bug ihrer Schiffe mit Augen, um etwaige Gefahren abzuwenden.

## DAS AUGE DER MACHT

Das „allsehende" Auge einer Gottheit oder eines Herrschers verbreitete Schrecken oder gewährte Schutz. Die Augen der Statuen im Römischen und Byzantinischen Reich waren daher stark vergrößert, sie symbolisierten Wachsamkeit und Allwissenheit. Im alten Ägypten waren **SONNE** und **MOND** das rechte und linke Auge des Gottes **HORUS**. Sein Rivale **SETH** riss das linke Auge heraus, es wurde aber von **THOTH** geheilt. Das **HORUSAUGE** oder **MONDAUGE** war ein mächtiges Schutzsymbol gegen Krankheiten und Unheil. Das **DRITTE AUGE** ist in Ostasien ein Symbol der Erleuchtung. Mit ihm kann man Dinge sehen, die außerhalb der normalen Wahrnehmung liegen.

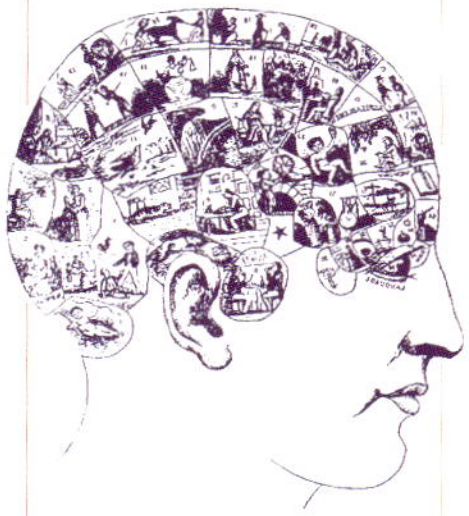

## KOPF
Die Griechen dachten, der Kopf repräsentiere die himmlische Sphäre. Er steht allgemein für den Verstand. Das höchste Chakra ist das Kronen-Chakra, es verkörpert universelles Bewusstsein und Weisheit (siehe Seiten 100–101). Manche hielten den Kopf auch für den Sitz der Seele, für die Kelten und Maya war der abgeschlagene Kopf eines Feindes ein mächtiger Talisman.

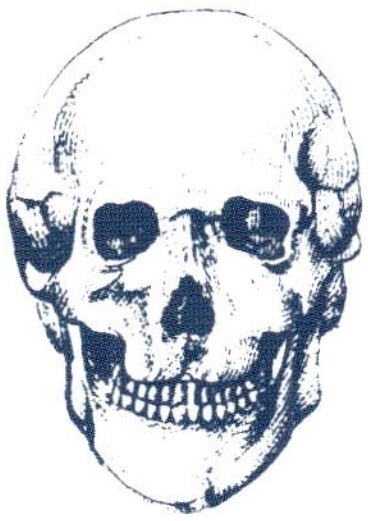

## SCHÄDEL
Symbol für Tod und Vergänglichkeit. Ist er von Lorbeer bekränzt, wird das Ansehen einer Person ihren Tod überdauern. Die Legende berichtet, dass durch das Erdbeben beim Tod Christi die Gebeine Adams am Fuß des Kreuzes zum Vorschein gekommen seien. Ein Totenschädel an der Basis von Kruzifixen verweist auf dieses Ereignis. Der Stammvater war endlich erlöst.

## HAAR
Das Geheimnis von Samsons unbezwingbarer Stärke lag in seinem Haar. Als es ihm abgeschnitten wurde, war er kraftlos. Volles Haar ist ein Symbol der Macht, Jugend, Vitalität und Gesundheit. Offenes oder heruntergelassenes Haar gilt als sexueller Anreiz, wie in dem Märchen von Rapunzel, die ihren Zopf hinunterlässt, damit ihr Geliebter ihn als Seil für den Aufstieg zu ihr nutzen kann. Die Hinduisten scheren sich als Zeichen der Trauer den Kopf. Bei den Indianern Nordamerikas war der Skalp eines Feindes eine begehrte Trophäe.

## MUND
Steht für Sprache, Nahrungsaufnahme und Völlerei. Im alten Ägypten drang die Seele über den Mund in den Körper ein: Das Ritual der „Mundöffnung“ (oben) wurde an einer Mumie vor dem Begräbnis vollzogen. Damit sollten die Sinne des Verstorbenen wiederhergestellt werden. Im Christentum wurde der Eingang zur Hölle oft als gähnender Schlund oder Mund dargestellt, die Sünder wurden von ihr regelrecht verschlungen.

## ZÄHNE
Gefletschte Zähne drücken Feindseligkeit und Grausamkeit aus, aber auch Furcht. Monster und Dämonen haben oft riesige, spitze Zähne, ein Zeichen für ihren entsetzlichen Charakter, vor allem, wenn es sich um Vampire und Werwölfe handelt, die sich von einem Menschen in eine Bestie verwandeln können. Werden die Zähne durch ein Lächeln oder Grinsen entblößt, sind sie hingegen ein Sinnbild für Glückseligkeit.

## ZUNGE
Symbolisiert Sprache und Geschmackssinn. Eine heraushängende Zunge steht für Grausamkeit, wie bei der Kriegsstatue der Maori (oben) und bei Darstellungen der Medusa und der Hindugöttin Kali. Die Zunge wird auch mit Beredsamkeit und Weisheit oder je nach Form und Farbe mit Flammen assoziiert. Die „Zungen wie von Feuer“, die den Aposteln an Pfingsten erschienen, verkörpern den Heiligen Geist, der sich als Flammen zeigt.

## OHR
Bei den ägyptischen Hieroglyphen bedeutete das Ohr-Symbol, dass die Götter den Betenden erhören werden und gleichzeitig die geistige Bereitschaft des Beters. Es gab mit Ohren versehene Schreine. Betete man vor ihnen, gelangte das Gebet direkt zu den Göttern.

## NASE
Verweist in der Traumdeutung auf das Phallus-Symbol, vermutlich, weil Duftstoffe und die Fähigkeit, sie wahrzunehmen, stark mit Erotik zusammenhängen. Man kann auch eine „Nase“ für gute Geschäfte haben.

## DIE VIER KÖRPERSÄFTE

Im Mittelalter glaubte man, der Körper bestünde aus vier „KÖRPERSÄFTEN“ (oben), die den vier Elementen entsprächen: GALLE (FEUER), BLUT (LUFT), MELANCHOLIE oder SCHWARZE GALLE (ERDE) und SCHLEIM (WASSER). Im Idealzustand waren die Körperflüssigkeiten ausgeglichen, doch bei den meisten Menschen dominierte eine. Daraus resultierten die Einstufungen „cholerisch“ (leicht reizbar, ungestüm, anfällig für Stolz); „sanguinisch“ (vom lateinischen *sanguis*: Blut; fröhlich, dynamisch, mutig, leicht unbeherrscht); „melancholisch“ und „phlegmatisch“. Temperamente und Krankheiten wurden entsprechend den Körpersäften, dem Wetter, der Ernährung und dem Wohnort bestimmt.

**ATEM**

*(oben)* Ist eine göttliche Lebenskraft: In vielen Mythen erschuf eine Gottheit die ersten Menschen aus Lehm und hauchte ihnen dann mit ihrem Atem Leben ein. Der Atem wurde auch für den Sitz der Seele gehalten. Das alte Wort „Odem“ für Atem bedeutet gleichzeitig Geist und Seele. Wenn der Odem einer Person entwich, verließ die Seele den Körper. Der Mensch tat seinen letzten Atemzug und starb.

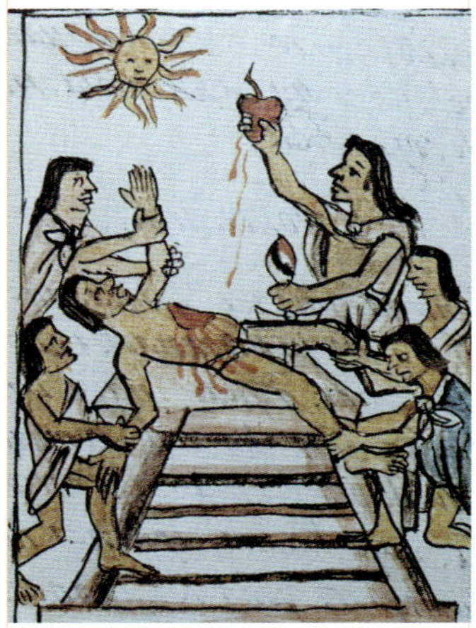

**BLUT**

Blut wurde stets für einen besonderen Saft gehalten, es symbolisierte Lebenskraft oder den Geist einer Schöpfergottheit. Verbreitet war der Blutsschwur, bei dem der Austausch von Blut einen Pakt besiegelte. Wegen seiner roten Farbe wurde Blut mit der Sonne assoziiert: Die Azteken dachten, die Sonne benötige tägliche Blutopfer, damit sie aufgehen könnte (oben). In der römisch-katholischen Kirche stellt der Wein des Abendmahls das Blut Christi dar.

**HERZ**

Sitz der Liebe, der Leidenschaft und des Geistes. Für die alten Ägypter lagen Weisheit, Wissen, Erinnerung und Emotionen im Herzen, nicht im Kopf. Die Herzen der Toten wurden vom Schakalgott Anubis gewogen, um festzustellen, welchen Wert die Seelen der Verstorbenen hatten. Sündhafte Herzen wurden von Ammit verschlungen. Bei den Katholiken symbolisiert das heilige oder blutende Herz (oben) die Leiden und das Mitgefühl der Jungfrau Maria.

## HÄNDE

Die Fähigkeit, die **HÄNDE** als Werkzeug zu gebrauchen, spielte bei der menschlichen Evolution eine wesentliche Rolle. Der besondere Status der Hand zeigt sich auch an Begriffen wie **HANDELN** oder **HANDHABEN**. Mit Händen lassen sich Befehle erteilen oder Abwehrgesten ausführen.

Die **HAND DER FATIMA** geht auf die jüngste Tochter des Propheten Mohammed zurück, im Islam ist sie ein mächtiges Zeichen gegen den **BÖSEN BLICK**. In der christlichen Kunst gibt es eine Reihe symbolischer Gesten, die von **JESUS** oder einem Heiligen ausgeführt werden; zwei erhobene Finger der rechten Hand sind das Segenszeichen, liegt die Hand auf dem Kopf einer Person wird sie entweder gesegnet oder von einer Krankheit geheilt. **GOTT** wird häufig als eine vom Himmel herunterreichende Hand dargestellt. Im Hinduismus und Buddhismus bezeichnen **MUDRAS** symbolische Handstellungen. Auf dem Foto unten sieht man die Hand **BUDDHAS** in **VITARKA-MUDRA**, der Geste der Unterweisung.

### ARM

Erhobene Arme kennzeichnen die Geste der Anbetung, man unterwirft sich den Göttern und empfängt gleichzeitig deren Kraft. Zwei erhobene Arme waren das ägyptische Hieroglyphenzeichen für *Ka*, einen Aspekt des Seelischen. Ein erhobener Finger an einer ausgestreckten Hand gilt seit der Antike als Zeichen für Autorität und Herrschaft (links). Beim militärischen Gruß wird die rechte Hand an die Schläfe gelegt.

### BAUCH & NABEL

In der ägyptischen Kunst bedeutete ein großer Bauch Wohlstand und Bildung. In China und Japan war der Bauch der Sitz des Lebens. Instinkte werden im Bauch angesiedelt, daher der Ausdruck „Bauchgefühl". Das Nabel-Chakra wird „Leuchtendes Juwel" genannt, dort vermuten Hinduisten, tantrische Buddhisten und die Traditionelle Chinesische Medizin den Sitz der Persönlichkeit, des Willens sowie den Ort, an dem Gefühle verarbeitet werden.

### FINGER

Früher war man der Meinung, dass der Ringfinger der linken Hand durch die Vena amoris (Liebesader) direkt mit dem Herzen in Verbindung stehe, und nannte ihn volkstümlich „Herzfinger". Er spielt deshalb eine große Rolle beim Tragen von Liebes- und Treueringen. In alten astrologischen Schriften wird der Daumen der Venus, der Zeigefinger Jupiter, der Mittelfinger Saturn, der Ringfinger der Sonne und der kleine Finger Merkur zugeordnet.

### FUSS

Füße werden oft mit einer Gottheit assoziiert, die auf Erden wandelt. Barfuß gehen ist ein Zeichen der Demut. Buddhas Fußabdruck ist ein symbolisches Abbild des Buddha und ein wichtiger Teil der Kunsttradition in Ostasien. Jesus wusch die Füße seiner Jünger und demonstrierte damit seine Bescheidenheit. Maria Magdalena wusch und salbte die Füße Christi als Zeichen ihrer Ergebenheit. Füße werden auch mit der Verbreitung des Evangeliums verbunden: „Wie lieblich sind die Füße derer, die gute Botschaft verkündigen!" (Römer 10,15).

### SKELETT

Symbol für den Tod, in der westlichen Kunst wurde es als Memento mori verwendet. Der Tod selbst wurde meist als Sensenmann dargestellt. In Tibet gibt es die *Citipati*, die „Herren der Leichenstätte". Sie sind die Begleiter des Totengottes Yama und sehen wie tanzende Skelette aus. Sie schwingen den Donnerkeil, ein Symbol des ewigen Wesens der Wirklichkeit; der Tod ist nur ein Übergang.

# DIE CHAKREN

Das Wort Chakra stammt aus dem Sanskrit und bedeutet Rad oder Kreis, es wird aber auch mit Lotosblume übersetzt. Chakren sind Lebensenergiezentren im Energieleib (Astralkörper) des Menschen; sie sind durch unsichtbare Energiekanäle (*Nadis*) miteinander verbunden und befinden sich stets in unmittelbarer Nähe eines wichtigen Organs. Die indische Chakren-Lehre kennt sieben Chakren. Sie verlaufen entlang der Wirbelsäule und entsprechen jeweils einem unterschiedlichen Bewusstseinszustand. In diesen Zentren wird seelische und körperliche Energie gesammelt, transformiert und verteilt. Ausgehend vom untersten, dem Wurzel-Chakra, fließt die Energie nach oben, bis sie das Kronen-Chakra am Kopf erreicht, dem Sitz des kosmischen Bewusstseinszentrums und der Erleuchtung.

Die moderne alternative Medizin setzt die einzelnen Chakren mit der Funktion von Hormondrüsen in Verbindung, das Wurzel- oder Basis-Chakra wird beispielsweise mit den Nebennieren gleichgesetzt, in denen Kortison und Adrenalin produziert werden. Durch die Aktivierung der Chakren erhofft man sich eine körperliche Reaktion, die sich auf die Gesundheit positiv auswirkt. Wurzel-, Sakral-, Nabel- und Hals-Chakra setzen ihre Energien im Menschen frei. Herz-, Stirn- und Scheitel-Chakra sind relativ inaktiv. Im tantrischen Yoga sollen die unteren vier Chakren „geöffnet“ werden, damit ihre Energie zu den oberen Chakren fließt und diese aktiviert. Jedem Chakra werden eine bestimmte Anzahl von Lotosblumenblättern, ein Planet, ein Element und eine Gottheit zugewiesen. Außerdem kann jedes Chakra durch das Rezitieren eines Mantras (kurze, formelhafte Wortfolge) aktiviert werden.

**Siebtes Chakra**
*Sahasrara* (Tausendfache), Scheitel- oder Kronen-Chakra. Sitz der Selbsterkenntnis. Blätter: 1000. Elemente: keine (steht über der Materie). Planet: Ketu (absteigender Mondknoten). Gottheit: der „innere Guru“.

**Sechstes Chakra**
*Ajna* (Wahrnehmende), „Drittes Auge“, Stirn-Chakra. Sitz der Eigenverantwortung. Zweiblättrig, leuchtend. Elemente: alle. Planet: Saturn. Gottheit: Shiva-Shakti, die Vereinigung von Gegensätzen.

## KUNDALINI

Nach der tantrischen Lehre wohnt in jedem Menschen eine Kraft, die Kundalini genannt wird. Sie befindet sich ruhend am unteren Ende der Wirbelsäule und wird symbolisch als eine im untersten Chakra schlafende, zusammengerollte **SCHLANGE** (Sanskrit: *kundala* „gerollt, gewunden“) dargestellt. Sie kann durch Yoga-Praktiken erweckt werden und steigt durch die sechs Chakren auf, bis sie das **KRONEN-CHAKRA** erreicht und höchstes Glück auslöst.

Die Kundalini-Kraft durchdringt alle Energiekanäle (**NADIS**). Der wichtigste ist jener in der Wirbelsäule sowie die beiden Kanäle, die links und rechts von ihr verlaufen. Der rechte heißt **PINGALA**, in ihm fließt männliche Sonnenenergie. Der linke wird als **IDA** bezeichnet, in ihm fließt weibliche Mondenergie. Das Erwecken der Kundalini-Kraft erfordert eine sorgfältige psychische Vorbereitung.

### SOMA-CHAKRA

Außer den sieben Haupt-Chakren gibt es eine Reihe von Neben-Chakren. Das zwölfblättrige Soma-Chakra liegt am Hinterkopf und befindet sich zwischen dem sechsten und siebten Chakra. Es wird mit höherem Bewusstsein, geistiger Klarheit und Glückserfahrungen assoziiert.

### CHAKRA-TIER

Manche Chakren stehen für ein symbolisches Krafttier: das erste für den heiligen Elefanten Airavata; das zweite für das Wasserwesen Makara; das dritte für den Schafsbock des Feuergottes Agni; das vierte für Hirsch oder Antilope; das fünfte für den Elefanten Gaja und das Soma-Chakra für die heilige Kuh.

### FÜNFTES CHAKRA

*Vishuddha* (Reinigende), Hals-Chakra. Sitz der Selbstdarstellung. Sechzehnblättrig. Element: Äther. Planet: Jupiter. Gottheit: Panchavaktra Shiva, Prinzip des Einsseins.

### VIERTES CHAKRA

*Anahata* (Unbeschädigte), Herz-Chakra. Sitz der Eigenliebe. Zwölfblättrig. Element: Luft. Planet: Venus. Gottheit: Ishana Rudra Shiva, Prinzip des Friedens.

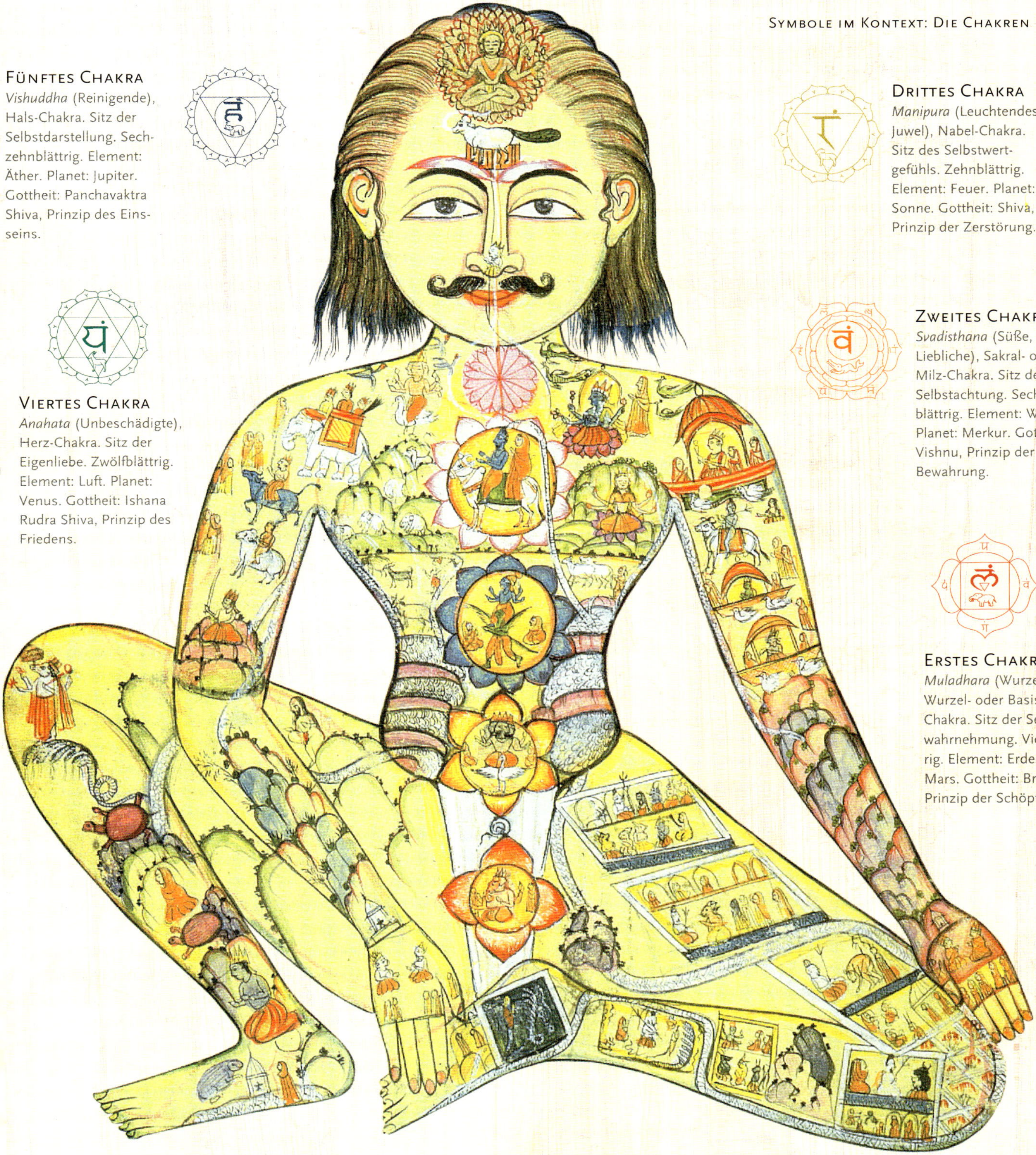

### DRITTES CHAKRA

*Manipura* (Leuchtendes Juwel), Nabel-Chakra. Sitz des Selbstwertgefühls. Zehnblättrig. Element: Feuer. Planet: Sonne. Gottheit: Shiva, Prinzip der Zerstörung.

### ZWEITES CHAKRA

*Svadisthana* (Süße, Liebliche), Sakral- oder Milz-Chakra. Sitz der Selbstachtung. Sechsblättrig. Element: Wasser. Planet: Merkur. Gottheit: Vishnu, Prinzip der Bewahrung.

### ERSTES CHAKRA

*Muladhara* (Wurzelstütze), Wurzel- oder Basis-Chakra. Sitz der Selbstwahrnehmung. Vierblättrig. Element: Erde. Planet: Mars. Gottheit: Brahma, Prinzip der Schöpfung.

# sex & fruchtbarkeit

Männlich und weiblich wurden von allen Völkern der Erde als fundamentale Prinzipien angesehen, die den Kosmos begründet haben. Es sind gegensätzliche, doch einander ergänzende Kräfte, deren Verwobenheit im chinesischen Yin-Yang-Symbol (siehe Seite 13) besonders eindrucksvoll dargestellt wird. Viele Kulturen betrachteten den Menschen als Mikrokosmos im Universum und die Symbolik für menschliche Sexualität spiegelte die Vereinigung dieser beiden entgegengesetzten Prinzipien wider.

Landschaftsformen wurden als Entsprechung von männlich und weiblich empfunden. Bei manchen Kulturen repräsentierten Höhlen die Vagina von Erdgöttinnen. Im antiken Griechenland wurden Bäume und Erhebungen mit dem Phallus gleichgesetzt und galten als Attribute von lüsternen männlichen Göttern wie Pan und Dionysos. Einst herrschte die Meinung, Knochenmark und männlicher Samen bestünden aus der gleichen Substanz und dass Samen im Kopf entstünde. Deshalb stellten Tiere mit Geweih ein Symbol für männliche Fruchtbarkeitsgötter dar. Bei den Ägyptern, Kelten und Germanen gab es einen mächtigen Hirschgott.

Das weibliche Geschlechtsorgan wurde in Form von Rauten oder mandelförmigen Gebilden stilisiert. In einigen Kulturen wurde die Präsentation der Vulva als Abwehrzauber gegenüber bösen Mächten verstanden. Es wurde auch behauptet, das Herz als Wahrzeichen der Liebe sei in Wirklichkeit eine gespreizte weibliche Scham und ein machtvolles Symbol der Fruchtbarkeit.

**INKUBUS & SUKKUBUS**

*(oben)* Im Mittelalter glaubte man an Dämonen, die nachts erschienen. Der weibliche Sukkubus paarte sich mit schlafenden Männern, um weitere Dämonen zu zeugen; männliches Gegenstück war der Inkubus, der die Frauen heimsuchte. Für Sigmund Freud existierte dieser Aberglaube, um sexuelle Erregung bei Träumen zu rechtfertigen.

**VENUSFIGUREN**

Wurden seit der jüngeren Steinzeit als Fruchtbarkeitssymbol verwendet. Die weiblichen Figuren sind aus Stein, Holz, Mammut-Elfenbein oder Horn. Sie haben große Brüste und ein breites Becken, manchmal auch eine große Vulva. Die berühmte „Venus von Willendorf“ (links) besteht aus Kalkstein und entstand um 25 000 v. Chr.

**YONI**

*(unten)* Im Hinduismus ist *Yoni* der Begriff für die weiblichen Genitalien. Zusammen mit *Lingam*, (meist ein stilisierter Phallus) ist Yoni ein Symbol für die göttliche schöpferische Energie. Im tantrischen Buddhismus repräsentiert eine stilisierte Yoni die Pforte zur Wiedergeburt.

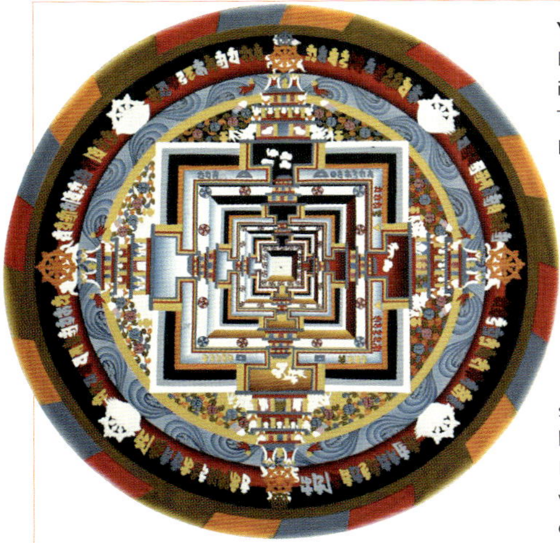

**YANTRA**
Rituelles Diagramm im Hinduismus und Tantrismus. Es gilt als Repräsentation des Göttlichen und des gesamten Kosmos. Die sexuelle Vereinigung von Shiva und Shakti wird symbolisch, das heißt in Form von geometrischen Figuren dargestellt. Yantras werden bei der Meditation als Konzentrationshilfe verwendet und erfüllen eine initiatorische Funktion.

**YAB-YUM**
Im tantrischen Buddhismus von Tibet häufige Darstellung zweier Gottheiten bei sexueller Vereinigung. Symbolisiert die Untrennbarkeit von Weisheit (die Göttin) und Mitgefühl (der Gott). *Yab-Yum* ist tibetisch für „Vater-Mutter", die Skulptur bezeichnet die mystische Aufhebung der Gegensätze, die Einheit des männlichen und weiblichen Prinzips. Yab-Yum wird beim Meditieren genutzt.

## NÜSSE & SAMEN

Die **EICHEL** (links) wurde im Volksglauben vielfach mit Potenz und Sexualität in Verbindung gebracht. Da es sich um die Frucht der mächtigen Eiche handelt, schrieb man ihr starke Macht zu. **HASELNÜSSE** wurden dazu verwendet, um die Identität eines zukünftigen Ehegatten herauszufinden. Nüsse galten auch als fruchtbarkeitsfördernd, frischvermählte Paare wurden mit ihnen beworfen oder die Nüsse wurden als Backzutat im Hochzeitskuchen verarbeitet. Der schottische Dichter Robert Burns (1759–1796) berichtete, dass Pärchen zwei Haselnüsse nebeneinander ins Feuer legten. Verbrannten die Nüsse gemeinsam, würde das Paar heiraten, sprangen sie durch die Hitze auseinander, fand keine Heirat statt. Kirschkerne wurden in Europa bei Abzählreimen eingesetzt, um festzustellen, ob man sich der Zuneigung einer geliebten Person sicher sein konnte. In der christlichen Kunst ist die **WALNUSS** Symbol für den Menschen und für Christus. Die grüne Schale symbolisiert das Fleisch, die harte Nussschale die Knochen oder das Holz des Kreuzes und der Nusskern die Seele. Um an den Nusskern zu gelangen, muss die harte Schale zerbrochen werden, daher war die Walnuss in der Ostkirche Symbol für die Auferstehung Christi. Früchte, die viele Samen enthalten, wie **WASSERMELONEN** und **GRANATÄPFEL**, symbolisierten im alten China reichen Kindersegen.

**MAIBAUM**
Sehr altes, ursprünglich heidnisches, phallisches Symbol der Freude und Fruchtbarkeit. Am 1. Mai tanzt die Dorfgemeinde um den Maibaum. Der Brauch geht auf Beltane zurück, das keltische Frühlingsfest, mit dem das zunehmende Licht gefeiert wurde.

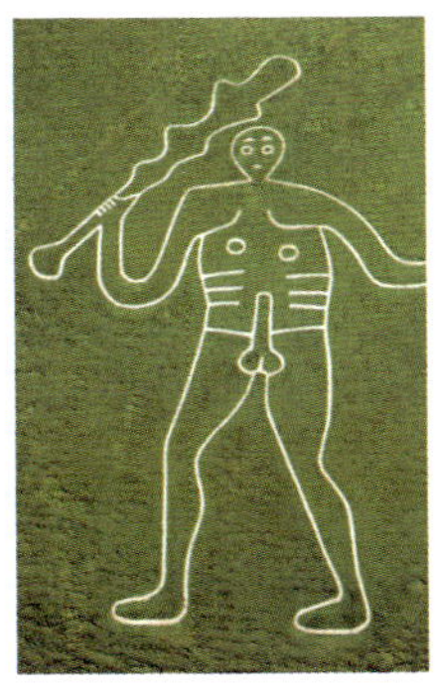

**CERNE ABBAS**
Der Riese von Cerne Abbas in der englischen Grafschaft Dorset, der dort in die Erde gescharrt ist, wurde 1649 erstmals erwähnt. Als Urheber werden Kelten oder Römer vermutet. Der Fruchtbarkeitsgott könnte auch den Helden Herakles darstellen.

**SHEELA-NA-GIG**
Nennt man in Irland Steinreliefs weiblicher Figuren mit einer überdimensional großen Vulva. Sie befinden sich an den Außenwänden von Burgen und Gebäuden. Die bizarren Reliefs könnten Zeugnisse vorchristlicher Fruchtbarkeitskulte sein.

# GÖTTLICHKEIT

Götter & Göttinnen
Götterboten
Buddhismus

DAS GEHEIMNIS DER SCHÖPFUNG UND DER NATUR HAT DIE MENSCHEN SEIT ANBEGINN DER ZEITEN MIT EHRFURCHT ERFÜLLT. ES MUSSTE EINE ÜBERNATÜRLICHE MACHT GEBEN, DIE ALLES ERSCHAFFEN UND UNTER KONTROLLE HATTE.

## GÖTTER & GÖTTINNEN

**Übernatürliche Kräfte wurden von Göttern und Göttinnen verkörpert, die das Meer, den Himmel, die Winde und die Erde beherrschten. Götter in Menschen- oder Tiergestalt bestimmten über Liebe, Krieg, Gerechtigkeit und Fruchtbarkeit.**

### GOTTVATER

In vielen Kulturen ist die oberste Instanz des Pantheons ein männlicher Gott, der Himmel und Erde unter sich hat, wie der Blitze schleudernde, griechische Zeus (oben). Der altägyptische Sonnengott Re steht für die Schöpferkraft der Sonne; sie wurde häufig als Gottheit verehrt.

### GOTTES-MUTTER

Göttinnen wie die hinduistische Parvati (links) personifizieren weibliche Macht und Fruchtbarkeit. Erdgöttinnen wie die griechische Gaia oder die Maisgöttin bei den Indianern Nordamerikas gelten als Lebensspender von Pflanzen, Tieren und Menschen.

### PANTHEON

Bezeichnet die Gesamtheit aller Götter in polytheistischen Religionen. Das Pantheon glich oft einem Familienclan, bei dem es heftige Streitigkeiten um die Macht gab: Bei den Griechen stürzte Kronos seinen Vater Uranos, der wiederum von seinem Sohn Zeus entmachtet wurde. Im ägyptischen Mythos kämpften Seth, der Gott des Chaos, und der Himmelsgott Horus um die Vorherrschaft. Der chinesische Jadekaiser stand an der Spitze eines ungewöhnlich bürokratischen Pantheons; es spiegelte die Herrschaftsverhältnisse auf Erden wider. Ein allen Göttern geweihtes Heiligtum wird ebenfalls Pantheon genannt (siehe Seite 108).

**OPFERGABEN**
Dieses ägyptische Grabgemälde zeigt Königin *Hatschepsut* (als Mann dargestellt, wie es die Konvention verlangte), die Re-Harachte-Atum, einer Mischform der Götter Re und Horus, Opfer darbringt.

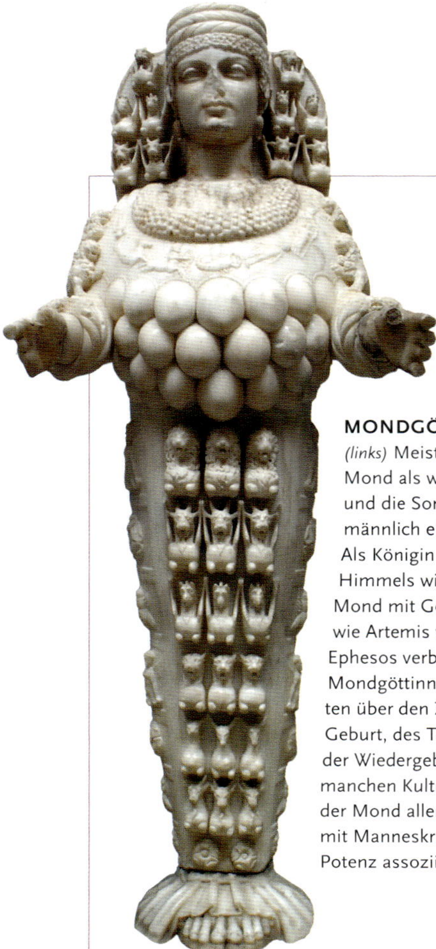

**MONDGÖTTER**
*(links)* Meist wird der Mond als weiblich und die Sonne als männlich eingestuft. Als Königin des Himmels wird der Mond mit Göttinnen wie Artemis von Ephesos verbunden. Mondgöttinnen gebieten über den Zyklus der Geburt, des Todes und der Wiedergeburt. In manchen Kulturen wird der Mond allerdings mit Manneskraft und Potenz assoziiert.

**SONNEN- & ERDGOTTHEITEN**
Bis auf wenige Ausnahmen (der ägyptische Erdgott Geb) waren Erdgötter weiblich. Sie verkörperten Fruchtbarkeit, Nahrung und die Gaben der Natur. Sonnengottheiten waren hingegen männlich, durch ihre Leuchtkraft wurde die Sonne zu einem mächtigen Symbol für das Licht des Intellekts. Die Sonne und die sie verkörpernden Götter wurden oft mit einer allmächtigen Vaterfigur gleichgesetzt. Das japanische Kaiserhaus soll dagegen auf die Sonnengöttin Amaterasu (unten, beim Verlassen ihrer Höhle) zurückgehen.

**HIMMELSGÖTTER**
Sind in vielen Kulturen männlich. Die altägyptische Himmelsgöttin Nut galt als Mutter der Gestirne und symbolisierte das Firmament. Sie wurde als nackte Frau dargestellt, die sich über den Erdgott Geb wölbt und dabei den Horizont berührt (oben). Nut war auch eine Totengöttin.

**DONNERGÖTTER**
Mächtige Himmelsgötter konnten Donner, Blitz und Gewitter verursachen. Der germanische Wettergott Thor (oben) besitzt einen magischen Hammer, der sowohl zerstören als auch heilen kann. Der indianische Donnervogel hat ein ähnliches Wesen, er schützt und vernichtet.

**FRUCHTBARKEITSGÖTTER**
Die Erdgöttin Gaia (oben) gehörte nach Hesiod zu den gestaltenden Kräften im Chaos. Sie gebar den Himmel, die Berge und das Meer. Die Fruchtbarkeitsgöttin Demeter war eine Schwester des Zeus, das zeigt, wie bedeutend sie war. Shakti steht im Hinduismus für die weibliche Urkraft des Universums, die aktive Energie. Diese Göttinnen schützen die Ernte. Reizt man sie, können sie Hungersnöte herbeiführen.

**LIEBES- & SEXGÖTTER**
Die griechische Liebesgöttin Aphrodite (die römische Venus) wurde aus dem Schaum geboren, der aufstieg, als das Glied des Uranos, der von seinem Sohn Kronos entmannt wurde, vom Himmel ins Meer fiel. Die indische Lakshmi (oben, mit Vishnu) entstieg ebenfalls dem Wasser: Sie wird durch den Lotos symbolisiert, der für strahlende Schönheit, Reinheit, Fortpflanzung und spirituelle Stärke steht. Sexuelles Verlangen wird meist durch eine männliche Gottheit verkörpert. Zum Beispiel durch Eros (bei den Römern Amor). Er wird oft als geflügelter Knabe mit Pfeil und Bogen dargestellt. Seine Pfeile schlagen die Getroffenen mit der Blindheit der Liebe. Im Zeitalter des Barock wurde Amor zur kleinkindhaften Putte stilisiert, die eher einer Engelsfigur als einem Liebesboten gleicht.

## EIN GOTT ODER VIELE GÖTTER?

Der altägyptische **AMUN-RE** war der „König aller Götter", der die Eigenschaften des **RE, MIN** und **AMUN** in sich vereinte. Bei den Hinduisten waren alle Götter Aspekte von **BRAHMAN**, dem Ursprungskonzept des Göttlichen (nicht zu verwechseln mit dem Schöpfergott **BRAHMA**, rechts). Die Bibel nennt zwei Ursprünge des Göttlichen: **JAHWE** und **ELOHIM**; Gottes Ausspruch im 1. Buch Mose, „Lasset *uns* Menschen machen" (1,26), weist auf einen vorchristlichen Polytheismus hin. Der Gott **ABRAHAMS, ISAAKS** und **JAKOBS** hatte wohl noch andere Lokalgötter neben sich. Man nimmt an, dass die judäische Religion ihre monotheistische Lehre erst ab dem 6. Jahrhundert v. Chr. entwickelt hat. Judentum, Christentum und Islam erkennen nur einen einzigen Gott an, der den Kosmos erschaffen hat.

**GÖTTER DER KÜNSTE**
Manche Fertigkeiten oder Dinge waren den Göttern vorbehalten und wurden den Menschen erst geschenkt. Der griechische Hephaistos war der Gott der Schmiede, des Feuers und des Kunsthandwerks. Athena ließ den ersten Olivenbaum sprießen, Apollon wachte über die musischen Künste und die Heilkunde.

**GOTT DES TANZES**
Shiva, eine der wichtigsten Formen der Göttlichkeit im Hinduismus, hat unter anderem den Beinamen Nataraja, „König des Tanzes". In dieser Form führt Shiva einen kosmischen Tanz auf, der den Prozess von Schöpfung, Zerstörung und Wiedererschaffung des Universums symbolisiert.

**WETTERGOTTHEITEN**
Sind manchmal aggressive, männliche Gottheiten, wie der japanische Susanoo, der Stürme heraufziehen lässt. Baal zählte zur Götterwelt Kanaans, der Regengott wurde als Spender der Fruchtbarkeit verehrt. Der Regengott Chaac der Maya und sein aztekisches Pendant Tlaloc hatten eine ähnlich wohltätige Rolle; sie waren die Hüter des Ackerbaus und der Vegetation.

**GOTT DER ORGIE**
Der griechische Weingott Dionysos wurde bei den Römern zu Bacchus, dem Gott der Ekstase. Die ihm zu Ehren gefeierten Mysterien führten zu derartigen Ausschweifungen, dass der römische Senat 186 v. Chr. eingreifen musste. Der Senatsbeschluss ist auf einer Bronzetafel erhalten geblieben.

**MEERESGÖTTER**
Die Urkraft des Meeres wurde bei den Griechen vom mächtigen Poseidon beherrscht, einem Bruder des Zeus. Als Zeichen seiner Würde trug er den Dreizack, damit rief er Erdbeben und Stürme hervor. Bei den Inuit gibt es einen weiblichen Meeresgeist, der über alle Meerestiere gebietet, die vom Menschen verzehrt werden.

### SCHUTZGOTTHEITEN

Der altägyptische Bes hielt böse Geister vom Haus fern und beschützte die Schwangeren. Der römische Lares schützte die Familie, er hatte seinen Platz am Herd und erhielt seinen Anteil der Mahlzeiten. Avalokiteshvara (links) ist der Schutzpatron von Tibet und der Bodhisattva des universellen Mitgefühls. Die vielen Arme symbolisieren seine mitfühlende Aktivität. Der Dalai Lama wird als Verkörperung Avalokiteshvaras angesehen.

### GÖTTER DER HEILKUNDE

Asklepios war der griechische Gott der Heilkunst, Stab und Schlange waren seine Attribute. Sein Heiligtum war Epidauros. Im alten Ägypten gab es eine Göttin, die die Frauen bei der Geburt eines Kindes schützte. Heket (links) ist seit der Frühzeit belegt; sie bestimmte die Dauer der Wehen und den Zeitpunkt der Geburt. Die Griechen verehrten die Jagdgöttin Artemis auch als Geburtsgöttin.

## SPIRITUELLE ORTE

Mit **GENIUS LOCI** wurden in der römischen Antike Tempel und Kultplätze bezeichnet; an diesen Orten befand sich ein Schutzgeist (*genius*). Dieser Geist konnte freundlich oder bösartig sein. In der japanischen Tradition verfügt jede Region, jedes Dorf und Heim über einen Lokalgeist. In Teilen Afrikas, Ozeaniens und Australiens werden die Geister einer bestimmten Landschaftsform verehrt. Die Aborigines glauben, dass die Geister ihrer Ahnen aus der **TRAUMZEIT** an Orten wie dem Uluru oder **AYERS ROCK** (unten) weilen. Im alten Griechenland war der Berg Olymp der Sitz der Götter, und die Chinesen betrachten Berge traditionell als Wahrzeichen der Macht und der Stabilität. In Indien verkörpert der Fluss Ganges den Geist der mächtigen Göttin **GANGA**. Auch die Kelten hielten Flüsse für die Personifikation einer Göttin. Quellen werden häufig heilende Kräfte zugeschrieben, die heilige Quelle von Lourdes ist ein wichtiger Wallfahrtsort der Katholiken. Im alten Griechenland waren Wälder und Bäche von **NYMPHEN** und **SATYRN** bevölkert. Satyrn waren Mischwesen aus Mensch und Pferd; sie bildeten das Gefolge des Dionysos, dem Gott des Weines und der Vegetation. Den Germanen waren Wald und Heide heilig, der Weltenbaum **YGGDRASIL** war immergrün und stand unter dem Schutz der schicksalsbestimmenden Nornen.

**KRIEGSGÖTTER**
Der römische Kriegsgott Mars (unten) war ursprünglich ein altitalienischer Gott des Wachstums der Felder und Fluren. Als Staatsgott nahm der Garant des Sieges und der römischen Macht eine herausragende Stellung ein. Der altägyptische Seth war der Gott der Gewalt, ihm wurden derart außerordentliche Kräfte nachgesagt, dass sich einige Könige nach ihm benannten. Athena, die Göttin des Krieges und die Beschützerin der Helden, wurde im alten Griechenland mehr verehrt als der gewalttätige Kriegsgott Ares. Die mesopotamische Ischtar war nicht nur die Göttin der Liebe und der Fruchtbarkeit, sondern auch des Krieges.

**GÖTTER DER UNTERWELT**
In vielen Kulturen herrschte ein Gott über das Reich der Toten. In Ägypten war es Osiris, in Griechenland Hades, und bei den Azteken war es Mictlantecuhtli (links). Der altsyrische Unterweltsgott Mot konnte überlistet werden: Manche Toten kehrten auf die Erde zurück.

**AVATARS & MANIFESTATIONEN**
Die hinduistische Gottheit Vishnu erscheint auf Erden durch zehn Avatars („jemand, der sich sichtbar macht"). Eine seiner berühmtesten Erscheinungsformen ist Rama (rechts). Jesus Christus wird von vielen als Manifestation Gottes empfunden.

**SEELENGELEITER**
Der griechische Hermes wurde Psychopompos, „Seelengeleiter", genannt. Er holte die Schatten der Toten im Diesseits ab und brachte sie ins Jenseits. Der altägyptische Thoth war der Protokollant des Totengerichts und notierte, ob die Verstorbenen es würdig waren, in das Totenreich aufgenommen zu werden. Die nordischen Walküren bestimmten, welche in der Schlacht Gefallenen in Walhall einziehen durften.

**DÄMONEN**
In der hebräischen Bibel ist Satan ein Engel, mit dessen Hilfe Gott die religiöse Integrität der Menschen auf die Probe stellt. Er steht jedoch unter der Kontrolle Gottes und hat keinen freien Willen. Laut christlichem Verständnis ist Satan ein gefallener Engel, der gegen Gott rebellierte. Er ist der Teufel und „Herr der Finsternis". Die hinduistischen Asuras sind Gegner der Götter; sie verkörpern niedere Instinkte, die bekämpft werden müssen.

**WIEDERGEKEHRTE GOTTHEIT**
Die griechische Fruchtbarkeitsgöttin Persephone lebte ein Drittel des Jahres in der Unterwelt und zwei Drittel bei ihrer Mutter Demeter. Dadurch entstanden Winter (unfruchtbare Zeit in der Unterwelt) und Sommer (blühende Zeit auf Erden). Das Motiv ihrer Wiederkehr wurde zum Bestandteil der Eleusinischen Mysterien, bei denen Persephone neben ihrer Mutter Demeter verehrt wurde.

# götterboten

Engel tauchen in der Bibel häufig auf, es wird jedoch nicht immer deutlich, welches Wesen damit genau gemeint ist. Der Begriff Engel stammt vom lateinischen *angelus* und bedeutet „Bote", er bezeichnet ein Wesen, das Gott in vielfacher Weise zur Seite steht. Erzengel wie Gabriel, Raphael und Michael fungieren als Verkünder göttlicher Offenbarung. Uriel taucht nur in der Moses-Apokalypse auf. Cherubim bewachen den Garten Eden mit flammenden Schwertern. „Gewöhnliche" Engel nehmen in der Engelhierarchie den untersten Rang ein, sie stehen den Menschen am nächsten. Sie erteilen Segen, sprechen Warnungen oder Prophezeiungen aus.

Laut christlicher Auffassung bilden Engel ein Medium, durch das Gott zu den Sterblichen spricht. Die Psychologie würde Engel als eine Form der Intuition bezeichnen. Das Empfangen einer Engelsbotschaft im Traum oder das Hören von Engelsstimmen könnte als Bemühen des Unterbewusstseins interpretiert werden, bestimmte Dinge ins Bewusstsein dringen zu lassen. Es könnte sich aber auch um Anzeichen geistiger Verwirrung handeln.

Himmlische Wesen, die eine ähnliche Funktion wie Engel haben, existierten bereits in der Vorstellungswelt der Babylonier und Sumerer. Der altägyptische Thoth, der Gott der Weisheit, wurde in der griechischen Mythologie mit Hermes gleichgesetzt und später mit ihm zu Hermes Trismegistos verschmolzen, dem Verfasser der nach ihm benannten hermetischen Schriften.

**MICHAEL**
Der Erzengel Michael ist für Christen der Bezwinger Satans und Seelenwäger am Tag des Jüngsten Gerichts. Unzählige Kirchen sind ihm geweiht. Michael ist der Anführer der himmlischen Heerscharen, die im Osten vor Gottes Thron stehen. Er wird häufig mit Standarte (oder Waage) und Flammenschwert dargestellt; er ist Schutzpatron der Soldaten und Beschützer aller Christen.

**BODHISATTVAS**
Sind im Buddhismus Erleuchtungswesen, die in unterschiedlicher Form erscheinen und den Menschen beistehen. Es gibt irdische und überirdische Bodhisattvas. Der bekannteste ist Avalokiteshvara, die Verkörperung des universellen Mitgefühls und der Schutzpatron Tibets. Unter einem anderen Namen wird Avalokiteshvara auch in China, Korea, Japan und Vietnam verehrt.

## ENGELHIERARCHIE NACH THOMAS VON AQUIN

Thomas von Aquin (1225–1274) war der Ansicht, die Himmelsschar bestünde aus neun Ordnungen der Engel, die sich um den Gottesthron herum gruppieren (diese Illustration aus dem 13. Jahrhundert zeigt die Hierarchie der Engel). Die neun Ordnungen sind in drei Hierarchien gegliedert. In der ersten sind **SERAPHIM, CHERUBIM** und **THRONE**. Seraphim sind Symbole des Lichts und des göttlichen **FEUERS**, sie stehen Gott am nächsten. Cherubim sind Verbreiter der Erkenntnis, Throne bezeichnen das Erhabene.

In der zweiten Hierarchie befinden sich **HERRSCHAFTEN, TUGENDEN** und **GEWALTEN**, sie vollziehen den Willen Gottes und bekämpfen das Böse. Die dritte Hierarchie besteht aus **FÜRSTEN, ERZENGELN** und **ENGELN**. Letztere kümmern sich um menschliche Angelegenheiten. Fürsten verkörpern den himmlischen Führungscharakter und achten darauf, dass irdische Herrscher im Namen Gottes regieren. Erzengel verkünden in erster Linie die göttliche Offenbarung. Die unterste Kategorie bilden persönliche **SCHUTZENGEL**, sie schützen und geleiten den Menschen von der Geburt bis zum Tod und stehen ihm in schweren Stunden bei.

### ISLAMISCHE ENGEL

Engel spielen im Leben des Propheten Mohammed eine große Rolle und sind fester Bestandteil des muslimischen Glaubens. Vier Erzengel finden besondere Erwähnung: Mikail (Michael), der „Engel der Gerechtigkeit"; Gibril (Gabriel), der „Übermittler der göttlichen Weisheit"; Azrael, der „Todesengel", und Israfil, der „Engel des Jüngsten Gerichts". Der Koran kennt aber unzählige weitere Engel.

### GEFALLENE ENGEL

Die christliche Legende erzählt, der Engel Satan sei zu stolz gewesen, um sich vor Gott zu verneigen. Deshalb wird er vom Erzengel Michael hinab auf die Erde gestoßen. Dort versucht er, die Menschen vom christlichen Glauben abzubringen. Diese Vorstellung führte zur blutigen Verfolgung von Andersgläubigen, insbesondere Juden und Muslime, die als Mächte des Teufels bezeichnet wurden.

### ANGIRIS

In der hinduistischen Mythologie wird von himmlischen Wesen, den Angiris, erzählt. Sie sollen darauf achten, dass die Opfer zu Ehren des Feuergottes Agni korrekt vollzogen werden.

### ERZENGEL GABRIEL

Gilt als Bote göttlicher Gnade. Verkündete die Geburt Jesu. Gabriel wird mit einer Lilie dargestellt, sie steht für Maria und die Reinheit. In der jüdischen Überlieferung waren die beiden Engel, die nach Sodom und Gomorrha gingen, Michael und Gabriel: Michael, um Lot zu retten, Gabriel, um die Stadt zu zerstören. Im Islam ist Gabriel der Engel der Offenbarung, er hat dem Propheten Mohammed die Verse des Koran übermittelt.

### ERZENGEL RAPHAEL

Raphael ist im Buch Tobit, einer Spätschrift des Alten Testaments, der Engel, der das Gebet von Tobias hört, ihn auf seiner Reise begleitet und dessen Vater Tobit heilt. In der christlichen Kunst wird Raphael meist als Pilger mit Stab und Wandertasche als der Begleiter von Tobias dargestellt.

### ERZENGEL URIEL

Wird im 4. Buch Esra erwähnt. Sein Name bedeutet das „Licht Gottes". Oft wird er als der Engel angesehen, der nach dem Sündenfall den Eingang ins Paradies bewachte.

### HERMES

War in der griechischen Mythologie der Gott der Wege, der Reisenden, der Kaufleute und der Hirten. Als Götterbote verkündete er die Beschlüsse der Götter, dabei überbrachte er die Botschaften nicht nur, er übersetzte sie auch. Seine Botschaften waren daher keine bloßen Mitteilungen, sie erforderten Einsicht und Verständnis. Deshalb wird die Wissenschaft vom „Erklären und Verstehen" auch als Hermeneutik bezeichnet. Hermes wurde meist mit geflügelten Schuhen, Reisehut und Heroldsstab dargestellt.

### KARIBU

Die assyrischen Karibu waren geflügelte Mischwesen, die Tempel und Paläste bewachten. Der Begriff Cherubim ist vermutlich mit Karibu identisch, in der Bibel hüten die Cherubim den Garten Eden.

### WALKÜREN

Sind in der nordischen Mythologie weibliche Geisterwesen aus dem Gefolge des Göttervaters Wotan bzw. Odin. Die Walküren wählten aus den auf dem Schlachtfeld Gefallenen diejenigen aus, die ehrenvoll genug waren, um in Walhall einzugehen. Walhall war der Ruheort tapferer Kämpfer, sie lebten dort weiter.

# BUDDHISMUS

Der Buddhismus ist nach dem Buddha („der Erleuchtete“) benannt, der um 500 v. Chr. als Prinz Siddhartha Gautama im heutigen Südnepal geboren wurde. Buddhisten bezeichnen ihre Religion als „Dharma“, das ist die Lehre des Buddha. Er meditierte 49 Tage unter einem Feigenbaum und erlebte das „Erwachen“ (*Bodhi*). Er erkannte, dass unser Dasein leidvoll ist, weil die Menschen zu viel begehren. Sie häufen schlechtes Karma (Summe unserer Handlungen) an und sind dazu verurteilt, in einem ewigen Kreislauf der Wiedergeburt gefangen zu sein. Ziel des Buddhismus ist es, diesem Kreislauf zu entkommen. Denn bei der Seelenwanderung wiederholen wir die Muster, die unserem spirituellen Wachstum im Wege stehen. Das wichtigste Symbol des Buddhismus ist das Dharmachakra (Rad der Lehre). Es hat acht Speichen, jede Speiche verkörpert ein Ideal oder einen Pfad. Der *Achtfache Pfad* bietet einen Ausweg aus dem endlosen Zyklus aus Leiden, Gier sowie Wiedergeburt und führt letztlich zur Erleuchtung. Erleuchtete erreichen das Nirvana; einen Zustand, in dem jede Vorstellung des Selbst und jeder Wunsch nach persönlicher Befriedigung ausgelöscht sind.

Der Buddha und andere Erleuchtete werden stets auf die gleiche Weise dargestellt, in Meditation versunken oder im Augenblick der Erleuchtung, wie die nebenstehende Statue. Sie stammt aus dem 19. Jahrhundert und befindet sich im sogenannten Zahntempel in Kandy auf Sri Lanka. Dieser Tempel beherbergt einen Zahn des Buddha und ist eine bedeutende Pilgerstätte. Im Mahayana-Buddhismus spielen *Mandalas* (links) eine wichtige Rolle. Die kosmischen Diagramme dienen als Meditationshilfe und spirituelle Inspiration.

Bis zum 2. Jahrhundert v. Chr. wurde der Buddha nicht in menschlicher Form gezeigt, sondern durch das Dharmachakra oder seine Fußabdrücke (gegenüber) symbolisiert. Oder durch seine Augen, die voller Mitleid auf die Welt herabblicken.

USHNISHA Die Erhebung am Scheitel des Buddha symbolisiert seine Weisheit und seine Offenheit als ein erleuchtetes Wesen.

AUGEN Die gesenkten, halb geöffneten Augen bezeichnen den meditativen Zustand des Buddha. Sie verkörpern auch sein universelles Mitgefühl, er blickt verständnisvoll auf die leidende Menschheit herab.

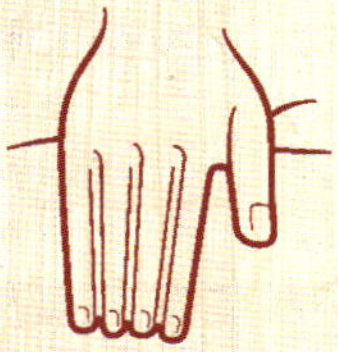

HANDGESTE Die Hand des Buddha berührt die Erde. Die Geste der Erdanrufung erinnert an den Moment seiner Erleuchtung, bei der er die Erde als Zeugin anrief.

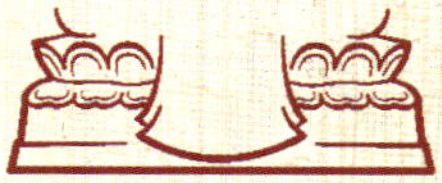

LOTOSTHRON Der Buddha sitzt auf einer Lotosblume. Sie steht für den Weg von der Unwissenheit zur Erleuchtung, da sie in schlammigen Tiefen wurzelt und im Sonnenlicht erblüht.

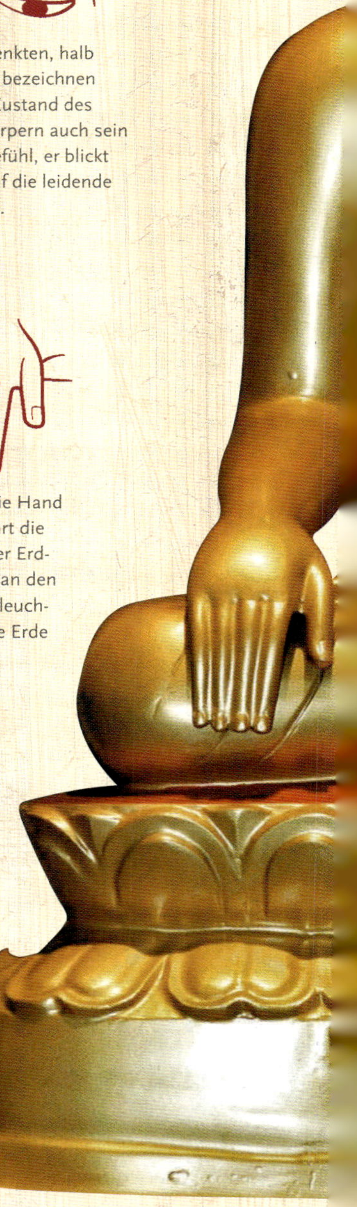

### Drittes Auge

Der Punkt in der Mitte der Stirn des Buddha, das dritte Auge, symbolisiert seine Erleuchtung und spirituelle Erkenntnis.

### Elefanten

Mahamaya, die Mutter des Buddha, träumte vor seiner Geburt von einem weißen Elefanten. Das hieß, dass ihr Sohn ein bedeutender Lehrer werden würde. Elefanten stehen auch für die Kraft des Buddha.

### Königliche Schirme

Der Schutz vor der Sonne symbolisiert den Schutz vor dem Leiden. Die Schirme sind auch ein Zeichen der Ehrerbietung.

## GLÜCKSBRINGENDE SYMBOLE

Der Mahayana-Buddhismus kennt **ACHT GLÜCKSZEICHEN** (*Ashta Mangala*). Der **WEISSE SONNENSCHIRM** steht für den Buddha, der als Prinz geboren wurde, und seine heroische Suche nach der Erleuchtung; der Schirm verweist auch auf die Vier Edlen Wahrheiten und den Achtfachen Pfad. Das **DHARMACHAKRA** ist ein Zeichen absoluter Vollkommenheit. **ZWEI FISCHE** verkörpern die Befreiung von allem Leid. Der **ENDLOSE KNOTEN** bezeichnet *samsara*, den Zyklus der ewigen Wiedergeburt, der aber hier gelöst wird und Glück bedeutet. Die **VASE** enthält das Elixier des ewigen Lebens. Der **LOTOS** ist die vollkommene Reinheit und der Pfad zur Erleuchtung. Die **MUSCHEL** verkündet durch ihren kräftigen Ton den Ruhm aller Heiligkeiten. Die **STANDARTE** (Siegesfahne) steht auf dem Berg Meru, sie repräsentiert den Sieg der Lehre Buddhas.

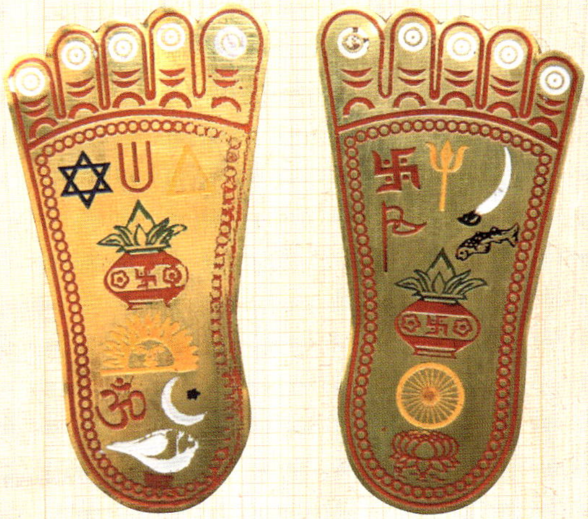

**BUDDHAPADA**

Der Fußabdruck des Buddha (Sanskrit: *Buddhapada)* ist ein Sinnbild dafür, dass der Buddha das Dharma in die Welt „geprägt" hat. Hier ist er mit einer Reihe weiterer Symbole versehen: Der Dreizack steht für die „Drei Juwelen" Buddha, Dharma und Sangha (buddhistische Gemeinschaft); Schwert (Weisheit); die heilige Silbe Om; Mond (Nirvana); Sonne (Erleuchtung); Hexagramm (Universum) und Swastika (Heil, Segen).

A
A

# MUSTER, FORMEN & WERTE

Farben
Zahlen
Tarot
Labyrinthe
Heilige Geometrie
Islam
Das Kreuz

**EINE EINFACHE GRAFIK SYMBOLISIERT MANCHMAL EINE ÄUSSERST KOMPLEXE VORSTELLUNG, DIE DAS DENKEN DER MENSCHEN ÜBER JAHRHUNDERTE GEPRÄGT HAT.**

## FARBEN

**Farben haben für die Menschen seit jeher eine bestimmte Bedeutung. Dabei hatten Kultur, Flora und Tradition des jeweiligen Landes erheblichen Einfluss auf Symbolfarbigkeiten und Konventionen. Für ein Volk, das in der Wüste lebt, ist Grün etwa die Farbe des Paradieses.**

### WEISS

Steht in der westlichen Welt für Reinheit und das erste Licht der Schöpfung. Weiß ist die Farbe des Mondes und der Weiblichkeit. Es symbolisiert Unschuld, spirituelle Vollkommenheit und Christusbewusstsein. Die Friedenstaube und die Kapitulationsfahne sind weiß. Weiß ist jedoch auch die Farbe der Geister und der Toten. In China ist Weiß die Farbe des Herbstes und wird mit dem Altern verbunden. Bei chinesischen Begräbnissen trägt man Weiß und die Haustür des Verstorbenen wird mit einem weißen Tuch verhängt.

### SCHWARZ

Sinnbild für Finsternis, Korruption, Sünde und das Nichts; es ist aber auch die Farbe der Kreativität, da aus dem Dunkel alles geboren wird. In Europa symbolisiert Schwarz Trauer, Tod, Unheil und die dunkle Seite einer Persönlichkeit. Der Anblick einer schwarzen Katze löste einst Schrecken aus, weil man dachte, soeben dem Unglück oder dem Tier einer bösen Hexe begegnet zu sein. Im Christentum steht Schwarz für den Karfreitag und die Kreuzigung Christi; im alten Ägypten verband man mit der Farbe hingegen Wiedergeburt und die Fruchtbarkeit des schwarzen Nilschlamms. Bastet, die Göttin der Freude, der Musik und des Tanzes, wurde stets als schwarze Katze dargestellt. Im Hinduismus ist Schwarz die Farbe von Kali, dem zerstörerischen Aspekt der Göttin Durga. In der chinesischen Astronomie wird die Farbe Schwarz dem Norden, dem Winter, dem Planeten Merkur und dem Element Wasser zugeordnet.

**MANDALA**
In Tibet zeigen Mandalas die Sicht auf einen Palast, der vom sogenannten Reinen Land umgeben ist. Weiß steht für den Osten, Rot für den Westen, Grün für den Norden und Gelb für den Süden.

**GRAU**
Der Hindugott Shiva wird häufig mit aschgrauer Haut dargestellt. Bei Ritualen ihm zu Ehren beschmieren Gläubige ihr Gesicht mit Asche. Im Christentum ist Grau die Farbe der Reue und Demut („in Sack und Asche gehen"). Graues Haar wird mit Weisheit und Erfahrung verbunden. Die „Grauzone" bezeichnet Verborgenes.

**BRAUN**
Die Farbe der Erdverbundenheit, Häuslichkeit und Stabilität. Braun wird jedoch auch mit Fäulnis und Verfall verbunden: Die Exkremente der meisten Lebewesen sind braun. Beim Gewand eines Mönchs kennzeichnet Braun Anspruchslosigkeit, Bescheidenheit und die Abkehr von weltlichen Dingen.

**ORANGE**
Kombiniert Gelb und Rot – die Farbe des Blutes und der Leidenschaft –, Orange verkörpert Feuer und die Sonne. Es steht für Optimismus, Lebensfreude, Aufgeschlossenheit, Energie und Liebe. Im Buddhismus ist Orange die Farbe der höchsten Stufe der menschlichen Erleuchtung. Der Dalai Lama trägt Orange.

**GELB**
Die Farbe des Goldes und der Sonne. Gelb vermittelt Heiterkeit und Freude. Strahlendes Gelb steht für klaren Geist und Intellekt; schmutziges Gelb für Habgier, Neid, Eifersucht und Verschlagenheit. Im Mittelalter galt Gelb als Schandfarbe, die Kleidung des Verräters Judas wurde in der Kunst deshalb gelb dargestellt.

## DIE FARBE DES GLÜCKS

In der chinesischen Kosmologie wird **ROT** dem Sommer, dem Süden und dem Element Feuer zugeordnet. Es symbolisiert höchstes Glück, Sonne, Himmel, Licht, Gold sowie Wohlstand und wird mit der Dynamik des **YANG** verbunden. Rot soll Dämonen vertreiben können, deshalb sind die Außenwände von Palästen und Tempeln rot angestrichen. Rot steht für Langlebigkeit, die taoistischen Alchemisten benutzten roten Zinnober (Quecksilbererz), um das Elixier des ewigen Lebens herzustellen.

Beim chinesischen Neujahr, bei Hochzeiten und Festlichkeiten wird die Farbe des Glücks natürlich großzügig eingesetzt. Die Kaiser der Ming-Dynastie trugen traditionell Rot. Das änderte sich, als die Qing-Dynastie (1644–1912) an die Macht kam; die Kaiser der Qing-Dynastie bevorzugten Blau. Rot war aber nach wie vor die dominierende Farbe von Heiligtümern wie dem Sonnenaltar in Peking. In Europa war die **ROTE FAHNE** einst ein Warnsignal, sie wurde von den sozialistischen Revolutionären übernommen. Auch die chinesischen Kommunisten erklärten Rot zu ihrer Farbe und verließen sich dabei auf die traditionelle Bedeutung.

**GRÜN**
Ein Synoym für den Frühling, die Hoffnung, Wachstum und neues Leben. Grün ist die Farbe der sich ständig erneuernden Natur, die jedoch auch wild und grausam sein kann. Grün steht zudem für Unreife, Naivität („noch grün hinter den Ohren sein") und Neid. Grün ist die Farbe des Islam.

**PURPUR**
Vereint Blau und Rot und steht daher für Inspiration und Spiritualität. Purpur musste einst mühsam aus dem Drüsensekret von Purpurschnecken gewonnen werden. Es zählte zu den kostbarsten Farbstoffen und war nur gekrönten Häuptern und dem Klerus vorbehalten.

**REGENBOGENSPEKTRUM**
Das Farbspektrum des Regenbogens gilt in vielen Kulturen als himmlisches Symbol, da der Regenbogen die Erde mit dem Paradies im Himmel verbindet. Die Schamanen Zentralasiens tragen Regenbogenfarben, um den Flug der Geister zu unterstützen. Die Regenbogengöttin Iris war in der griechischen Mythologie eine Götterbotin im Dienste der Hera. Im tantrischen Buddhismus verkörpert der Regenbogen den meditativen Zustand kurz vor der Erleuchtung, die in Form von strahlend hellem Licht dargestellt wird.

**ROSA**
Wurde einst mit vitaler Männlichkeit verbunden, da es Rot enthält. Blau war die Farbe der Jungfrau Maria und galt daher als passende Farbe für Mädchen. Heute ist es genau umgekehrt: Männliche Kleinkinder werden in Blau gekleidet, weibliche in Rosa. Rosa ist die Farbe verschiedener Homosexuellenbewegungen.

**VIOLETT**
Auf Gemälden, die die Anbetung der Heiligen Drei Könige darstellen, symbolisiert ein Veilchen die Jungfräulichkeit Marias und die Unschuld des Christuskindes. Violett kann jedoch auch für die Sünde stehen.

**ERDFARBEN**
Die Indianer Nordamerikas verwendeten bei Bemalungen Erdfarben, um ihre tiefe Verbundenheit mit der Natur zu demonstrieren. Tiermotive und geometrische Muster waren in natürlichen Braun-, Rot- und Beigetönen gehalten. Die Navajo wählten bei ihren Sandbildern unterschiedliche Sandfarben und Erdtöne. Auch bei handgewebten Teppichen wurden vorrangig Erdfarben genutzt. Mokassins wurden mit abgeflachten Stacheln des Stachelschweins verziert, die zuvor mit Pflanzenfarben gefärbt worden waren.

## HIMMLISCHES BLAU

**BLAU** ist die Farbe des Meeres, dem Ursprung allen Lebens. Es steht auch für den **HIMMEL**, den Ort, den viele Völker für den Sitz des Göttlichen hielten, sowie für das Element **LUFT**. Blau wird vorrangig mit positiven Eigenschaften verbunden: Treue, Ergebenheit, Wahrheit, Beständigkeit, Intellekt, Frömmigkeit, Frieden, Kontemplation und Gelassenheit. Blau kann auch Schwermut, Traurigkeit und Sehnsucht repräsentieren. Die „blaue Blume" der romantischen Dichter zu Beginn des 19. Jahrhunderts war ein Symbol für ihre Sehnsucht nach dem Unendlichen.

Die Himmelskönigin **MARIA** trägt in Darstellungen der christlichen Kunst Blau, es symbolisiert Liebe, Ewigkeit und Glauben. Im Buddhismus verkörpert Blau spirituelles Wissen und den klaren Geist der Erleuchtung. Im Hinduismus ist Blau die Farbe des **KRISHNA**, der Inkarnation Vishnus. In Europa war Blau einst die Farbe der Könige (Königsblau), die königlichen Uniformen waren ebenfalls blau. In China wurde Blau durch die Qing-Dynastie zur Farbe der Kaiser. Bei den jährlichen Zeremonien vor dem Himmelsaltar trugen die Kaiser Dunkelblau, vor dem Mondaltar Hellblau.

# zahlen

Die Babylonier waren die Ersten, die ihre Berechnungen in Keilschrift (links) festhielten. Seither glaubte man, das Geheimnis der Schöpfung könne durch Zahlen gelüftet werden. Der griechische Philosoph und Mathematiker Pythagoras (um 570–510 v. Chr.) hielt die Gruppe der Zahlen 1, 2, 3 und 4 für die grundlegenden Zahlen der Weltordnung, weil ihre Summe die 10 ergibt, die Basis des Dezimalsystems. Ungerade Zahlen wurden als gegensätzliche Kräfte des Universums aufgefasst, wobei man sich bewusst war, dass es ohne ungerade Zahlen keine geraden geben konnte; so wie es ohne Schatten kein Licht gibt.

Die Zahlenabfolge 1, 2, 3 symbolisiert weithin den Prozess der Schöpfung, von der Einheit über die Zweiheit zur Vielfachheit. Die Maya und die Azteken benannten ihre Götter mit Zahlen; sie dachten, der Kosmos werde mit mathematischer Genauigkeit regiert. Viele Kulturen wiesen einzelnen Zahlen eine besondere Bedeutung zu. In der westlichen Welt galt die Sieben als höchste Glückszahl. In China war es aufgrund einer Lautähnlichkeit zum chinesischen Wort für Glück die Zahl Acht.

**NULL**
Steht für Unendlichkeit, Vollendung, Gesamtheit und das Nichts. Die endliche Welt entsteht aus der Null und kehrt wieder zu ihr zurück. In den Westen gelangte die Null über die indisch-arabischen Zahlensysteme; anfangs wurde sie als Punkt geschrieben, sozusagen als Angelpunkt, auf dem alle Berechnungen beruhten. Im Zen-Buddhismus bezeichnet der Kreis die Auflösung des Selbst, die Leere, in der es keine Geburt, keinen Tod und keine Wiedergeburt gibt.

**EINS**
Wird durch einen einzigen Strich ausgedrückt, steht für die Einzigartigkeit der Göttlichkeit und des Schöpfers. Eins ist die unterschiedslose Einheit des ursprünglichen Chaos, sie enthält das Potenzial allen Lebens. Konfuzius hielt die Eins für die perfekte Entität. Für Pythagoras war die Eins vor der Einführung der Null die Grundlage aller Zahlen, die Zahl symbolisierte Gott, Sonne und Mann. In der Psychologie verkörpert die Eins das Selbst oder das Ego.

**ZWEI**
Die Zahl der Partnerschaft und der einander bedingenden Gegensätze: Vater Himmel und Mutter Erde; Tag und Nacht, Geist und Materie, Feuer und Wasser. Wird auch zur Unterscheidung von Werten wie Gut und Böse genutzt. Im alten Ägypten hielt man die Welt vor der Schöpfung für die Phase, „in der es noch keine zwei Dinge gab". Bei den Babyloniern war die Zwei das Zeichen für die Zweiteilung des Weltalls in oben und unten. Auch Mond und Sonne wurden damit verbunden.

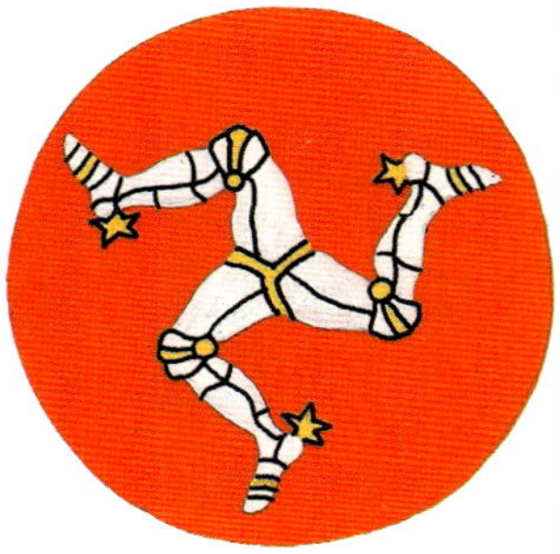

**DREI**
Die Versöhnung von Gegensätzen, die Vollendung. Das Prinzip der Heiligen Dreifaltigkeit ist nicht nur auf das Christentum beschränkt: Bei den Hinduisten sind es Brahma, Vishnu und Shiva (Schöpfer, Bewahrer und Zerstörer); im alten Ägypten Osiris, Isis und Horus; die drei Säulen des Buddhismus sind Buddha, Dharma (Lehre) und Sangha (Gemeinschaft). Durch eine dreimalige Wiederholung werden Dinge besiegelt und in Märchen hat man drei Wünsche frei.

## DIE MAGISCHE DREI

Die Drei hatte bei den Kelten eine herausragende Bedeutung. Göttinnen erschienen in drei Gestalten (Jungfrau, Mutter, altes Weib). Der Anblick der drei **CUCULLATI** (eine Art Wichtelmännchen) aus Stein brachte Glück. Skulpturen mit drei Köpfen repräsentierten die Einheit von Vergangenheit, Gegenwart und Zukunft im Hier und Jetzt. Laut Julius Caesar gaben Barden und Druiden ihr Wissen niemals schriftlich weiter, so wie es die Griechen und Römer taten. Sie lernten alles auswendig, deshalb dauerte die Ausbildung eines Druiden zwanzig Jahre. Als Gedächtnisstütze diente die Zahl Drei: „Die drei Quellen des Wissens – Denken, Intuition, Lernen"; und „Der Narr lacht drei Mal – über das Gute, über das Schlechte und über das, was er nicht versteht". Ein dreiblättriges **KLEEBLATT** ist bis heute ein Symbol für die irische und gälische Kultur, ein Emblem in Form von drei radialsymmetrisch angeordneten Kreisbögen, genannt **TRISKELE**. In Märchen und Volkssagen gibt es oft drei zu bestehende Prüfungen oder drei Wünsche einer Fee.

**VIER**

Es gibt vier Himmelsrichtungen, vier Jahreszeiten, vier Elemente (Luft, Feuer, Wasser und Erde) sowie vier Lebensabschnitte des Menschen (Kindheit, Jugend, Erwachsensein und Alter). Vier steht für Ausgeglichenheit und praktische Vernunft. Bei den Christen gibt es vier Kardinaltugenden; das Neue Testament enthält vier Evangelien. Der Buddhismus kennt Vier Edle Wahrheiten. Vier symbolisiert auch das Weibliche, Intuition, Frieden, Schutz und Geborgenheit.

**FÜNF**

Repräsentiert den menschlichen Körper (Kopf und Gliedmaßen) und das magische Pentagramm (siehe Seite 129). Wir haben fünf Finger an jeder Hand, daher steht die Fünf für Handeln, Kommunikation und Bewegung. Die Thora besteht aus den fünf Büchern Mose. In China gibt es fünf Elemente: Feuer, Wasser, Metall, Erde und Holz. Die fünf Säulen des Islam sind Glaubensbekenntnis, fünfmaliges Gebet, Almosen, Fasten im Ramadan und Pilgerfahrt nach Mekka.

**SECHS**

Die doppelte Dreifaltigkeit (3 + 3), die Erde wurde in sechs Tagen erschaffen. Daher wird die Zahl mit göttlicher Macht verbunden. Das magische Siegel Salomons besteht aus einem sechszackigen Stern, der aus zwei Dreiecken gebildet wird. Sechs ist aber auch die Zahl des Teufels. Er lehnte sich gegen Gott auf und wollte die Sieben, die Zahl der Vollkommenheit, nicht erfüllen. Im alten Griechenland verband man Ehe und Harmonie mit der Zahl Sechs.

**SIEBEN**

Verkörpert die Vereinigung von Himmel (drei) und Erde (vier). Steht in der jüdisch-christlichen Tradition für die Vollkommenheit. Im alten Griechenland war die Sieben dem Gott Apollon und den sieben Weltwundern geweiht. Die Woche hat sieben Tage. Pessach (Fest der ungesäuerten Brote) und Sukkot (Laubhüttenfest) werden im Judentum jeweils sieben Tage lang gefeiert. Es gibt sieben Himmel, sieben christliche Tugenden und sieben Todsünden. Laut Volksglauben soll eine siebte Tochter oder ein siebter Sohn übersinnliche Gaben haben. Schneewittchen geht zu den sieben Zwergen hinter den sieben Bergen.

## DIE WELT DER FÜNF

Die meisten Kulturen kannten vier Himmelsrichtungen; Norden, Süden, Osten und Westen. Um 250 v. Chr. fügten die Chinesen eine fünfte hinzu: die **MITTE**. Dabei handelte es sich natürlich um China selbst, um das mittlere Königreich bzw. die verschiedenen Königreiche, die sich in der Mitte der nördlichen Ebene Chinas befanden, das Herzstück des chinesischen Imperiums. Ursprünglich war „Mitte“ eine rein geografische Angabe, doch im Lauf der Zeit erhielt der Begriff eine symbolische Bedeutung. Für Konfuzius bezeichnete das „Reich der Mitte“ die Zivilisation. Vier Berge bildeten die Grenzen dieses Reichs, das in der chinesischen Kunst häufig dargestellt wurde.

Die Zahl Fünf fand auch in der chinesischen Kosmologie Eingang, und zwar in Form der **FÜNF ELEMENTE: HOLZ, FEUER, ERDE, METALL** und **WASSER**, die als Energien begriffen werden. Entsprechend dieser Elemente gibt es fünf Emotionen (Zorn, Freude, Begierde, Kummer, Angst); fünf Geschmacksrichtungen (sauer, bitter, süß, scharf, salzig); fünf Witterungen (Wind, Hitze, Donner, Kälte, Regen) usw.

### ACHT

Wird im arabischen Zahlensystem aus zwei Nullen gebildet und bezeichnet Vollendung, Unendlichkeit, einen Weg ohne Anfang und Ende sowie Perfektion. Im Christentum ist 888 die Zahl Jesu, sie symbolisiert seine Vollkommenheit. Das Taufbecken ist achteckig, genauso wie der Schrein des Heiligen Grabs in Jerusalem. Auch in Asien ist die Acht eine bedeutende Zahl. Im Buddhismus gibt es acht Glückszeichen, das Rad des Lebens hat acht Speichen und die achtblättrige Lotosblume symbolisiert die Erleuchtung, die über den Achtfachen Pfad erlangt werden kann. Im Yoga gibt es acht Haupt-Chakren (anstatt der üblichen sieben).

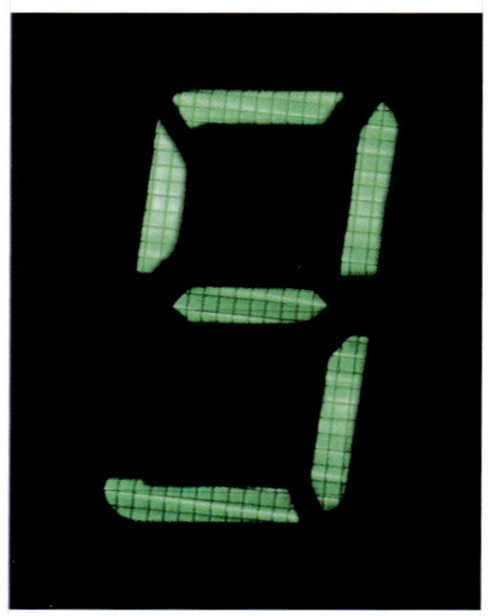

### NEUN

Vereint drei Trinitäten in sich und ist daher eine bedeutende Zahl. Eine neunstöckige chinesische Pagode symbolisiert den Aufstieg in den Himmel. Neun steht auch für Unzerstörbarkeit, da alle Multiplikationen von neun bis 90 (zehn mal neun) in der Quersumme neun ergeben: (18 = 1 + 8 = 9, 27 = 2 + 7 = 9 usw.).

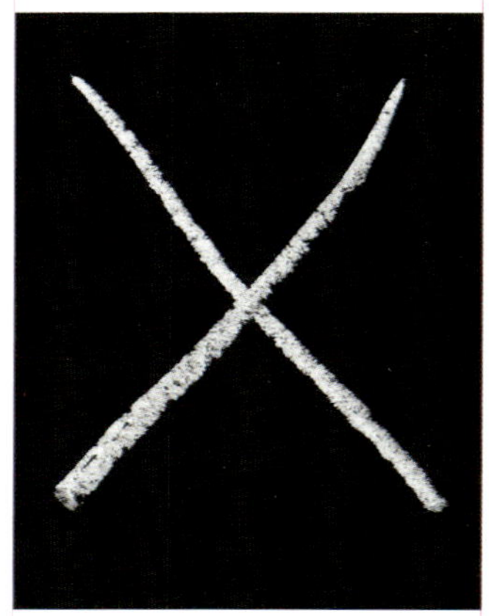

### ZEHN

Besteht aus der Eins und der Null, hier verbinden sich Ursprung (Eins) und Unendlichkeit (Null). Der Mensch hat zehn Finger und zehn Zehen, zehn ist die Grundzahl der Vollständigkeit und des Maßes. In der Bibel stehen zehn Gebote. Die Römer drückten die Zehn durch ein einfaches Schrägkreuz (X) aus.

## DIE ZAHL DES TIERES

Römer, Griechen und Juden ordneten Zahlen Buchstaben zu. Daraus entstand die **NUMEROLOGIE**, jeder Name konnte durch einen numerischen Wert ausgedrückt werden. Die sechs griechischen Buchstaben für **JESUS** (ΙΕΣΟΥΣ) entsprechen dem numerischen Wert von 10, 8, 200, 70, 400 und 200. Die Summe dieser Zahlen ist 888, eine Zahl, welche die Vollkommenheit Christi widerspiegelt.

Das berühmteste Beispiel für die Numerologie stammt aus der **OFFENBARUNG DES JOHANNES**, darin wird der **ANTICHRIST** beschrieben, ein schreckliches Tier, das die Menschen verführt. Es ist an seinem Namen oder der Zahl seines Namens erkennbar: „Wer Verstand hat, der überlege die Zahl des Tieres; denn es ist eines Menschen Zahl, und seine Zahl ist sechshundertsechsundsechzig" (Offenbarung 13,18). 666 stand für den Namen von **KAISER NERO** (oben). Nero starb 68 n. Chr., doch viele dachten, er könne von den Toten auferstehen und Christen verfolgen, was er in Wirklichkeit nie getan hat; er verurteilte nach dem Brand Roms lediglich ein paar Christen zum Tode, die nachweislich Brandstifter gewesen waren. Papst Paschalis II. (1099–1118) ließ das Grabmal Neros in Rom einreißen und errichtete an der Stelle eine Kapelle. Neros Ruf als Antichrist hat sich bis heute hartnäckig gehalten und die 666 wird weithin als die Zahl Satans eingestuft.

**ELF**
Die Eins wurde stets mit Männlichkeit verbunden, die Quersumme von elf ergibt zwei, eine weibliche Zahl. Somit steht die elf für die Vereinigung von männlich und weiblich. Für den heiligen Augustinus war elf die Zahl der Sünde, da sie zwischen der vollkommenen Zehn und der kosmischen Zwölf liegt.

**ZWÖLF**
Bringt die Dreifaltigkeit (1 + 2 = 3) hervor, drei mal vier (Dreifaltigkeit plus die Elemente) repräsentiert das Reich Gottes. Es gibt zwölf Sternzeichen, Monate, Tages- und Nachtstunden. Daher wird die Zwölf als „himmlische" Zahl empfunden. Das jüdische Volk geht auf die zwölf Stämme der Israeliten zurück.

**DREIZEHN & VIERZEHN**
Dreizehn gilt in der westlichen Welt als Unglückszahl. Der Mond braucht vierzehn Tage, um sich vom Neu- in den Vollmond zu entwickeln, und weitere vierzehn, um wieder zum Neumond zu werden. Vielleicht hat seine „Unvollkommenheit" vor dem vierzehnten Tag etwas mit der negativen Bedeutung der dreizehn zu tun.

### DIE ZAHL 5040

1 x 2 x 3 x 4 x 5 x 6 x 7 ergibt 5040, eine sogenannte kanonische Zahl, die auch durch alle Zahlen von eins bis zehn teilbar ist. Platon gab die Einwohnerzahl seiner fiktiven Stadt Magnesia mit 5040 an. Teilt man 5040 durch 100, kommt man auf den Durchmesser des Steinkreises von Stonehenge. Bauten alter Hochkulturen wie die Pyramiden in Ägypten und Südamerika, der Tempel in Jerusalem, gotische Kathedralen und viele andere Bauwerke wurden auf der Grundlage der 5040 berechnet und konstruiert. Professor Alexander Thom (1894–1985) hat Hunderte von Steinkreisen in England und Frankreich untersucht. Er kam zu dem Schluss, dass die Menschen, die die Steinkreise errichtet haben, auf ein Einheitsmaß zurückgegriffen haben, das Thom das „megalithische Yard" nannte (0,8297 Meter). Dieses hypothetische Maß basiert möglicherweise auf astronomischen Beobachtungen, da viele Steinkreise, die Thom analysierte, nach der Sonnenwende sowie der Tag- und Nachtgleiche ausgerichtet sind. Vielleicht nahmen die Menschen an, dass diese heiligen Orte in der Lage wären, Energien zu sammeln und zu fokussieren. Eventuell waren es Plätze, an denen das menschliche Bewusstsein Zugang zu verborgenen Mysterien bekommen sollte. Der griechische Philosoph Pythagoras behauptete, Musik, Arithmetik und Geometrie würden den wahren Kern der Schöpfung am exaktesten wiedergeben. Die Länge der Saiten von Musikinstrumenten entspricht laut Pythagoras gewissen Zahlenverhältnissen. Außerdem verändere die Musik auf machtvolle Weise das Bewusstsein. Musikkompositionen, Geometrie und Astronomie folgen mathematischen Gesetzmäßigkeiten. Platon folgerte daraus, dass sowohl das menschliche Leben als auch die Natur eine Schöpfung von Zahlen sei.

# TAROT

Die genaue Herkunft des Tarot ist unbekannt. Angeblich wurden die Karten im 11. Jahrhundert von den Mamelucken in Ägypten verwendet; sie fanden im 15. Jahrhundert den Weg nach Europa. Ein Tarotdeck besteht aus insgesamt 78 Karten: den *Kleinen Arkana*; vier Serien von je 14 Karten, die sich in zehn Zahlenkarten (As–10) und vier Hofkarten (König, Königin, Ritter und Bube) unterteilen. Die Serien heißen Schwerter, Stäbe, Münzen und Kelche. Schwerter sind die Karten des Intellekts, des Haderns und des Unglücks. Stäbe stehen für Erfolg, Ruhm und Aufbruch; Münzen für die körperliche Welt und Kelche für Glück und Liebe.

Die *Großen Arkana* bestehen aus 22 Trumpfkarten, die jeweils mit einer Unmenge an Symbolen versehen sind und dem Reifezustand einer Person entsprechen. Die Null (wird mitgezählt) ist der Narr, der noch vieles lernen muss, die 21 und höchste Karte ist die Welt, ihr Archetyp ist das wiedergefundene Paradies.

Der Begriff Arkana stammt vom lateinischen *arcanum* und bedeutet Geheimnis. In den Mittelmeerländern werden Tarotkarten zum normalen Kartenspiel genutzt, die Nordeuropäer schreiben den Karten jedoch wahrsagerische Kräfte zu.

Das älteste Spiel ist das Marseiller (um 1760, hier abgebildet), das verbreitetste ist das Rider-Deck, das 1910 von Arthur Edward Waite herausgegeben wurde. Waite war Mitglied des hermetischen Ordens der *Goldenen Morgendämmerung* (siehe Seite 49). Die Symbolik der Großen Arkana ist ungemein vielschichtig, sie werden zum Beispiel mit der Kabbala und den 22 Buchstaben des hebräischen Alphabets in Verbindung gebracht. Die Bilder der Karten werden von Fachleuten als Archetypen interpretiert, die unser Innerstes ansprechen.

Nebenstehend sind die traditionellen Bedeutungen der Großen Arkana aufgelistet, moderne Esoteriker deuten die Karten etwas anders.

**Der Narr** Die einzige unnummerierte Karte der Großen Arkana, sie trägt deshalb meist die Ziffer Null. Entspricht in etwa dem Joker eines modernen Kartenspiels. Der naive junge Mann begibt sich auf eine Reise, die von den 21 Trumpfkarten repräsentiert wird. Er hat einen Pilgerstab in der Hand und wird von einer Katze angetrieben, die für die spirituelle Motivation steht.

13

**13. XIII. Der Tod**
Die Dreizehn ist die Unglückszahl, der Tod ist jedoch ein wichtiger Teil unseres Lebens, ihn anzunehmen bedeutet zu reifen. Das Skelett zeigt die Notwendigkeit, sich von der Identifikation mit dem Körper zu lösen und zu akzeptieren, dass nichts von Dauer ist. Die Karte steht für das Loslassen, für den unumgänglichen Prozess, liebgewonnene Gewohnheiten aufgeben zu müssen.

1

2

3

4

5

6

7

8

9

10

11

12

14

15

16

17

18

19

20

21

## Von links nach rechts:

**1** I. *Der Magier* (Der Gaukler): Tatendrang, Geschicklichkeit, Bereitschaft, sich zu verändern; **2** II. *Die Päpstin* (Hohepriesterin): weibliche Intuition, Sanftmut; **3** III. *Die Kaiserin*: Sicherheit, Kreativität, Wärme; **4** IV. *Der Kaiser*: Macht, Stabilität, Ordnung; **5** V. *Der Papst* (Hierophant): Vertrauen, Rechtschaffenheit, Kraft der Seele.

**6** VI. *Die Liebenden*: Wahre Liebe, Entscheidung; **7** VII. *Der Wagen*: Sieg, Triumph, die Dinge unter Kontrolle haben, der gerade Weg nach vorn; **8** VIII. *Die Gerechtigkeit*: Objektivität, Ausgeglichenheit, Aufrichtigkeit; **9** IX (VIIII). *Der Eremit*: Selbsterkenntnis, Wahrheitssuche, Genügsamkeit, Isolation; **10** X. *Das Rad des Schicksals*: Veränderung, Neuanfang, das freie Spiel der Kräfte.

**11** XI. *Die Kraft*: Willensstärke, Beherrschung, Vertrauen in die Zukunft; **12** XII. *Der Gehängte*: Reife, Erlösung, Selbstaufgabe; **13** XIII. *Der Tod*: *Siehe gegenüber*; **14** XIV (XIIII). *Die Mäßigkeit*: Harmonie, Vertrauen, Vernunft, Diplomatie; **15** XV. *Der Teufel*: die Fesseln der Materie und des Seins, Beginn spirituellen Begreifens; **16** XVI. *Der Turm*: jäher Wandel, (schmerzvolle) Befreiung.

**17** XVII. *Der Stern*: Hoffnung, Energie, erfüllte große Liebe; **18** XVIII. *Der Mond*: seelische Kräfte, Sehnsucht, Illusion; **19** XIX. *Die Sonne*: Vitalität, Lebensfreude, Wachstum, Ruhm; **20** XX. *Das Gericht*: erfolgreiche Transformation, Entschlossenheit, die Hebung des Schatzes; **21** XXI. *Die Welt*: Erfüllung, seinen Platz in der Welt gefunden haben, Anerkennung, Freiheit, das Leben meistern.

# Labyrinthe

Griechische und römische Geschichtsschreiber schildern labyrinthartig angelegte Gärten, die für den fröhlichen Zeitvertreib der Besucher gedacht waren. In der Renaissance kamen Irrgärten verstärkt in Mode. Im Park von Versailles befand sich bis 1774 ein namhafter Irrgarten, der mit 39 kunstvoll gestalteten Springbrunnen ausgestattet war. Zutritt hatten nur Mitglieder des Königshofs. Bereits in vorchristlicher Zeit, in Ägypten, Griechenland, Indien und Tibet, finden sich Darstellungen von Labyrinthen. Die Symbolik des Labyrinths spiegelt in vielen Kulturen die Vorstellung einer inneren Reise durch die verwirrenden und widersprüchlichen Pfade des Geistes wider, die den Suchenden ins Zentrum und zur Erkenntnis seines innersten Wesens führt.

Für Psychologen stellt ein Labyrinth die Windungen des Gehirns dar, mentale Hindernisse, die es zu überwinden gilt. Im Mittelalter war ein Labyrinth ein Symbol für den wahren Glaubensweg. Die Fußböden der berühmten Kathedralen in Chartres und Amiens sind mit sorgfältig ausgearbeiteten Mosaiken in Labyrinthform ausgelegt. Man bezeichnete sie als „Jerusalemsweg", weil Gläubige, für die eine Wallfahrt in das Heilige Land unmöglich war, das Labyrinth als Buße auf den Knien entlangrutschten.

Die altägyptischen Baumeister legten bei Grabbauten Irrgänge an, um die Gräber vor Räubern zu bewahren. Labyrinthe dienten auch als Motiv von Schutzamuletten, angeblich hatten sie die Macht, böse Geister fernzuhalten.

**LABYRINTH DES LEBENS**
Labyrinthe stehen für unseren Lebensweg mit all seinen Irrungen und Wirrungen, Sackgassen, Rückzügen und schwierigen Entscheidungen. Ein moderner Irrgarten (oben) dient in erster Linie einem Wettstreit: Wer zuerst die Mitte erreicht, ist Sieger.

**STADT TROJA**
Die Schäfer in Wales legten manchmal Rasenlabyrinthe an. Sie nannten sie Caer Droia, das bedeutet „Stadt Troja" oder „Stadt der Wendungen". Ob mit Troja tatsächlich die mythische Stadt gemeint war, ist unklar. Vielleicht dienten die Labyrinthe als eine Art Bußweg.

## KATHEDRALE VON CHARTRES

Im Boden des Mittelschiffs ist ein Labyrinth eingelassen. Es ist um 1220 entstanden und weist einen Durchmesser von 12,5 Metern sowie eine Weglänge von 261,55 Metern auf. Die einst in der Mitte angebrachte Metallplatte, Theseus und den Minotauros darstellend, ist verschwunden.

## ENDLOSKNOTEN

Stilisierte Darstellung eines Knotens aus einer Endlosschlinge ohne Anfang und Ende. Diese mystischen Symbole tauchen bei verschiedenen Kulturen auf, unter anderem bei den Kelten. Sie repräsentieren die Unendlichkeit sowie die Komplexität und Verwobenheit des Lebens.

## LABYRINTH DES HIMMELS

Diese prähistorische Felsenzeichnung in Western Riverside County, Kalifornien, ist ein Labyrinth ohne Anfang und Ende. Von der Form her gleicht die Zeichnung einer Swastika, einst ein weit verbreitetes Emblem für die Sonne. Vielleicht stellt sie den Himmelsvater dar, die Hopi-Indianer in Arizona bilden ihren Schöpfergott ähnlich ab. In manchen Teilen der Welt sind Gräber mit Labyrinthen versehen, eventuell, um zu verhindern, dass die Toten aus der Unterwelt wieder heraufsteigen.

## DIE GONZAGAS

Ein Abzeichen der mächtigen, italienischen Fürstenfamilie Gonzaga war ein Labyrinth, das als Insel mit einem Berg in der Mitte dargestellt wurde. Der Berg repräsentierte den Palazzo del Te in der Nähe von Mantua, der 1524 auf Sumpfland errichtet wurde. Er diente Herzog Federico II. von Mantua (1519–1540) als Lustschloss. Die Gonzagas regierten von 1328 bis 1708 in Mantua.

## GLASTONBURY TOR

Ist ein 158 Meter hoher, tropfenförmiger Hügel in Glastonbury, England. „Tor" ist ein lokales Wort keltischen Ursprungs, das „konischer Hügel" bedeutet. Um den Hügel windet sich ein labyrinthartiger, spiralförmiger Pfad, der zur Spitze des Hügels führt. Die Kelten brachten Tor mit dem König der Feen in Verbindung, sie hielten den Hügel für den Eingang zu Avalon, dem Land der Feen. Heute kann man die Ruinen der mittelalterlichen Kirche St. Michael auf dem Tor besichtigen.

# DAS HERZ DER FINSTERNIS

Ein berühmtes Labyrinth, aus dem es kein Entkommen gab, wird in der griechischen Sage von Theseus und dem Minotauros geschildert. König **MINOS** von Kreta weigerte sich, dem Meeresgott **POSEIDON** einen schönen **STIER** zu opfern. Der erzürnte Poseidon bewirkte, dass sich **PASIPHAE**, die Gemahlin des Königs, in den Stier verliebte und sich mit ihm vereinte. Als Folge dieser Leidenschaft gebar die Königin den **MINOTAUROS**; ein Ungeheuer, halb Mensch, halb Stier. Minos beauftragte den Baumeister **DAIDALOS**, unter seinem Palast ein **LABYRINTH** zu erbauen, in dem der Minotauros gefangen gehalten wurde.

Die von Minos in einem Feldzug besiegten Athener mussten als Tribut jährlich sieben Knaben und sieben Mädchen zur Opferung an den Minotauros nach Kreta schicken. In einem Jahr wurden die Kinder von dem Helden **THESEUS** begleitet, der fest entschlossen war, das Monster zu töten. Minos' Tochter **ARIADNE** gab Theseus ein Wollknäuel mit, dadurch fand er wieder aus dem Labyrinth heraus, nachdem er den Minotauros getötet hatte. Theseus floh mit Ariadne nach Naxos, ließ sie dort aber allein zurück. Ariadne vermählte sich schließlich mit **DIONYSOS**.

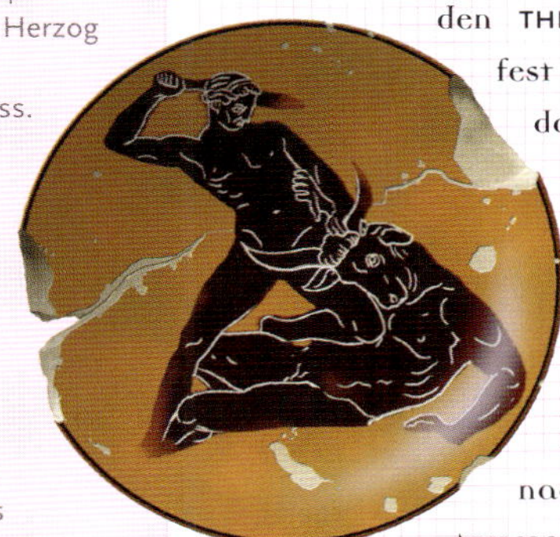

Den Palast von Knossos gab es tatsächlich. Das Gangsystem darunter soll bis zu 1500 Gänge umfasst haben, innerhalb derer im Lauf der Zeit zahlreiche Tempel und Wohnstätten für Priester angelegt worden waren. Psychologen sehen im Labyrinth von Knossos ein Symbol für unseren tiefsten Ängste und unterdrückten Begierden. Der Minotauros steht für unsere animalische Seite.

# Heilige Geometrie

Durch das alte Ägypten sowie den griechischen Mathematiker Euklid (3. Jahrhundert v. Chr.) verbreitete sich die Annahme, die Weltordnung beruhe auf mathematischen Prinzipien, die insbesondere durch die Geometrie verkörpert würden. Der Goldene Schnitt geht auf Euklid zurück. Sein Lehrsatz lautete: Zwei Strecken stehen im Verhältnis des Goldenen Schnittes, wenn sich die größere zur kleineren Strecke verhält wie die Summe aus beiden zur größeren. Das Verhältnis (ϕ) (Phi) zwischen der größeren und der kleineren Seite wird Goldene Zahl genannt, sie hat den Wert 1,6180. In Kunst und Architektur wurden Streckenverhältnisse im Goldenen Schnitt als ideale Proportion und als Inbegriff der (göttlichen) Harmonie und der Ästhetik angesehen.

Viele Künstler der Renaissance wie Raffael und Leonardo da Vinci nutzten bei ihren Gemälden den Goldenen Schnitt. Bauwerke, die eine sogenannte goldene Proportion aufweisen (links), symbolisierten das göttliche Prinzip; sie sollten das spirituelle Bewusstsein der Menschen vertiefen. Berühmte Beispiele sind die Pyramiden in Ägypten, der Partheon-Tempel auf der Athener Akropolis, die Notre-Dame in Paris und der Dom von Florenz. Der Goldene Schnitt tritt auch in der Natur in Erscheinung, zum Beispiel beim menschlichen Körper oder bei Pflanzenblättern.

**SPIRALE**
Kommt in der Natur vielfach vor, etwa bei Muscheln, Schneckenhäusern und Pflanzen. Wasserstrudel und Wirbelwinde bilden ebenfalls eine Spirale. Bei einigen Völkern repräsentiert sie Wachstum, dynamische Entwicklung und die kosmische Energie. Bei den Kelten war sie vielleicht ein Symbol für die Sonne.

**KREIS**
Häufiges Emblem für die Einheit, für das Absolute, Vollkommene und damit Göttliche. Der Kreis ist ein Symbol des Himmels und des All-Einen. In Form eines Rings repräsentiert er Harmonie, Zusammenhalt, Freundschaft und Ehe. Wer sich innerhalb eines magischen Kreises befindet, dem können böse Mächte nichts anhaben.

**OVAL**
Das Weltenei ist in unterschiedlichen Schöpfungssagen das Ei, aus dem die Welt in Gestalt eines Allgottes hervorgegangen ist. Es repräsentiert grenzenlose Schöpferkraft und das weibliche Prinzip. Die von Schamanen wahrnehmbare Aura, die unseren gesamten Körper umgibt, ist ebenfalls oval.

**QUADRAT**
Steht für Stabilität. In Indien und China symbolisiert das Quadrat das irdische Reich, das durch die vier Himmelsrichtungen begrenzt wird. Die Konstruktion des Himmelstempels in Peking (oben) beruht auf der Vorstellung, dass der Himmel rund und die Erde eckig ist. Der Himmel wird von „Erdsäulen" getragen.

## MEDIZINRÄDER

In ganz Nordamerika befinden sich Steinkreise, die als „Medizinräder" bezeichnet werden. Das bekannteste ist in den Bergen von Big Horn im nördlichen Wyoming. Es hat einen Durchmesser von etwa 30 Metern, 28 Speichen sowie sechs kleine Steinhaufen am Rand. Nabe und Steinhaufen sind an der aufgehenden Sonne am Tag der Sommersonnenwende ausgerichtet. In der Mitte liegt eine S-Form, die die Prärie-Indianer die „Große Macht" nannten. Die genaue Funktion der Medizinkreise ist unbekannt, sicher ist jedoch, dass jeder einzelne Stein eine tiefe Bedeutung gehabt haben muss, die bei bestimmten Riten der Medizinmänner zum Tragen kam. Wahrscheinlich stellen Medizinkreise heilige Zyklen des Universums dar.

### DOPPELSPIRALE

Repräsentiert die Verbindung gegensätzlicher Kräfte und somit die kosmische Energie allen Lebens. Der Hermesstab wird von zwei Schlangen umwunden, die ihre Köpfe einander zuwenden. Im Altertum war der Stab das Erkennungszeichen der Herolde und sicherte deren Immunität beim Überbringen geheimer Nachrichten. Heute ist der Hermesstab ein Symbol für Wirtschaft und Handel.

### GOLDENES RECHTECK

Rechteck, dessen Seitenverhältnis dem Goldenen Schnitt entspricht. Eines der ältesten magischen Symbole der Kulturgeschichte, das Pentagramm, besteht aus fünf Goldenen Dreiecken. Der Architekt, Maler und Designer Le Corbusier (1887–1965) entwickelte ein einheitliches Maßsystem, das auf dem Goldenen Schnitt basiert.

### RAD DES SCHICKSALS

Repräsentiert in der westlichen Welt das unaufhörliche Wechselspiel zwischen Glück und Unglück, Wohlstand und Armut – den permanenten Wandel, dem die Schöpfung Gottes unterworfen ist.

### WÜRFEL

Einer der fünf platonischen Körper, die sich durch besondere Regelmäßigkeit auszeichnen. Symbolisiert ästhetische Schönheit und die Dauerhaftigkeit der Erde. Die Kaaba (rechts) im Innenhof der Großen Moschee in Mekka ist das zentrale Heiligtum des Islam. Die Bezeichnung Kaaba stammt vom arabischen al-Ka'ba, „Kubus; Würfel". Die Kaaba gilt als erstes Gotteshaus und soll vom Propheten Adam erbaut worden sein. Sie ist das Ziel der großen Pilgerreise (Haddsch), die jeder Muslim einmal in seinem Leben unternehmen soll, sofern er dazu in der Lage ist. Der Pilger umrundet die Kaaba siebenmal gegen den Uhrzeigersinn und preist dabei Allah. In ihrer südöstlichen Ecke befindet sich ein schwarzer Stein, möglicherweise ein Meteorit, den der Überlieferung nach der Prophet Abraham vom Engel Gabriel empfing.

## DIE ÄGYPTISCHEN PYRAMIDEN

Der Urhügel der Schöpfung, auf dem laut ägyptischer Mythologie der Sonnengott erschaffen wurde, wird durch die bekanntesten Bauwerke des alten Ägypten repräsentiert: die Pyramiden. Sie dienten als Begräbnisstätte der Pharaonen. Ihre Entwicklung begann mit sogenannten **MASTABAS**, aus Lehmziegeln bestehende, flache Bauten, auf die später weitere Stufen gesetzt wurden. Die Stufenpyramide des Djoser (um 2700 v. Chr.) in Sakkara besteht aus sechs Mastabas. Die Steintreppe zum Himmel sollte es dem verstorbenen König ermöglichen, einen gleichwertigen Rang wie die Sonne einzunehmen. Es gibt etwa 80 bekannte Pyramiden in Ägypten. Die größte ist die Cheops-Pyramide bei Gizeh. Sie hat eine Grundfläche von etwa 230 x 230 Metern und war nach ihrer Fertigstellung um 2580 v. Chr. ca. 146,60 Meter hoch. Ihre heutige Höhe beträgt nur noch 138,75 Meter. Sie ist genau nach den vier Himmelsrichtungen ausgerichtet. Die Cheops-Pyramide war ursprünglich mit poliertem Tura-Kalkstein verkleidet, der in der Sonne wie Gold leuchtete. Viele dieser Steine wurden herausgebrochen und für den Bau von Gebäuden in Kairo verwendet, oder sie sind verwittert, daher ist die darunterliegende Struktur nun stufenförmig.

### DREIECK

Symbol für Dreifaltigkeit und das Auge Gottes, welches die Einheit von Gottvater, Jesus Christus und Heiligem Geist darstellt. Im Hinduismus steht das Dreieck für die göttliche Trias von Brahma, Vishnu und Shiva. Ein mit der Spitze nach oben weisendes Dreieck wird mit Sonne, Feuer und männlicher Energie assoziiert; weist die Spitze nach unten, gleicht es dem weiblichen Schamdreieck und wird mit femininer Energie, Regen und dem Mond in Verbindung gebracht. Ein Hexagramm wird aus zwei Dreiecken gebildet.

### HEXAGRAMM

Der sechszackige Stern ziert als Davidstern die Nationalflagge Israels. Im tantrischen Hinduismus und im Buddhismus ist das Hexagramm ein zentrales Symbol, das viele Mandalas prägt. In der Alchemie repräsentierten die überlappenden Dreiecke die Elemente. Das Hexagramm war das Zunftzeichen der Brauer und Mälzer, der Brauerstern leitet sich davon ab; vielleicht stellte er die zum Bierbrauen notwendigen Elemente Wasser und Feuer dar. Außerdem war das Hexagramm ein Schutzsymbol gegen Feuer und Dämonen.

**ENNEAGRAMM**
Der neunzackige Stern repräsentiert im Sufismus die Allgegenwart Gottes. Das Enneagramm ist ein Symbol für die Ba'hai-Religion, eine im 19. Jahrhundert gegründete islamische Glaubensrichtung, in deren Mittelpunkt ein transzendentaler Gott steht. Die Lehre der Ba'hai zielt auf eine Modernisierung des Islam, insbesondere der Gesetzgebung (Scharia) ab. Esoteriker nutzen das Enneagramm, um damit neun unterschiedliche Persönlichkeitstypen zu klassifizieren. Diese Praxis gilt allerdings als unseriös.

**KEGEL**
Verbindet den Kreis der Unendlichkeit mit dem Dreieck des Göttlichen. Ein nach oben weisender Kegel symbolisiert spirituelles Wachstum, ein nach unten weisender das Gegenteil.

**ZYLINDER**
Kombination aus Kreis und Rechteck. Zylinderförmige Türme in Sagen und Mythen symbolisieren manchmal den Phallus. Ein liegender Zylinder gleicht einem Tunnel; kann für das weibliche Prinzip oder einen Aufbruch ins Ungewisse stehen.

**HEPTAGRAMM**
Die positive Bedeutung des siebenzackigen Sterns geht auf die Zahlensymbolik der Sieben zurück (siehe Seite 119). Im Christentum repräsentiert das Heptagramm die sieben Tage der Schöpfung, es wurde als Schutzamulett gegen böse Mächte getragen. Auf der Flagge der Cherokee-Indianer befinden sich sieben Heptagramme, sie stehen für den Kampf um die Kultur und Identität dieses Volkes, der bis in die siebte Generation der Cherokee zurückreicht.

**OKTOGRAMM**
Hat im Islam mehrere Erscheinungsformen. Ein achtzackiger Stern in einem Kreis steht für die Sonne. In Kombination mit Quadraten, Kreisen und Dreiecken symbolisiert das Oktogramm die mathematische Vollkommenheit der Schöpfung Gottes.

**KUGEL**
Das Himmelsgewölbe wurde in Kugelform wiedergegeben und galt bei den Römern als Symbol der Macht. Bei christlichen Herrschern war die Kugel mit einem Kreuz bekrönt. Seit dem Mittelalter bildete der Reichsapfel einen Teil der Reichsinsignien.

**HEXAGON**
Steht in Judentum und Christentum für die Allmacht Gottes, die sich aus der Zahlensymbolik ergibt. Das Sechseck verkörpert auch die Harmonie von Göttlichem und Weltlichem.

**PENTAGRAMM**
Häufig verwendetes Symbol für Erneuerung und den Kreislauf des Lebens, da man es in einem Zug zeichnen kann und am Schluss wieder zum Anfang gelangt. Verkörpert den Stern von Bethlehem, Venus und den Morgenstern. Im Mittelalter war das Pentagramm ein Abwehrzeichen gegen Dämonen, man findet es in einigen katholischen Kirchen.

**OKTOGON**
Da die Acht für göttliche Perfektion steht, wurde das Oktogon häufig als Grundriss für sakrale Bauten gewählt. Die Acht verkörpert im Christentum auch die Auferstehung Christi und die Teilhabe an Christus in der Taufe. Häufig sind daher Taufbecken in Achteckform. Das Oktogon als eigenständiger Zentralbau wurde in der christlichen Architektur vermutlich von byzantinischen Bauten übernommen. Wie das Schatzhaus in der großen Moschee von Damaskus (links). Die Außenmauern und Mosaiken dieser Moschee stammen von byzantinischen Baumeistern.

# ISLAM

Das arabische Wort „Islam“ bedeutet „Ergebung“ (an Gott) und bezeichnet einen Glauben, eine Kultur und eine Gemeinde, deren Mitglieder Muslime (jene, die ergeben sind) genannt werden. Theoretisch sind alle Muslime geeint, da der Wille Allahs (arabisch *al-Ilah*, „der Gott“) unveränderlich, eindeutig und allumfassend ist. Islam heißt auch „im Frieden“ (*Salam*) mit Allah sein, wenn sein Wille befolgt wird, herrscht Ordnung in der Welt. Die Abstammungslinie des Islam geht bis auf Adam, Abraham und ein Reihe anderer Propheten zurück, darunter Jesus. Die Religion beansprucht die einzig gültige göttliche Offenbarung durch Mohammed Ibn Abd Allah (um 570–632 n. Chr.), das „Siegel der Propheten“, den letzten und bedeutendsten Gottesgesandten. Die Verse des Koran (Suren) sind Mohammed laut Überlieferung vom Erzengel Gabriel offenbart worden. Der Koran verkörpert Gottes Wort, Gegenwart und Segen, alle Muslime unterziehen sich einer rituellen Reinigung, bevor sie den Koran berühren oder beten.

Die Fünf Säulen des Islam sind das Glaubensbekenntnis (Schahada), das tägliche fünfmalige Gebet gen Mekka (Salat), eine jährliche Abgabe an Bedürftige (Zakat), Fasten an Ramadan (Saum Ramadan) und möglichst einmal im Leben eine Pilgerfahrt nach Mekka (Haddsch). Die heilige Farbe des Islam ist Grün; der Stamm des Propheten hatte eine grüne Fahne, außerdem wird Grün mit dem Paradies assoziiert, dort sollen alle Gläubigen grüne Seidengewänder tragen.

Es gibt prächtig illustrierte Ausgaben des Koran. Sie enthalten wunderbare Kalligraphien, geometrische und florale Muster, da man sich kein Abbild Gottes machen soll. Die Abbildung eines Lebewesens würde die göttliche Schöpferkraft Allahs infrage stellen. Nur Allah besitzt diese Schöpferkraft. Folglich sind auch die Gotteshäuser des Islam, die Moscheen, lediglich mit üppiger Ornamentik versehen (gegenüber).

**FÜNFZACKIGER STERN** Es gibt fünf göttliche Präsenzen und die Religion des Islam wird von Fünf Säulen getragen.

**HEXAGON** Drei ist die Zahl des Himmels. Das sechsseitige Hexagon repräsentiert den „Kreis des Himmels“.

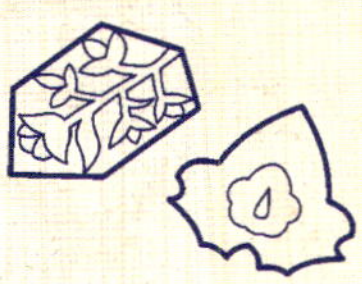

**BLÄTTER & BLUMEN**
Stilisierte Blumenmotive preisen die üppige Vegetation im Paradies. Sind Blumenblätter mit arabischen Schriftzeichen versehen, geben sie die schönsten Namen Gottes wieder.

**SCHAHADA**
Die erste der Fünf Säulen des Islam ist die Schahada, das Glaubensbekenntnis: *Es gibt keinen Gott außer Allah und Mohammed ist sein Gesandter.* Hier auf der Flagge Saudi-Arabiens.

**BASMALA**
„Im Namen des barmherzigen und gnädigen Gottes“ ist die Eröffnungsformel von 113 der insgesamt 114 Suren des Koran. Im täglichen Leben wird die Basmala häufig rezitiert, sie entspricht in etwa der christlichen Formel: „So Gott will“.

**Achtzackiger Stern**
Die Acht ist im Islam heilig. Das Paradies besteht aus acht Gärten; am Tag des Jüngsten Gerichts wird der Thron Allahs von acht Engeln getragen werden.

**Sechzehnzackiger Stern**
Islamische Sternmuster basieren auf einem Kreis, der für die Unendlichkeit steht. Der Kreis in der Mitte symbolisiert den einzigen Gott sowie Mekka. Der Stern hat sieben Schichten; die sieben Attribute Gottes. Die sechzehn Spitzen entsprechen der Verdoppelung der heiligen Zahl Acht. Das tiefe Blau verweist auf den Himmel.

# Das Kreuz

Das Kreuz ist ein weltweit verbreitetes Symbol. Heutzutage steht es in erster Linie für die christliche Religion, es wurde aber bereits in der Frühzeit der Menschheit als Kultgegenstand verwendet. Die horizontale Linie symbolisiert die Erde, die vertikale den Himmel. Die Verbindung der beiden Linien verkörpert somit die Einheit von Himmel und Erde; die Weltachse, die durch die Schöpfung entstand. Ein Kreuz unterteilt sich in vier Teile, es steht also auch für die vier Elemente und die vier Himmelsrichtungen. Es gleicht dem Baum des Lebens, der in der Erde wurzelt und dessen Äste in den Himmel reichen. Es wurde mit Himmelsgöttern und den Elementen in Verbindung gebracht. Die spanischen Missionare waren sehr erstaunt, als sie in Mittelamerika Kreuze vorfanden, die Wind- und Regengötter repräsentierten. Im vorchristlichen Skandinavien bezeichnete ein kreuzförmiges Amulett den Hammer des Gottes Thor.

Die Swastika wurde von den Nationalsozialisten in ein Hakenkreuz verwandelt und wird deshalb mit Krieg und Gräueltaten in Verbindung gebracht. Ursprünglich war sie jedoch ein Glückssymbol, das die Sonne, Frieden und den Lebenszyklus pries. Das keltische Kreuz diente einst der Sonnenverehrung.

**DOPPELKREUZ**
*(rechts)* Der obere, kürzere Querbalken des Patriarchenkreuzes symbolisierte die Inschrift INRI auf dem Kreuz Christi. Das Lothringer Kreuz war das Zeichen der Fürsten von Anjou. Nach der Kapitulation Frankreichs im Zweiten Weltkrieg wurde es von der Exilregierung als Erkennungszeichen für die französischen Truppen gewählt.

**BYZANTINISCHES KREUZ**
*(links)* Wird in der griechisch-orthodoxen Kirche verwendet. Es hat drei Querbalken, der dritte befindet sich am Fuß des Kreuzes. Er verweist auf das Schicksal der beiden Räuber, die neben Jesus gekreuzigt wurden. Der eine verhöhnte ihn, der andere bereute. Jesus verhieß ihm, dass er mit ihm ins Paradies kommen werde.

**LATEINISCHES KREUZ**
Das typische christliche Kreuz, an dem Jesus starb. Hauptsymbol des Christentums. In der westlichen Welt verkörpert es zudem den Tod. Die Grundrisse der Kirchen in Romanik und Gotik haben meist die Form eines Lateinischen Kreuzes.

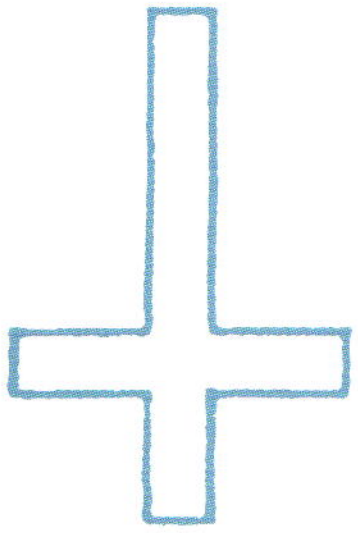

**PETRUSKREUZ**
Ein auf dem Kopf stehendes Lateinisches Kreuz wird Petruskreuz genannt. Der Legende nach soll Petrus nach seiner Verhaftung in Rom darum gebeten haben, kopfüber gekreuzigt zu werden, weil er nicht würdig sei, auf die gleiche Weise wie Jesus Christus zu sterben.

## DAS KREUZ CHRISTI

Das **KREUZ** ist erst ab ca. 1000 n. Chr. zentrales Symbol des Christentums. Vorher scheute man sich, die als schändlich geltende Hinrichtungsart darzustellen. Das Zeichen des frühen Christentums war das Christusmonogramm **XP**. Erstform war das **TAUKREUZ**, aus dem das **HENKELKREUZ** hervorging. Das heute übliche **LATEINISCHE KREUZ** kam mit der Verehrung des Kreuzes Christi auf. Es symbolisiert den Opfertod Christi sowie die Verbundenheit des Menschen mit der Erde und den Mitmenschen (waagerechte Achse des Kreuzes), zudem mit dem Göttlichen (senkrechte Achse des Kreuzes). Durch seinen Tod hat Jesus Christus den Sündenfall gesühnt und die Verbindung zwischen Gott und den Menschen wiederhergestellt. Daher ist es auch Zeichen der Versöhnung und der Hoffnung. Das schräg gestellte **ANDREASKREUZ** ist nach dem Apostel Andreas benannt, welcher der Legende nach an einem Kreuz mit schrägen Balken hingerichtet worden sein soll.

**GRIECHISCHES KREUZ**
Ist aus vier gleich langen Armen gebildet. Im Christentum wird es mit dem heiligen Georg verbunden sowie mit der zentripetalen Energie Christi, der auf Erden wandelte, um neues Leben zu verbreiten. Frühe Formen des griechischen Kreuzes wurden in Knossos gefunden (1600 v. Chr.).

**MALTESERKREUZ**
Das achtspitzige Kreuz war bereits in der Antike bekannt. Der Ritterorden der Johanniter nutzte das Malteserkreuz als sein Symbol. Der Orden wurde 1099 im Rahmen der Kreuzzüge gegründet und war seit 1530 auf Malta ansässig, daher der Name. Es ist auch das Abzeichen des Malteser Hilfsdiensts.

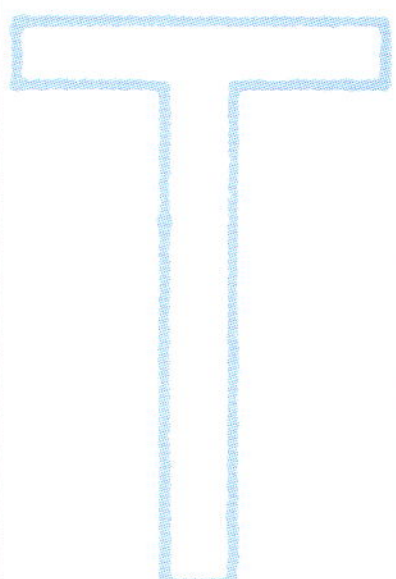

**TAUKREUZ**
Tau (τ) ist ein Buchstabe im griechischen Alphabet. Das Taukreuz ist Symbol der Franziskaner, es soll von Franz von Assisi als Bußzeichen auf Häuser und Bäume gezeichnet worden sein. Es ist zudem Attribut des heiligen Antonius, daher wird es auch Antoniuskreuz genannt.

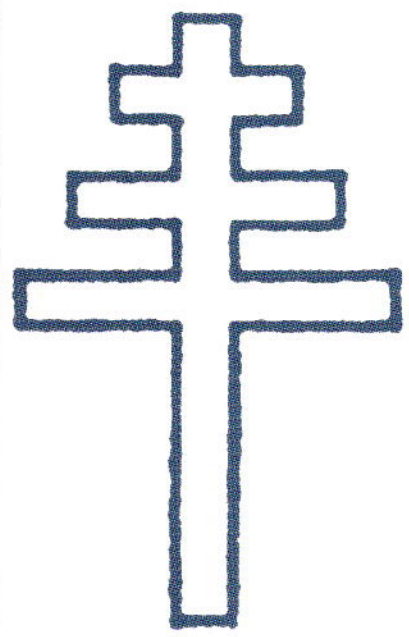

**PAPSTKREUZ**
Offizielles Symbol des päpstlichen Amtes. Die drei Querbalken repräsentieren die drei päpstlichen Gewalten: Priester-, Hirten- und Lehrgewalt. Sie stehen auch für drei wichtige Titel des Papstes: Bischof von Rom, Patriarch der Westkirche und Nachfolger des Apostelfürsten Petrus.

**TEMPLERKREUZ**
Ein rotes Kreuz mit sich verbreiternden Balkenenden auf weißem Grund war das Wappen des Templerordens. Das Eiserne Kreuz hat ebenfalls die Form eines Templerkreuzes.

**ANCH**
Ist eine altägyptische Hieroglyphe und war Symbol für Leben und Wiedergeburt. Wird auch ägyptisches Kreuz genannt und von den koptischen Christen bis heute verwendet.

**ANDREASKREUZ**
Symbolisiert Märtyrertum, da der Apostel Andreas auf einem Kreuz mit schrägen Balken gekreuzigt worden sein soll.

**GABELKREUZ**
Stellt den Baum der Erkenntnis dar, der die Sünde in die Welt brachte. Durch das Leid Christi wurde die Sünde beseitigt.

**LABARUM**
Am oberen Ende der Kaiserstandarte in der Spätantike befand sich das Christusmonogramm aus den griechischen Buchstaben (χ) und (ρ), dem Christussymbol vor der Verbreitung des Kreuzes.

**ROSENKREUZ**
Eine Rose auf einem Kreuz ist Symbol für die Jungfrau Maria, der „Rose ohne Dornen“. Im 17. Jahrhundert wurde es zum Emblem der Rosenkreuzer (siehe Seiten 48–49).

# SYMBOLE DES ALLTAGS

Geräte
Waffen
Hinduismus
Kleidung
Speisen & Getränke
Symbole der Macht
Musikinstrumente
Gebäude
Freimaurer

**VIELE DINGE, DIE WIR TÄGLICH SEHEN, REPRÄSENTIEREN EINE SYMBOLIK, DIE AUF UNSERE KULTUR, AUF VOLKSGUT ODER DIE VORHERRSCHENDE RELIGION ZURÜCKGEHT. IHRE BEDEUTUNG IST FÜR UNS SELBSTVERSTÄNDLICH, OBWOHL SIE SICH OFT ERST LANGSAM ENTWICKELT HAT.**

## GERÄTE

**Gerätschaften sichern den Erhalt und das Überleben einer Gemeinschaft. Je nach Einsatz haben sie eine profane oder sakrale Bedeutung, manchmal auch beides.**

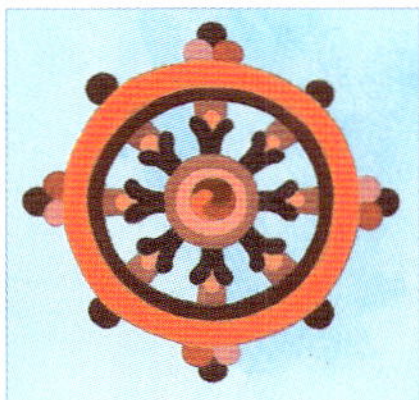

### RAD

Wurde als Transportgerät schon um 4000 v. Chr. erfunden. Als Symbol verkörpert es den Lebenszyklus, das Rad des Schicksals oder, wie bei den Buddhisten, die Lehre des Buddha.

### GLOCKE

Wurde eingesetzt, um bei Feuer Alarm zu schlagen oder die Gemeinde zum Gebet zu versammeln. Der klare Klang der Glocke wird in vielen Kulturen bei religiösen Ritualen verwendet.

### WAAGE

Dieses Messgerät diente im Alltag der Bestimmung von Massen. Es symbolisierte aber auch das Abwägen von Werten. Beim altägyptischen Totengericht wurde das Herz eines Verstorbenen gegen die Feder der Maat (Wahrheit) aufgewogen. Wog das Herz schwerer als die Feder, wurde es von Ammit verschlungen und der Tote durfte nicht ins Jenseits. Das Wahrzeichen der römischen Justitia, der Göttin des Rechtswesens, ist die Waage, sie repräsentiert sorgfältige Abwägung der Sachlage, Fairness und Gerechtigkeit.

**PFLUG**

Als die Menschheit sesshaft wurde, entwickelte sich der Pflug zum Symbol eines friedvollen Lebens. Die Redewendung „Schwerter zu Pflugscharen" ist ein Teilzitat aus der Bibel, es drückt das Ziel des Völkerfriedens durch Abrüstung aus. Wegen des Eindringens in den fruchtbaren Schoß der Erde wurde der Hakenpflug als Phallus-Symbol angesehen.

**ANKER**
Attribut des heiligen Nikolaus von Myra, dem Schutzpatron der Seefahrer. Symbol der christlichen Hoffnung: „An ihr haben wir einen festen und sicheren Anker unserer Seele“ (Hebräer 6,19). Bis 300 n. Chr. versahen Christen ihre Gräber mit einem Anker, um ihre Zugehörigkeit zum christlichen Glauben zu demonstrieren. Wegen seiner Kreuzform steht er auch für die Erlösung.

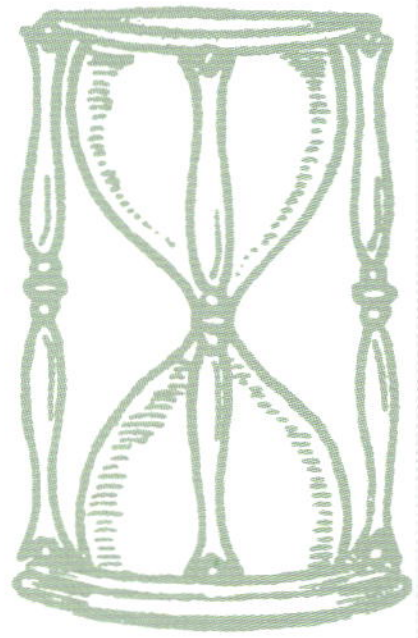

**STUNDENGLAS**
Symbol für die rasch verrinnende Zeit und die Vergänglichkeit des Lebens. Seit dem Barock wurde der griechische Gott Kronos wegen seiner Gleichsetzung mit Chronos (Zeit) mit einem Stundenglas dargestellt. Die beiden Kammern stehen für die Ober- und die Unterwelt, für Leben und Tod. Da man die Sanduhr umdrehen kann, repräsentiert sie auch Neuanfang oder Wandel.

**FACKEL**
Eine brennende Fackel symbolisiert Spiritualität und Wahrheit. Der Oberpriester bei den Eleusinischen Mysterien wurde „Fackelträger“ genannt, weil er die Botschaften der Götter übermittelte. Der Brauch um die olympische Fackel stammt ebenfalls aus dem antiken Griechenland. Bei der Freiheitsstatue bezeichnet die Fackel den Sieg der Freiheit über die Tyrannei.

**LEITER**
In der Bibel träumt Jakob von Engeln, die auf einer zum Himmel führenden Leiter auf- und niedersteigen (Genesis 28,12). Die in der christlichen Kunst oft dargestellte Jakobsleiter verweist auf die Himmelfahrt Christi und auf die Verbindung zwischen Gott und der Menschheit. Die Himmelsleiter entsprach auch der sogenannten Tugendleiter; jede Stufe wurde mit einer moralischen Tugend verbunden.

## SYMBOLTRÄCHTIGES SCHIFF

Ein **SCHIFF** auf **SEE** steht für die verletzliche Menschheit, die in den Weiten des Kosmos nach ihrer Bestimmung sucht. Manche Völker legten ihre Toten in Boote und ließen sie aufs Meer hinaustreiben; in der Hoffnung, dass ihre Seelen jenseits des Wassers Ruhe finden würden (links: indonesisches Totenschiff). Im vorchristlichen Nordeuropa wurden tote Stammesführer unter reichen Beigaben auf Schiffen bestattet, die sie ins Reich der Toten bringen sollten.

Berühmtes Beispiel für ein rettendes Schiff ist die Arche Noah. Sie gilt als Symbol für die Kirche, in deren Schoß die Gläubigen Geborgenheit finden. In alten Hochkulturen gibt es etwa 200 Hinweise auf riesige Flutkatastrophen, dank Schiffen gab es Überlebende. Der Hauptraum einer Kirche wird bewusst „Schiff“ genannt, es bietet den Gläubigen Schutz. Ein Schiff steht auch für Unabhängigkeit und Durchhaltevermögen. Kamele werden als „Wüstenschiffe“ bezeichnet, weil sie weite Distanzen ohne Wasser- und Nahrungsaufnahme bewältigen können.

## SPATEN

Symbolisiert das männliche Prinzip, den Phallus, der in die fruchtbare Erde eindringt. Der römische Saturn wird manchmal mit einem Spaten dargestellt, er war der Gott des Ackerbaus. Zu seinen Ehren wurden jährlich die Saturnalien abgehalten; mehrtägige, ausgelassene Feierlichkeiten. Der Spaten war auch ein Attribut des Todes, er vermittelte die Botschaft der Vergänglichkeit.

## SENSE & SICHEL

Die Sense war ein Attribut von Gevatter Tod, er „mähte" seine Ernte unter den Lebenden. Die Sichel wurde wegen ihrer Halbmondform mit dem weiblichen Prinzip verbunden und war Beigabe von Fruchtbarkeits- und Erdgottheiten. In Verbindung mit dem Hammer war die Sichel ein Symbol für den Arbeiter- und Bauernstand, später auch Emblem für den Kommunismus.

## HAMMER

Die Waffe des nordischen Donnergotts Thor war ein Hammer. Schutzamulette mit dem Hammer des Thor wurden bis in die christliche Zeit hinein getragen. Hammer sind jedoch auch Geräte, die zum Bearbeiten von Materialien eingesetzt werden. Daher stehen sie für den konstruktiven Fortschritt. In der Flagge der ehemaligen Sowjetunion (Hammer und Sichel) symbolisiert der Hammer die Industrie.

## KELCH & SCHALE

Als häufig edle Trinkgefäße für feierliche Anlässe enthalten Kelche oft besondere Flüssigkeiten. Etwa den Wein des Abendmahls oder das Elixier des Lebens wie in der mittelalterlichen Legende vom Heiligen Gral. Im Neuen Testament ist der Kelch Symbol für den Neuen Bund. Schalen und Kelche werden bei Sportwettkämpfen als Auszeichnung für den Sieger verliehen. Ambrosia, die Speise und Salbe der griechischen Götter, wurde in Schalen gereicht. Sie verlieh Schönheit und Unsterblichkeit.

## AMBOSS

Symbol für die Erschaffung des Alls. In Verbindung mit einem Hammer versinnbildlicht der Amboss das weibliche Prinzip bei der Entstehung des Alls. Die alten Griechen führten Erdbeben und Vulkanausbrüche auf das Wirken des Feuergotts Hephaistos in seiner Schmiede zurück.

## STAB

Ein Hirtenstab steht für umsichtige Führung und wird von kirchlichen Würdenträgern benutzt. Der Stab eines Pharao war ein eindeutiges Herrschaftszeichen, der Krummstab des Osiris bezeichnete seine Funktion als Gott des Jenseits, der Unterwelt und der Fruchtbarkeit.

## FAHNE

Repräsentiert die Identität, Einheit, Unabhängigkeit und Souveränität eines Volkes oder Staates. Bei Nationalflaggen spielen Farben und Embleme eine wichtige Rolle. Auf europäischen Fahnen befindet sich oft ein Kreuz, als Zeichen für die Zugehörigkeit zum christlichen Glauben; das islamische Pendant ist der Halbmond. Die rot-weiß-blaue Fahne der Französischen Revolution wurde oft nachgeahmt, vor allem von Ländern, die durch einen Befreiungskampf unabhängig wurden. Truppenfahnen sind Feldzeichen, die von militärischen Einheiten als Kennzeichnung geführt werden.

## PLATTE

Zeichen des Überflusses; vermutlich, weil die Früchte des Sommers sowie Fleisch auf großen Platten serviert wurden. Gold- oder Silberplatten werden heutzutage bei Pferderennen und anderen Sportveranstaltungen als Siegertrophäe überreicht.

## JOCH

Das Zuggeschirr, mit dem zwei Tiere vor den Wagen oder Pflug gespannt wurden, ist ein traditionelles Symbol für Sklaverei und Unterdrückung. Daher rührt auch das Wort „unterjochen". In der Bibel bezeichnet ein „Joch Rinder" die Zahl Zwei.

# waffen

Waffen dienen sowohl dem Angriff als auch der Verteidigung, daher haben sie eine ambivalente Symbolik. Kriege werden gerne dadurch legitimiert, dass sie das Gute fördern und üble Mächte ausschalten. Folglich werden die dabei eingesetzten Waffen mit bestimmten Tugenden verbunden: Ehre, Wahrheit und Gerechtigkeit. In Sagen und Mythen haben Waffen sogar magische Eigenschaften, die ihrem Träger übernatürliche Kräfte oder Unsterblichkeit verleihen. Zum Beispiel das Schwert Excalibur von König Artus. Waffen sind auch ein Symbol der Macht, diese wird durch feierliche Rituale wie etwa die Weihe vor dem Kampf zusätzlich unterstrichen.

Die meisten Wunderwaffen waren aus wertvollen Materialien geschmiedet. Homer schildert, dass Brustpanzer sowie Schild von König Agamemnon aus Gold und Silber gefertigt gewesen seien und in der Sonne prächtig funkelten. Die Kreuzritter kämpften im Namen Gottes und für eine „gerechte Sache"; ihre Waffen standen im Dienst Christi, dem Prinz des Friedens. Die Sprache des Krieges wurde zur Sprache der Spiritualität. In dem berühmten Lied von Martin Luther heißt es: „Ein feste Burg ist unser Gott, ein gute Wehr und Waffen". In der westlichen Kunst gelten angehäufte Waffen als Siegertrophäen. Intakte Waffen symbolisieren Angriffslust und Krieg, beschädigte oder zerbrochene bezeichnen die Beendigung der Feindseligkeiten.

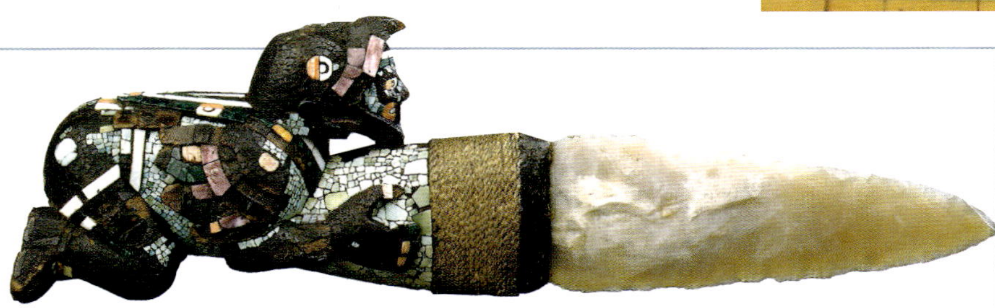

## MESSER & DOLCH

Diese Waffen lassen sich leicht am Körper verbergen, daher sind sie mit Verrat und hinterhältigem Mord behaftet. Sie werden auch bei Ritualopferungen eingesetzt; als Abraham bereit ist, seinen Sohn Isaak zu opfern (Genesis 22), hält er einen Dolch in der Hand. Die Azteken benutzten bei ihren Menschenopfern Messer aus Feuerstein oder Obsidian (links), das vulkanische Gesteinsglas symbolisierte den Tod.

## AXT

Gilt allgemein als Symbol der Macht, Autorität und Gerechtigkeit. Die Doppelaxt wurde in vielen Kulturen mit Wettergottheiten und Sonnengöttern in Verbindung gebracht, sie hat eine ähnliche Bedeutung wie der Hammer, das Attribut des Donnergotts Thor. In Teilen Afrikas gibt es heute noch Riten, bei denen Regen durch Axtschläge herbeigeführt werden soll. Ein Rutenbündel mit Beil (Fasces) war das Amtssymbol der höchsten Machthaber des Römischen Reiches. Der Diktator Mussolini berief sich auf das alte Rom und nutzte die Fasces als Emblem für seine Partei.

**SCHILD**
Athene trug das Haupt der Gorgone Medusa an ihrem Schild. Der Anblick Medusas ließ jeden zu Stein erstarren, was die Macht der Kriegsgöttin Athene ungemein verstärkte. Schilder waren effektive Schutzwaffen, die bereits von den Armeen der ägyptischen Pharaonen getragen wurden. Üppig verzierte Exemplare aus Edelmetall kündeten vom Status des Besitzers.

**DREIZACK**
Attribut des griechischen Meeresgottes Poseidon. Britannia, die Personifikation Großbritanniens (links), hat ebenfalls einen Dreizack. Er verkörpert die Länder England, Schottland und Wales bzw. die drei Königreiche England, Schottland und Irland.

## SCHWERTER DER MACHT

Ein **SCHWERT** ist der Inbegriff militärischer und königlicher Macht. Nur Ritter (unten), der Hochadel und Könige durften ein Schwert tragen, der niedere Adel musste sich mit einer Lanze begnügen. Im Namen der Ehre und Gerechtigkeit wurden Schwerter auch zum Schutz der Schwachen eingesetzt; sie werden daher mit Heldenmut und Ritterlichkeit assoziiert. Schwerter verteidigen oft heilige Werte. Das Flammenschwert von Erzengel Michael repräsentiert göttliche Autorität. Das Papstschwert ist eine päpstliche Auszeichnung für Männer, die sich um die katholische Kirche besonders verdient gemacht haben. Die starke Schneidkraft dieser Waffe hat ihr einen zusätzlichen Symbolwert eingebracht: Das **SCHWERT DER WAHRHEIT** durchschneidet ein Netz aus Lügen und Intrigen. Schwerter dienen Angriff und Verteidigung; diese Ambivalenz spiegelt sich im Begriff **ZWEISCHNEIDIGES SCHWERT** wider. Es bezeichnet eine Situation, in der es Vor- und Nachteile gibt. Das Schwert **EXCALIBUR** konnte nur von dem wahren künftigen Herrscher (nämlich Artus) aus dem Stein gezogen werden, in den es von **MERLIN** getrieben worden war.

Wegen seiner scharfen Klinge wird das Schwert mit Urteilsvermögen und Erleuchtung verbunden. Das flammende Schwert der Hindugottheit **VISHNU** ist ein Symbol für das reine Wissen, das die Ignoranz zerschneidet. Das Schwert des Weisheitsbuddhas **MANJUSHRI** verfügt über ähnliche Eigenschaften.

**KEULE**
Archetypisches Symbol für rohe Gewalt (rechts: Tempelwächterfigur in Thailand). Die Keule war die Waffe des Helden Herakles. Auch Dagda, der „gute Gott" des Wetters, des Todes und des Lebens in einer frühmittelalterlichen irischen Sage, hat eine Keule. Mit ihr kann Dagda Feinde niederstrecken oder einen Toten wieder zum Leben erwecken.

**LANZE & SPEER**
Die Lanze steht für den niederen Adel und Rittertum. Der heilige Georg (links) besiegte den Drachen, obwohl seine Lanze brach, die abgebrochene Lanze ist eines seiner Attribute. Der heilige Longinus war der Legende nach jener römische Offizier, der Jesus nach dessen Tod am Kreuz eine Lanze (Speer) in die Seite gestochen haben soll. Er gilt als Zeuge der Göttlichkeit Christi, seine Statue steht im Petersdom.

## PFEIL & BOGEN

**ARTEMIS**, die mächtige griechische Göttin der Jagd, war mit Pfeil und silbernem Bogen bewaffnet. Der Bogen war ihr von den Zyklopen geschenkt worden, damit schoss sie treffsichere Pfeile gegen die Sterblichen und brachte Krankheiten unter die Menschen. Als leidenschaftliche Jägerin freundete Artemis sich mit dem schönen Jäger **ORION** an. Ihr Zwillingsbruder Apollon erzürnte sich darüber und forderte Artemis zum Wettkampf heraus: Es gelinge ihr sicher nicht, einen verschwommenen Punkt sehr weit draußen im Meer mit ihrem Pfeil zu treffen. Artemis schaffte es sehr wohl – und bemerkte zu spät, dass sie damit den Kopf des dort schwimmenden Orion durchbohrt hatte. Da erhob sie ihn als Sternbild in den Himmel. Die erotische Spannung zwischen Schütze und Opfer schlägt sich auch in den Liebespfeilen des **AMOR** nieder, sie versinnbildlichen Schmerz und Lust der Erotik. Das Sternzeichen **SCHÜTZE** beherrscht ebenfalls die Kunst des Bogenschießens; da es bei den Griechen durch einen **KENTAUR** verkörpert wurde, handelte es sich um eine wilde Kreatur.

In der chinesischen Mythologie schießt der göttliche Bogenschütze **HOUYI** neun der zehn Sonnen vom Himmel, die drohen, die Erde zu versengen. Der **REGENBOGEN** wurde manchmal als Bogen Gottes gedeutet, den er als Zeichen seiner Versöhnung mit Noah nach der Sinflut an den Himmel setzte. Im Hinduismus repräsentiert der Bogen **SHIVAS** göttliche Macht, er ist auch ein Attribut von **RAMA** (links: auf den Schultern Hanumans). In der christlichen Kunst repräsentieren Pfeile Märtyrertum. Der **HEILIGE SEBASTIAN** wird von Pfeilen durchbohrt dargestellt, ein Umstand, den er wundersamerweise überlebte.

## STREITKOLBEN

Wurde im Mittelalter als Waffe der Reiterei eingesetzt und später von Kavalleriegenerälen und Herrschern als Zepter verwendet (links: in den Fängen eines kaiserlichen Adlers). Ein gekrönter Streitkolben ist in England Symbol der königlichen Macht. Aus dem Streitkolben entwickelte sich der Marschallstab.

## RÜSTUNG

Diese Schutzbekleidung wurde im Mittelalter in Europa von Rittern getragen, in Japan von den Samurai. Da sich nur wenige eine Rüstung leisten konnten, verwies sie auf den hohen Status ihres Besitzers. Der „Ritter in schimmernder Rüstung" entsprach dem Ideal des Rittertums, das seit den Kreuzzügen vor allem vom heiligen Georg verkörpert wurde. Selbst nach der Einführung von Feuerwaffen, die diese Art von Schutzkleidung obsolet machten, symbolisierten Rüstungen Adel und militärische Durchschlagskraft.

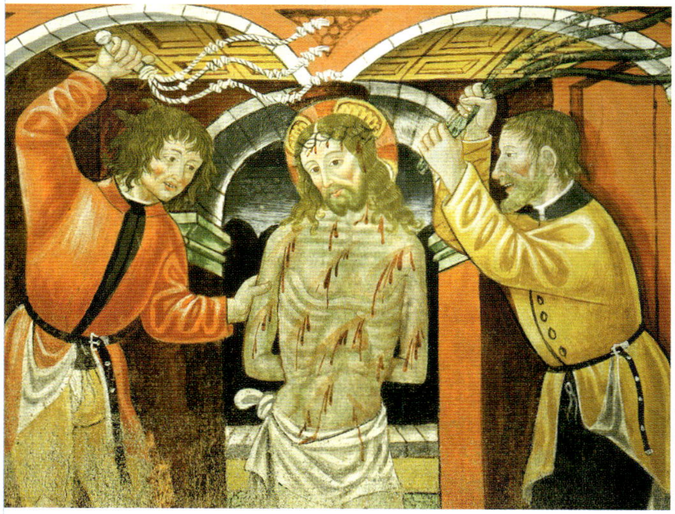

## PEITSCHE & GEISSEL

Die Peitsche wurde vielfach genutzt, um das Böse symbolisch auszutreiben. Jesus soll die Geldwechsler und Händler „mit einer Geißel aus Stricken" (Johannes 2,15) aus dem Tempel von Jerusalem gejagt haben. Geißeln waren besonders grausame Waffen, die das Fleisch der Opfer aufrissen. Jesus wurde vor seiner Kreuzigung gegeißelt, ein häufiges Motiv der Passion Christi und ein Leidenswerkzeug. Geißelung war im Römischen Reich ein probates Mittel zur Züchtigung. Sie wurde zum Sinnbild für Brutalität und gewaltsame Unterdrückung. Im Mittelalter war die Selbstgeißelung eine christliche Buße für Sünden und Laster, oft im Rahmen einer Askese. Deshalb werden manche Heilige mit einer Geißel dargestellt.

# HINDUISMUS

Der Hinduismus besteht aus verschiedenen Glaubensrichtungen, deshalb gibt es kein einheitlich gültiges Glaubensbekenntnis oder eine zentrale Schrift. Selbst die Ansichten über Leben, Tod und Erlösung (*Moksha*) stimmen nicht überein. Ein Großteil der Hinduisten geht jedoch davon aus, dass Leben und Tod ein sich ständig wiederholender Kreislauf (*Samsara*) sind, sie glauben an die Reinkarnation. Durch Verehrung der Götter, Meditation und gute Taten kann man sich aus dem Samsara befreien.

Die Tempelszene oben zeigt die Heirat von Vishnu und Lakshmi, andere Gottheiten wohnen der Zeremonie bei. Vishnu ist der Gott der Güte. Wie alle anderen unzähligen Götter gilt er als Manifestation von Brahman, einer göttlichen Kraft, die alles beseelt und lebendig macht (nicht zu verwechseln mit Brahma, dem Prinzip der Schöpfung). Vishnu und Shiva werden von allen Hinduisten verehrt. Brahma und Varuna, der Gott der kosmischen Ordnung, stammen aus der frühen Zeit des Hinduismus und spielen heute eine eher untergeordnete Rolle.

Der Berg Meru bildet im Hinduismus das Zentrum des Universums und ist Sitz der Götter. *Agni* ist die Feuerform des Göttlichen. Bei wichtigen Ritualen wie einer Hochzeit wird das heilige Feuer von einem Priester entzündet. Das Paar schließt die Ehe, indem es siebenmal um das Feuer geht.

**OM-ZEICHEN**
Die Silbe Om ist Hinduisten heilig. Es ist ihr erhabenstes Symbol. Sein Klang steht für den transzendenten Urklang, aus dessen Vibrationen nach hinduistischem Verständnis das gesamte Universum entstand.

**YANTRAS**
Sind rituelle, rein geometrische Diagramme, die in Tantrismus und Hinduismus zur Meditation verwendet werden. Ein Yantra gilt als Repräsentation des Göttlichen und erfüllt auch eine initiatorische Funktion.

**HARIHARA**
Diese Statue aus dem 10. Jahrhundert ist Harihara, eine Gottheit, die Aspekte Vishnus (rechts) und Shivas (links) in sich vereint. Eine Hälfte des Kopfschmucks besteht aus Vishnus Königskrone, die andere aus den Locken Shivas.

**DREIZACK**
Ist die Waffe des Shiva. Diese höchste Gottheit verkörpert Schöpfung und Neubeginn ebenso wie Erhaltung und Zerstörung.

**NANDI** Der Stier Nandi ist das Reittier und der treue Diener Shivas. Er bewacht jeden Shiva-Tempel, in einigen Tempeln ist er selbst Mittelpunkt der Verehrung.

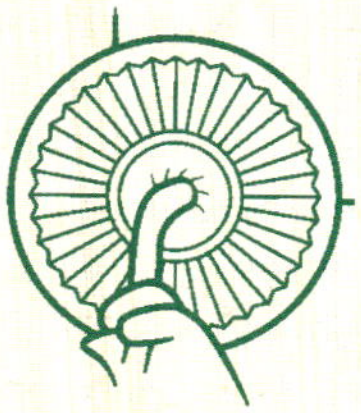

**Diskus**
Die Klingen von Vishnus Diskus zerschneiden die Ignoranz. Diskus, Lotos, Schneckenhorn und Keule sind die Insignien Vishnus.

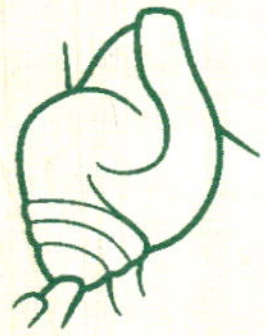

**Schneckenhorn**
Der Klang von Vishnus Schneckenhorn symbolisiert den Klang der Schöpfung. Es ist das älteste bekannte Trompeteninstrument.

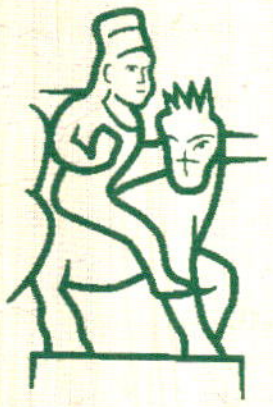

**Kalkin** Eine der Figuren links von Harihara ist Kalkin, die zehnte Inkarnation Vishnus. Der Krieger auf einem weißen Pferd wird eine neue Ära einläuten.

## GÖTTER & SYMBOLE

Die wichtigsten Hindu-Gottheiten sind **VISHNU**, **SHIVA** und die **GÖTTIN DEVI**, die sich als **SHAKTI**, **DURGA** oder **KALI** manifestiert. Vishnu hat zehn **INKARNATIONEN**, die beliebtesten sind **KRISHNA**, der stets eine Flöte bei sich hat, und **RAMA** (Hauptfigur des Heldenepos *Ramayana*). Shiva und seine Gefährtin **PARVATI** werden in Form von Steinen, **LINGA** (phallisch geformt) und **YONI** (stilisierte Vagina), verehrt. Die Ehe von Vishnu und **LAKSHMI** symbolisiert die ideale Verbindung von Mann und Frau. Ebenfalls sehr verehrt werden der Affengott **HANUMAN** und **GANESHA** (unten), er verkörpert Weisheit und Intelligenz. Jedes religiöse Ritual beginnt mit einem Gebet an ihn. Ganesha hat einen **ELEFANTENKOPF** (um große Hindernisse zu zerschmettern) und reitet auf einer **MAUS** (die sich durch kleine Hindernisse nagt).

Viele hinduistische Gottheiten sind vielarmig, ein Zeichen ihrer Allmacht; jede Hand trägt eine Waffe oder ein symbolisches Attribut.

# Kleidung

**HERMELIN**
Das weiße Winterfell des Hermelins wurde als extrem wertvoll erachtet. Ein Hermelinmantel galt als Vorrecht adliger Familien. Hermelin ist bis heute Bestandteil von Wappen ehemals hochadliger Residenzen.

Die Kleidung einer Person ist Ausdruck von gesellschaftlichem Status, Individualität, Unabhängigkeit oder aber Zugehörigkeit zu einer bestimmten Gruppe. Sie kennzeichnet Loyalität gegenüber einer Nation, Kultur oder einem Glauben. Manche Berufe erfordern spezielle Arbeitskleidung, die sich im Lauf der Zeit zum Wahrzeichen einer Zunft entwickelt, etwa die Bäckermütze. Der Schurz der Freimaurer wurde sogar zum Symbol dieses Geheimbunds. In der christlichen Kunst sind einige Heiligenfiguren an ihrer Kleidung erkennbar: Johannes der Täufer trägt meist ein Fellgewand, da er lange Zeit in der Wildnis verbrachte. Der heilige Hieronymus, der Verfasser der Vulgata, einer Bibelübersetzung in das gesprochene Latein seiner Zeit, wird oft in Kardinalstracht dargestellt. Nach dem Sündenfall mussten Adam und Eva ihre Blöße mit Kleidung bedecken, ein Zeichen für den Verlust ihrer Unschuld.

Mitglieder der Armee, Polizei, Kirche, des Gerichtswesens oder der Ärzteschaft tragen Uniformen bzw. Roben und Medizinerbekleidung. Diese Kleidung verrät den jeweiligen Rang der Person innerhalb der Organisation, zumindest, wenn sie so streng hierarchisch aufgebaut ist wie das Militär oder die Kirche. In der Kirche ist die Farbe der Robe ausschlaggebend; hohe Geistliche wie Bischöfe und Kardinäle tragen Scharlachrot oder Purpur. Das Tragen einer Uniform bedeutet auch, dass sich der Betroffene mit bestimmten Werten identifiziert, auf die häufig ein Eid geleistet wird.

Gefängnisinsassen müssen eine Uniform anziehen, sie kennzeichnet den Verlust der individuellen Freiheit und die Anerkennung der staatlichen Autorität. Auf Begräbnissen oder Hochzeiten herrscht eine bestimmte Kleiderordnung, dadurch erweist man den Personen, die im Zentrum der Zeremonie stehen – dem Brautpaar oder dem Verstorbenen –, den gebührenden Respekt. Formelle Kleidung kann auch Kompetenz und Rechtschaffenheit symbolisieren.

**KOPFSCHMUCK**
Prächtige Kopfbedeckungen wie eine Bischofsmütze oder die Federn eines Indianerhäuptlings repräsentieren die Machstellung der Person. Juden tragen beim Gebet eine Kippa, sie signalisiert Gottesfurcht. Im Judentum ist es verboten, sein Haupt in der Gegenwart Gottes zu entblößen. Im Christentum ist genau das Gegenteil der Fall, Männer nehmen vor dem Betreten der Kirche den Hut ab.

## SCHLEIER

gilt allgemein als Symbol für Bescheidenheit, Abkehr von der Welt und Hinwendung zu Gott. Im antiken Griechenland und im Römischen Reich trugen die Frauen als Zeichen des Anstands über ihrem Haar einen Schleier. Der Ausdruck „den Schleier nehmen" galt über Jahrhunderte als Synonym für den Eintritt einer Frau ins Kloster. Als **MOSES** vom Berg Sinai zurückkehrte, musste er sein Gesicht verschleiern, damit seine Anhänger vom Glanz Gottes nicht geblendet wurden. Der Brautschleier bei der Trauung bedeutete ursprünglich, dass die Verfügungsgewalt des Vaters über die Braut beim Lüften des Schleiers vor dem Altar auf den Ehemann überging.

Nach christlicher Überlieferung hat **VERONIKA** (rechts) das Gesicht **CHRISTI** abgewischt, als er das **KREUZ** trug. Dabei soll sich das Gesicht Jesu auf wunderbare Weise auf dem Schweißtuch als „Veronikabild" eingeprägt haben. Das Schweißtuch der Veronika war einst die am meisten verehrte Reliquie, es liegt in einem Tresor im Petersdom.

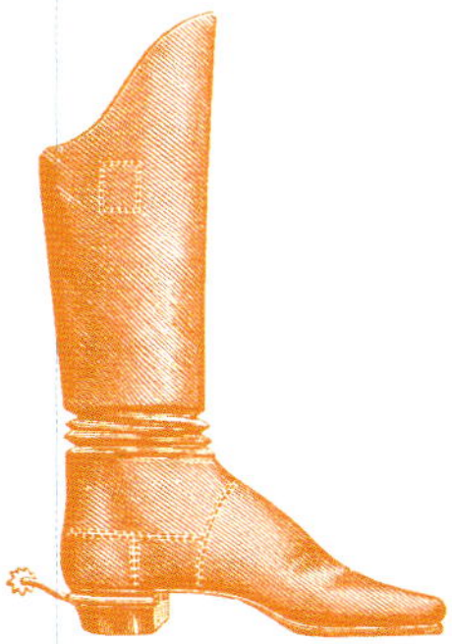

### SCHUHE & STIEFEL

Die Sklaven der Antike gingen barfuß, und das einfache Volk Europas konnte sich bis weit ins 19. Jahrhundert häufig keine Schuhe leisten. Insofern stehen Schuhe für gesellschaftlichen Aufstieg und Wohlstand. Stiefel wurden von Soldaten, Jägern und Reitern getragen. Dem robusten Schuhwerk haftet eine leicht aggressive Note an. Stiefel werden mit niederen Instinkten und Brutalität in Verbindung gebracht.

### HANDSCHUHE

Waren Statussymbole. Die feine Gesellschaft trug sie, um sich die Hände nicht schmutzig zu machen. Wenn Mitglieder des Klerus Handschuhe anhatten, bedeutete das, dass sie nicht korrupt waren. Der Ausdruck Fehdehandschuh stammt aus dem 18. Jahrhundert. In jener Zeit war es üblich, einem Gegner einen Handschuh aus Stoff ins Gesicht zu schlagen, um ihn zu einem Ehrenduell herauszufordern.

### TOGA

Das Kennzeichen des römischen Bürgers. Die Toga bestand aus einem einzigen, etwa sechs Meter langen, 2,5 Meter breiten Stück Stoff, das so um den Körper drapiert wurde, dass die rechte Schulter frei blieb. Senatoren und Kaiser trugen eine purpurne Toga, Bürger eine aus weißer Wolle. Frauen trugen ein Stola, eine lange Tunika. Römische Frauen, die eine Toga anhatten, waren Prostituierte.

### MANTEL

Im Alten Testament nahm Elisa Elias Mantel auf und trat damit seine Nachfolge als Prophet Gottes an (2. Könige 2,13). „Den Mantel aufnehmen" bedeutet demnach, Verantwortung zu übernehmen. Der heilige Martin teilte seinen Mantel mit einem Bettler. Martins Mantel (lat. *cappa*) wurde zu einer kostbaren Reliquie, die in einem kleinen, abgetrennten Kirchenraum aufbewahrt wurde: der Kapelle.

### DRACHENGEWAND

Der Kaiser von China trug ein Gewand aus gelber Seide, das mit zahlreichen Drachen bestickt war. Der fünfklauige Drache war ein Symbol des Kaisers, es durfte nur von ihm benutzt werden. Staatsbeamte trugen Gewänder mit vier- oder dreiklauigen Drachen.

### STULPEN

Ein Ritter, der keine Stulpen trug, signalisierte damit, dass er unbewaffnet und freundlich gesinnt war. Wollte man einen Gegner zum Kampf auffordern, warf man ihm seine Stulpen vor die Füße.

### GÜRTEL

Kann Keuschheit oder Befähigung symbolisieren. Die griechische Aphrodite besaß einen magischen Gürtel, der sie unwiderstehlich machte. Der „Gürtel der Isis" repräsentierte im alten Ägypten Vitalität und Reinheit. Der Gürtel der Jungfrau Maria ist eine stark verehrte Reliquie. Sie wird in einem griechischen Kloster aufbewahrt.

### SANDALEN

Verkörpern Schnelligkeit; der griechische Götterbote Hermes hatte Flugsandalen, die ihn durch die Lüfte trugen.

### TUNIKA

War im Römischen Reich ein Untergewand, im Mittelalter ein Obergewand. Der griechische Held Herakles starb, weil seine Gemahlin Deianeira seine Tunika mit dem giftigen Blut des Kentauren Nessos tränkte.

# Speisen & Getränke

Einst war es ganz natürlich, die Gaben der Natur mit göttlichem Segen zu verbinden. Eine gute Ernte bedeutete die Gunst Gottes; war sie schlecht, wurde man für seinen Ungehorsam bestraft. In vielen Kulturen spricht man vor dem Essen ein Dankesgebet. Die Jahres- bzw. Erntezeiten wurden bei den meisten Völkern mit einem Fest zu Ehren der Götter begangen. Dabei wurden Opfer gebracht, um die Götter milde zu stimmen; die Juden verbrannten duftenden Weihrauch, die Griechen boten den Göttern Ambrosia dar. Viele Speisen und Getränke in der Bibel haben Symbolcharakter. Bei der Hochzeit zu Kana verwandelte Jesus Wasser in Wein, er steht für Lebensfreude und die Herrlichkeit Gottes. Bei der wundersamen Speisung der Fünftausend verkörpern Brot und Fisch das durch Jesus empfangene ewige Leben

**BROT**
Im Judentum wird es bei jeder Mahlzeit als Geschenk Gottes gewürdigt. Im Johannesevangelium wird Jesus „Brot des Lebens“ genannt. Brot und Wasser bezeichnen im Alten Testament Grundnahrungsmittel, sie jemandem vorzuenthalten, selbst einem Feind, gilt als Frevel. Brot und Wein stehen für ein festliches Mahl; Brot und Wasser hingegen für ein kärgliches Leben und Elend.

**FISCH**
Symbol für Christus. Das Abendmahl-Sakrament besteht aus Fisch, Wein und Brot. Viele Völker verehrten den Fisch wegen seiner Fruchtbarkeit. Bei den Chinesen verkörperte er Reichtum. Da er in den Tiefen des Wassers lebt, wurde ihm auch Weisheit nachgesagt. Der christliche Brauch, am Karfreitag Fisch zu essen, geht vermutlich auf heidnische Feste zu Ehren des Fisches zurück.

**WEIZEN & GERSTE**
Werden seit Jahrtausenden kultiviert und sind eine wichtige Nahrungsgrundlage. Demeter, die griechische Göttin der Fruchtbarkeit, wurde bei den Eleusinischen Mysterien verehrt, indem die Eingeweihten vor einem einzelnen Weizenkorn meditierten, in der Hoffnung, das möge im nächsten Jahr reiche Ernte bringen. Getreideähren galten als Symbol für Liebe und Kindersegen, bei den Christen für das Abendmahl.

**REIS**
In Asien wichtigstes Grundnahrungsmittel. Laut chinesischem Mythos wuchs Reis in Hülle und Fülle von selbst, bis die Verbindung zwischen Himmel und Erde unterbrochen wurde; danach mussten ihn die Menschen mühsam anbauen.

## KORN DER GÖTTER

Mais bildete bei vielen Urvölkern Amerikas das Grundnahrungsmittel, er symbolisierte Gunst und Wohlstand. Da die Pflanzen in jedem Frühjahr von neuem sprießen, dachte man, sie seien göttlichen Ursprungs, da nur die Götter über Schöpferkraft verfügten.

Maya und Azteken verehrten Maisgötter, die für den Heranreifungsprozess verantwortlich waren und folglich auch für die Ernte. Stängel und Kolben der Maispflanze wurden als heilige Attribute der Fruchtbarkeitsgötter angesehen. Manche Krieger trugen sie auch als Amulett.

Die Indianer im Südwesten Nordamerikas nennen Mais gemeinsam mit Bohnen und Kürbis die „Drei Schwestern". Mais ist ein Fruchtbarkeitssymbol. In der Hoffnung auf Kindersegen werden Maiskörner oft im Medizinbeutel getragen, außerdem werden sie den Geistern geopfert.

**MANNA**
Diente laut der Bibel den Israeliten bei ihrer 40-jährigen Wanderschaft durch die Wüste als Nahrung. Es wurde auch Himmelsbrot genannt, es war wie weißer Koriandersamen und hatte einen Geschmack wie Semmel und Honig (2. Mose 16,31) Der Begriff Manna gilt als Symbol für wundersame Substanzen.

**MONDKUCHEN**
Wird in China zum Mondfest im Herbst gegessen. Die kleinen Kuchen sind süß gefüllt und bestehen aus Lotospaste sowie reichlich Eigelb.Sie werden beim Bewundern des Mondes verzehrt.

**FLASCHENKÜRBIS**
Emblem von einem der Acht Unsterblichen im Taoismus. Steht für Langlebigkeit, da der aus einer Kalebasse (getrockneter Flaschenkürbis) aufsteigende Rauch die Loslösung des Geistes vom Körper repräsentiert.

**PILZ**
In China Symbol für Glück, Nahrung und Wiedergeburt. Die Königinmutter des Westens (siehe Seite 51) wird oft mit einem Pilz dargestellt.

**PESSACH**
Das jüdische Fest erinnert an den (überstürzten) Auszug der Israeliten aus Ägypten. Sie hatten keine Zeit, das gesäuerte Brot zuzubereiten, und buken sich ungesäuerte Kuchen (Mazzot). Das traditionelle Pessachmahl besteht aus Mazzot, Meerrettich (Bitterkraut, erinnert an die Bitterkeit der Sklaverei), gekochten Eiern (als Trauersymbol für die beiden zerstörten Tempel), Fleisch, Fisch und koscherem Wein.

**TOMATE**
Die Pueblo-Indianer schrieben Tomaten übernatürliche Kräfte zu: Jeder, der einen anderen beim Verzehren von Tomatensamen beobachtete, hatte danach prophetische Fähigkeiten. Im Norden Neumexikos verband man das Gemüse sogar mit Hexerei. In Europa wurde die Tomate aufgrund ihrer roten Farbe auch Liebesapfel genannt. Vermutlich rührt der Begriff „treulose Tomate" von dieser Vorstellungsverknüpfung. Die Anführer der Französischen Revolution sollen das Gemüse mit Blutvergießen assoziiert und dazu beigetragen haben, dass Tomaten, die lange Zeit als giftig galten, vermehrt auf den Tisch kamen.

## DAS LETZTE ABENDMAHL

Am Abend vor seiner Kreuzigung versammelte sich Jesus Christus mit seinen Jüngern zu einem Mahl. Während sie aßen, nahm Jesus Brot, sprach den Segen, brach das Brot und gab es ihnen mit den Worten: „Nehmet hin, das ist mein Leib!" Und er nahm den Kelch, sagte Dank, gab ihn an die Jünger weiter, und alle tranken aus ihm Wein. Und er sprach zu ihnen: „Das ist mein Blut des Bundes, das vergossen wird für viele" (Markus 14,22–25). Nach der katholischen Lehre von der Transsubstantiation (Übergang der Substanz) werden durch das Hochgebet (Eucharistie) als Höhepunkt der Messfeier Brot und Wein in den Leib und das Blut des Heilands verwandelt. Das Letzte Abendmahl ist ein häufiges Motiv in der westlichen Kunst. Jesus wird meist in der Mitte thronend dargestellt, flankiert von seinen Jüngern. Das hier abgebildete italienische Fresko stammt von 1460.

**HONIG**
Die süße, goldgelbe Flüssigkeit symbolisierte Reichtum. Im Gelobten Land, das den Israeliten verheißen wurde, flossen Milch und Honig. Er steht auch für Fruchtbarkeit und Unsterblichkeit.

**KÜRBIS**
Halloween geht auf das keltische Samhain-Fest zurück. An diesem Tag kamen die Geister der Ahnen auf die Erde. Die Menschen verkleideten sich, um nicht von ihnen erkannt zu werden.

**WASSERMELONE**
Wird in Ostasien seit dem 11. Jahrhundert kultiviert. Nach Europa gelangte sie im frühen 17. Jahrhundert. Bei den Asiaten ist die Wassermelone wegen ihrer vielen Samenkerne ein Symbol für Fruchtbarkeit. In Afrika, ihrem Ursprungsland, verkörperte sie Leben, weil sie für die Menschen in den Trockengebieten stets eine wichtige Wasserquelle war.

## WEIN

Weil er aus dem Saft von Trauben gewonnen wird und sich mit der Zeit in ein berauschendes Getränk verwandelt, wurde Wein mit angenehmer Transformation verbunden. Er stand für die Kraft der Natur, Fruchtbarkeit und Erneuerung. Weingenuss baut Hemmungen ab, daher sollen vor allem notorische Lügner im Rausch die Wahrheit sprechen. Plinius der Ältere behauptete: „In vino veritas" – „im Wein liegt die Wahrheit". Die Griechen hielten Wein für ein Getränk der Götter.

## SOMA

Wird in einer alten hinduistischen Schrift erwähnt und ist der Rauschtrank der Götter. Soma kann auch von Menschen getrunken werden. Die damit verbundenen Halluzinationen wurden als Zugang zur Sphäre der Götter interpretiert.

## ELIXIER DES LEBENS

Die Alchemisten des Mittelalters versuchten das Elixier der Unsterblichkeit mittels chemischen Prozessen herzustellen. Chinesische Alchemisten experimentierten mit giftigen Stoffen wie Quecksilber und Schwefel; man glaubte, diese Stoffe würden Langlebigkeit fördern. Das „Elixier des Lebens" war auch ein Synonym für den „Stein der Weisen", jene Substanz, mit deren Hilfe einfache Metalle in Gold verwandelt werden sollten. Letztlich war mit dem alchemistischen Prozess aber spirituelles Wachstum gemeint. In der tibetischen Kunst (links) werden Götter und Heilige oft mit einer Schale dargestellt, die das Elixier der Unsterblichkeit enthält.

## KESSEL DER ANDERWELT

Die Vorstellung, Kessel könnten Zaubertrank von selbst hervorbringen, kommt in vielen Mythen vor. Die Kelten glaubten, Kessel glichen einem Füllhorn und würden ein Gebräu liefern, das verwundete Krieger wiederbelebt. Dagda, der Gott eines irischen Keltenstammes, besaß einen Kessel, dessen lebenspendendes Elixier nie versiegte.

## MET

Wurde von den Kelten für den Nektar der Götter gehalten. Sie tranken ihn in erster Linie zu rituellen Zwecken, etwa beim Samhain-Fest (heute 31. Oktober), das den Beginn des dunklen Halbjahres symbolisierte. Nach Ansicht der Kelten waren an diesem Tag die Grenzen zwischen den Welten offen.

## BACCHANALIEN

Orgiastisch gefeierte Mysterien, die von den Römern zu Ehren des Weingottes Bacchus abgehalten wurden. Die Bacchanalien fanden jährlich am 16. und 17. März am Hügel Aventin in Rom statt und gehen auf die Verehrung des griechischen Dionysos zurück. Mittels Rauschzustand wollte man sich mit der göttlichen Kraft des Bacchus vereinen.

# symbole der macht

Personen, die ein hohes Amt innehatten – Könige, Fürsten, Bischöfe, Richter, Statthalter usw. – trugen Kleidung, die ihre herausragende Position und ihren Status innerhalb der sozialen Hierarchie nach außen hin sichtbar machen sollte. Prächtige Gewänder waren dem Hochadel und dem Klerus vorbehalten, doch auch reiche Kauf-leute schmückten sich gerne mit edlen Stoffen. Ein weiteres wichtiges Merkmal der herrschenden Schicht waren Insignien, Zeichen staatlicher oder religiöser Würde. Das konnte eine Kopfbedeckung wie die Mitra eines katholischen Bischofs sein, die Amtskette eines Dekans oder Bürgermeisters, Siegelringe, der Fischerring des Papstes, Schwerter, Sporen und Orden. Symbolische, in der Hand zu tragende Insignien waren Zepter, Reichsapfel und Marschallstab. Darüber hinaus gab es symbolische Darstellungen wie Wappen und Siegel. Diese hatten über lange Zeit eine sehr wichtige Funktion, weil die meisten Ritter Analphabeten waren und Dokumente nur aufgrund von Wappensymbolen zuordnen konnten. Ende des 13. Jahrhunderts entstand so das Amt des Herolds, der die Namen, Titel und Wappen kennen musste. Heutzutage sieht man Insignien wie die britischen Kronjuwelen nur noch bei besonderen Anlässen.

**ZEPTER**
Zeichen höchster Autorität und Teil der Krönungsinsignien. Im alten Griechenland durfte nur der Inhaber des Zepters Recht sprechen. In vielen Kulturen stand das Zepter für unbarmherzige Machtausübung und war mit dem Emblem eines zerstörerischen Gottes versehen. Im Westen wurde das Zepter von Königen und Kaisern getragen. Es war von Zapfen, Adler, Kreuz, Krone, Lilie, Schwurhand oder Reichsapfel gekrönt und meist reich mit Edelsteinen verziert.

**REICHSAPFEL**
Herrschaftszeichen in Form einer Weltkugel mit aufgesetztem Kreuz. Der Reichsapfel geht auf den Globus der Römer zurück, der die Weltherrschaft des Römischen Reiches verkörperte. Der Reichsapfel des Heiligen Römischen Reiches (mit Kreuz) wurde erstmals bei der Kaiserkrönung von Heinrich VI. im Jahre 1191 überreicht. Damit war die weltliche und kirchliche Macht vereint. Der Reichsapfel wird bei Krönungszeremonien in der linken Hand getragen.

**KRUMMSTAB**
Religiöses Herrschaftssymbol, das bereits im alten Ägypten verwendet wurde. Der Krummstab geht auf den Hirtenstab zurück und verweist auf die Funktion seines Trägers: Er ist der gute Hirte, der über seine Herde wacht. „Guter Hirte" war ein Ehrentitel Christi. In der katholischen Kirche ist der Krummstab nur Bischöfen und Äbten vorbehalten. Früher galt, dass der Inhaber im eigenen Territorium den Stab so hält, dass die Krümmung nach außen zeigt, damit sie wie eine Peitsche ausschlagen kann. Auf fremdem Gebiet hält er ihn so, dass die Krümmung zu ihm hinzeigt.

## KRONE

Als Hoheitszeichen verwendeter Kopfschmuck. In der Antike symbolisierte ein Stirnreif oder ein Diadem von den Göttern verliehene Macht. Im Gegensatz zu den prächtigen Kronen europäischer Königshäuser waren die Kronen der Griechen und Römer relativ einfach gehalten; sie bestanden aus Eichenblättern (**ZEUS/JUPITER** geweiht) oder einem Lorbeerkranz (**APOLLON** geweiht). Frührömische Kaiser trugen eine Rosenkrone, sie kennzeichnete Unbesiegbarkeit und galt als Gnade des **SONNENGOTTS SOL**; die **DORNENKRONE** Christi war eine Parodie der Rosenkrone, damit verhöhnte man Jesus als „König der Juden".

Die typische Kronenform entwickelte sich aus einem Metallreif, der den römischen Lorbeerkranz stilisierte. Um ein Kreuz befestigen zu können, ließ der christliche Kaiser Justinian I. (482–565) an der reifenförmigen Krone Bügel anbringen, die dann von einem Kreuz überhöht wurden, wodurch die erste Spangenkrone entstand. Im Laufe der Zeit wurden Kronen als Ausdruck der Macht und Würde der jeweiligen Herrscher immer kostbarer. Die Kaiser von China trugen aufwendigen Kopfschmuck, der mit goldenen, kaiserlichen Drachen und Perlen (stehen für Weisheit) verziert war. Der Kopfschmuck der Kaiserin war mit ihrem Symbol versehen, dem Fabeltier **FENGHUANG** (entspricht dem europäischen Phoenix).

### AMPULLE & SALBUNGSLÖFFEL

Die Ampulle enthält geweihtes Öl, das zur Salbung von Monarchen bei einer Zeremonie biblischen Ursprungs verwendet wurde (Salbung des König Saul in 1. Samuel 10,1). Dadurch wird Gottes Segen über den neuen Herrscher bekräftigt.

### SALOMONS THRON

Prächtiger Thron aus Elfenbein und Gold, wird im Alten Testament ausführlich beschrieben (1. Könige 10, 8–20). Dieser Thron wurde mehrfach zum Vorbild genommen, zuletzt für den Thron von Kaiser Wilhelm II., er symbolisierte die Macht und Weisheit des Regenten. Die zwei Löwen an den Lehnen des Throns verkörpern Israel und Juda, die beiden Herrschaftsgebiete von König Salomon (um 965–926 v. Chr.). An der Spitze der sechs Stufen, die zum Thron führten, standen zwölf weitere Löwen; ein Sinnbild für die zwölf Stämme der Israeliten.

### RING

Steht für Ewigkeit oder ein Gelöbnis. Ringe sind auch Erkennungszeichen, etwa der Wappenring. Als Zeichen der Würde gelten die Ringe hoher Kleriker, z. B. Abtring, Bischofsring und der Fischerring des Papstes. Versprochene Treue symbolisieren Verlobungs- und Ehering. Der von Ordensschwestern getragene Ring signalisiert das Verlöbnis mit Christus. Ferner unterscheidet man Freundschaftsring, Kultring, Siegelring, Trauerring usw., wobei Freundschafts- und Trauerringe vor allem im 19. Jahrhundert getragen wurden.

### STAB

Ein Wanderstab dient als Gehhilfe, der Hirtenstab als Werkzeug; ein Stab wurde auch als Waffe eingesetzt. Als uraltes Symbol göttlicher und magischer Macht repräsentiert der Stab den Phallus oder den anklagend ausgestreckten Zeigefinger. Der Bischofsstab ist ein Hoheitszeichen. Bei der Parlamentseröffnung in England wird mit einem schwarzen Stab dreimal gegen eine Tür geklopft. Es wird bekanntgegeben, dass die Monarchin die Unterhausabgeordneten zu sehen wünscht. Dies wird zunächst verweigert, um zu demonstrieren, dass das Unterhaus von der Königin unabhängig ist.

## MILITÄRISCHE RANGABZEICHEN

Das Römische Reich war die erste westliche Macht, die ihre Streitkräfte mit Abzeichen ausstattete. Streifen auf der Tunika bezeichneten den Rang. Ab dem 18. Jahrhundert wurde es üblich, Soldaten mit Dienstgradabzeichen an der Uniform oder an der Kopfbedeckung zu versehen. Verbreitet sind **KRONEN, ORDENSSTERNE, LAUBBLÄTTER, WINKEL, BALKEN, STREIFEN, VIER- BIS SECHSSTRAHLIGE STERNE** und **SPARREN** (links). Weniger gebräuchlich sind stilisierte Tierdarstellungen wie der Adler beim US-amerikanischen Colonel und Waffendarstellungen; bestimmte Ränge in der britischen Armee haben Säbel und Scheide gekreuzt. Hinsichtlich der Anbringung haben sich organisations- und landestypische Traditionen entwickelt. Die Offiziere der Seestreitkräfte tragen an den Unterärmeln goldene Tressen. An der unterschiedlichen Breite, Anzahl und Abfolge ist der Dienstgrad zu erkennen. Heeressoldaten tragen ihre Dienstgradabzeichen überwiegend auf den Schultern und meist als Schulterklappen. Viele Land- und Luftstreitkräfte kennzeichnen ihre Mannschaftsdienstgrade und Unteroffiziere durch Abzeichen auf dem Oberärmel.

**PRÄSIDENTENSIEGEL**
Wurde von Präsident Rutherford B. Hayes 1880 als persönliches Emblem des Präsidenten der Vereinigten Staaten eingeführt. Es ziert die Decke und den Teppich des Oval Office, die Fahne des Präsidenten, alle Dokumente des Weißen Hauses, den Fuhrpark des Präsidenten und das Tafelservice. Es ist eine Abwandlung des Großen Siegels der Vereinigten Staaten, das einen Adler mit Olivenzweig und Pfeilbündel zeigt, umringt von den 50 Sternen, welche die 50 Staaten repräsentieren.

**PAPSTKRONE (TIARA)**
Bis 1963 ließen sich Päpste mit der Tiara krönen. Da sie auch als Zeichen weltlicher Macht galt, legte sie Papst Paul VI. 1964 symbolisch ab. Seither wird sie nur noch im Papstwappen geführt. Die Tiara besteht aus drei Kronreifen, die von einem Kreuz gekrönt sind. Die drei Reifen stehen für das Weiheamt, die Jurisdiktion und das Lehramt des Papstes. In einer anderen Deutung symbolisieren sie die göttliche Dreifaltigkeit. Hier ist das Wappen von Papst Benedikt XVI. abgebildet, der seit 2005 im Amt ist.

**HOSENBANDORDEN**
Wurde 1348 von König Edward III. von England gestiftet. Der Legende nach soll die Geliebte des Königs ihr blaues Strumpfband beim Tanz mit ihm verloren haben. Der König entkrampfte die peinliche Situation, indem er das Strumpfband aufhob und sich selbst an das eigene Bein band. Dabei soll er laut ausgerufen haben: „Honi soit qui mal y pense“ (ein Schelm, wer Schlechtes dabei denkt), das Motto des zukünftigen Ordens. Er wird Personen verliehen, die sich um den Souverän verdient gemacht haben.

**MANDARIN-QUADRATE**
Hohe Beamte im kaiserlichen China trugen gestickte Abzeichen auf ihren Roben, die ihren Rang kennzeichneten und „Mandarin-Quadrat“ genannt wurden. Sie wurden 1391 von Hongwu, dem ersten Kaiser der Ming-Dynastie, eingeführt und hielten sich bis 1912, dem Ende der Kaiserzeit. Die Motive der Stickereien waren unterschiedlich; Ehrenamtsträger hatten einen Kranich in ihrem Quadrat; ein Glückssymbol, das Weisheit und Langlebigkeit verkörpert. Ein Einhorn zierte die Roben der obersten Offiziere.

**KRONEN DES PHARAO**
Als Herrscher über „zwei Länder“ trug der Pharao zwei Kronen. Die weiße Krone verkörperte Oberägypten, die rote Unterägypten. Sie wurden einzeln getragen, als Doppelkrone bildeten sie das sogenannte *Pschent*. Bei bestimmten Ritualen trug der König den *Chepresch*, eine blaue, helmartig gewölbte Krone aus Leder, Metall oder Stoff. Die Doppelfederkrone (oben) wird von zwei Pfauenfedern gekrönt. Das Nemes-Kopftuch ist blau-golden gestreift; es wurde entweder allein oder mit Krone getragen. Alle Kronen haben die Uräusschlange an der Stirn. Die Gift speiende Kobra ist ein Schutzsymbol, ihr Gluthauch wehrt die Feinde des Pharao ab.

**PHRYGISCHE MÜTZE**
Wurde einst von den Phrygiern getragen, einem indoeuropäischen Volk in Anatolien. Während der Französischen Revolution wurde sie zur „Freiheitsmütze“, da man irrtümlich annahm, sie sei von freigelassenen Sklaven getragen worden. Als rote Jakobinermütze wurde sie zum Symbol demokratischer Gesinnung.

**BARETT**
Ab Ende des 15. Jahrhunderts wurde das aus Samt oder Seide genähte Barett von Männern und Frauen getragen. Es war das Zeichen des gebildeten Stands. Bei den traditionsreichen Trachten an Universitäten ist das Barett zum Teil heute noch in Verwendung, ebenso bei speziellen Polizei- oder Militäreinheiten. Aus dem Barett hat sich das Birett der katholischen Geistlichen entwickelt. Kardinäle tragen scharlachrote, Bischöfe und Prälaten violette Biretten.

**BANNER**
Herrschaftszeichen und Symbol für den Sieg. Ekklesia, die Personifikation der Kirche als Braut Christi, wird in der christlichen Kunst meist als Siegerin mit Krone und mit einem Banner oder einer Kreuzfahne dargestellt. Auch der Erzengel Michael trägt als Zeichen des Sieges ein Banner.

**MITRA**
Die liturgische Kopfbedeckung der Bischöfe vieler christlicher Kirchen wird auch Bischofsmütze genannt. Sie besteht aus zwei miteinander verbundenen schildartigen Versteifungen, die mit kostbarem Stoff überzogen sind. Mitren werden in der kirchlichen Heraldik eingesetzt, um den Rang eines Wappenträgers zu bezeichnen.

# Musikinstrumente

Vor Tausenden von Jahren wurden die ersten Flöten aus einfachen Tierknochen gefertigt. Seither bieten Materialien, Formen und Klänge von Musikinstrumenten eine reichhaltige Symbolik. Darstellungen von Orgien auf ägyptischen Sarkophagen legen nahe, dass die Ägypter Musik für eine Art sexueller Energie hielten, die auf der Reise ins Jenseits unterstützend wirkte. In China wird der Klang von Holz- und Metallinstrumenten für den natürlichen Ton der Elemente Holz und Metall angesehen. In der christlichen Kunst des Mittelalters symbolisieren Instrumente wichtige Ereignisse und Merkmale: das Jüngste Gericht verkünden die Engel mit Trompeten, im Himmel der Seligen spielen sie mit Harfen und Lauten liebliche Musik. Ein Christ ohne Liebe wurde von Paulus als „tönend Erz oder eine klingende Schelle" beschrieben, ein solcher Mensch vermag keinen schönen Ton von sich zu geben.

Musik und Gesang spielten im Glauben fast aller Völker eine wichtige Rolle. In der Antike dienten Hymnen der Götter-, Helden- und Naturverehrung, sie wurden später von den Christen übernommen, um Gott zu preisen. Bei den tibetischen Buddhisten verkörpert der klare Klang einer Glocke die tiefe Einsicht in die Leere aller Dinge.

**TAMBURIN**
Dieses Schlaginstrument wurde bei Feierlichkeiten und Ritualen eingesetzt, die mit Glückseligkeit verbunden waren. In der Bibel werden Triumphzüge nach einer siegreichen Schlacht von Frauen angeführt, die Tamburin spielen. Dieses Instrument taucht auch in altägyptischen Darstellungen eines Festmahls und bei Riten für das Leben nach dem Tod auf.

**SISTRUM**
Die Handklapper war ein Attribut von Hathor, der ägyptischen Göttin der Liebe, des Tanzes, der Schönheit und der Musik. Hathor wurde an vielen Orten im alten Ägypten mit fröhlichen Festen verehrt. Später ging der Hathor-Kult in den der Isis über, auch Isis wird mit einem Sistrum dargestellt. In Palästina nutzte man das Instrument als Begleitung zu Tänzen.

**DUDELSACK**
Der römische Schriftsteller Sueton berichtet, Kaiser Nero habe ein Rohrblattinstrument mit Ledersack gespielt, das könnte ein Dudelsack gewesen sein. Im Mittelalter verbreitete sich der Dudelsack in ganz Europa, er wurde vor allem bei höfischer Musik verwendet. In Schottland verkörpert er Nationalstolz, da die Engländer zwar viele Landesbräuche verboten, nicht aber den Dudelsack.

**FLÖTE**
Zählt zu den ältesten Blasinstrumenten und symbolisiert durch den griechischen Hirtengott Pan die Kunst der Verführung. Die Hindugottheit Krishna gilt als Meister der Flöte, sein Spiel macht die Hirtenmädchen verliebt und besänftigt seine geliebte Radha, wenn sie wegen seiner vielen Liebschaften schmollt. Bei Mozarts Oper *Die Zauberflöte* verkörpert das Flötenspiel sowie die Handlung Ideale der Freimaurer.

## LYRA & HARFE

Auf einem Steinrelief der Sumerer, das um 2500 v. Chr. entstand, ist eine Lyra zu sehen. Laut griechischer Mythologie wurde sie von Hermes erfunden: Er spannte Darmschnüre als Saiten über einen leeren Schildkrötenpanzer und zupfte an den Saiten. Er musste das Instrument jedoch Apollon geben, weil er dessen Rinder gestohlen hatte. Die Lyra wurde zum Attribut des Apollon (rechts), dem Gott der Künste und der Musik. Er stand den neun Musen vor, das Wort Musik geht auf die Musen zurück. Die Lyra diente der Liedbegleitung und der berühmteste Sänger der griechischen Sagen ist Orpheus. Sein Gesang und Lyra-Spiel betörten Hades derart, dass er die von Orpheus geliebte Eurydike aus der Unterwelt entließ.

Die Harfe ist das einzige Musikinstrument, das in der Offenbarung symbolisch im Himmel gesehen wird. Wegen ihrer sanften und beruhigenden Klänge gilt sie als Instrument Gottes.

### PANFLÖTE

Die Nymphe Syrinx widerstand dem Werben des Pan. Am Ufer eines Sees von ihm bedrängt, verwandelte sie sich in ein Schilfrohr. Da Pan nicht genau wusste, in welches Schilfrohr sich Syrinx verwandelt hatte, schnitt er mehrere ab und seufzte tief. Dabei strich sein Atem über die Enden des Schilfs und brachte einen feinen Ton hervor. Wiederholt blies Pan daraufhin über die Rohrenden und band schließlich dieselben zusammen, um Syrinx stets bei sich zu haben. So entstand der Sage nach die Panflöte.

### TROMPETE

Das Eintreffen eines Monarchen und der Beginn einer Schlacht wurde durch Trompetenblasen verkündet. Im Christentum wurden Trompeten sowie Posaunen mit Jubel, froher Botschaft und Erlösung verbunden. Im Alten Testament signalisiert der Schall der Posaunen Gottes Wohlgefallen über die Eroberung Jerichos. Bei der Auferstehung am Tag des Jüngsten Gerichts blasen die Engel Trompeten. Das Attribut der römischen Fama ist eine Posaune (rechts). Fama war die Personifikation des Gerüchts, sie „posaunte" den guten oder schlechten Ruf einer Person hinaus.

### ZIMBEL

Antikes Schlaginstrument in Form von zwei metallenen Tellern. Es wurde in jüdischen Tempeln als Begleitung von Psalmen genutzt. Die römisch-katholische Kirche hielt die Zimbel für ein Instrument der Hölle und verbot ihre Verwendung. Die tibetische Handzimbel wird bei verschiedenen Ritualen eingesetzt.

### ORGEL

War bereits bei den Griechen und Römern bekannt. Ab dem 17. Jahrhundert wurde die Orgel verstärkt als Musikinstrument in Kirchen genutzt. Große Komponisten wie Johann Sebastian Bach (1685–1750) verfassten auch berühmte Orgelkompositionen, die keinen geistlichen Hintergrund hatten.

### VIOLINE

Wurde wegen ihrer kurvenreichen Form als „weibliches" Instrument angesehen.

### MUSEN

Griechische Schutzgöttinnen der Künste. Klio: Geschichtsschreibung (Attribute: Papierrolle, Schreibgriffel); Melpomene: Tragödie (Attribute: ernste Theatermaske, Weinlaubkranz); Terpsichore: Tanz (Attribut: Leier); Thalia: Komödie (Attribute: lachende Theatermaske, Efeukranz); Euterpe: Lyrik und Flötenspiel (Attribut: Aulos, die Doppelflöte); Erato: Liebesdichtung (Attribut: Leier); Urania: Sternkunde (Attribut: Himmelskugel); Polyhymnia: Gesang (kein spezifisches Attribut) und Kalliope: epische Dichtung, Rhetorik, Philosophie (Attribut: Schreibtafel).

### TROMMEL

Wird bei Riten sogenannter Naturvölker eingesetzt. Für die Indianer Nordamerikas symbolisierte die Trommel den Kosmos und die Untrennbarkeit von Vergangenheit, Gegenwart und Zukunft. Das rhythmische Schlagen der Trommel repräsentierte den menschlichen Puls und den Kreislauf der Natur.

### SCHOFAR

Das Widderhorn wird bei besonderen jüdischen Zeremonien geblasen. Der Schofar erinnert an die geplante Opferung des Isaak durch Abraham für Gott. An Isaaks Stelle wurde dann aber ein Widder geopfert, dessen Hörner Gott an das stellvertretende Sühneleiden Israels erinnern sollen (1. Mose, Kapitel 22).

# Bauwerke

Architektur spiegelt seit der Jungsteinzeit emotionale, spirituelle und praktische Bedürfnisse der Menschheit wider. Die Konstruktion vieler Gebäude, insbesondere die der Sakralbauten, wurde stark von der symbolischen Bedeutung der jeweiligen Form geprägt. Die Völker aller Glaubensrichtungen hofften, die Struktur ihrer heiligen Monumente würde kosmische Energie heraufbeschwören und einen Ort schaffen, der das Wohlgefallen ihrer Götter oder ihres Gottes fand. Die ägyptischen Pyramiden und Obelisken sollten das vollkommene Licht des Sonnengottes reflektieren. Stufenförmig errichtete buddhistische Pagoden (links) repräsentieren spirituelles Wachstum. Jüdische Synagogen und christliche Kirchen stellen den Aufenthaltsort Gottes auf Erden dar. Bei vielen Sakralbauten sollte die Einhaltung exakter geometrischer Richtlinien gewährleisten, dass sie von göttlicher Macht beseelt waren. Das Allerheiligste befand sich häufig tief im Innern des Bauwerks, es durfte nur von Priestern oder anderen Würdenträgern betreten werden.

In der Psychologie symbolisieren Gebäude die Gefühlslage eines Menschen, die sich manchmal in Träumen zu erkennen gibt. Carl Gustav Jung war der Ansicht, ein Haus in einem Traum verkörpere das Selbst, und wenn der Traum mit unangenehmen Emotionen verbunden ist, etwa mit der Angst, bestimmte Räume zu betreten, würde das auf unterdrückte Gefühle hinweisen.

**BRÜCKE**
Symbol für den Übergang von einem Zustand in einen anderen. Bei Initiationsriten chinesischer Geheimbünde musste der Adept mehrere Brücken überqueren. Wie schwierig es ist, ein glückseliges Leben nach dem Tode zu erreichen, versinnbildlicht die Brücke des Paradieses im Islam: Sie ist nur so breit wie ein Haar. Der Titel „Pontifex Maximus“ (Oberster Brückenbauer) bezeichnete einst den Oberpriester des altrömischen Götterkults. Er ging später auf die römischen Kaiser und schließlich auf die Päpste über.

**TÜR**
Bezeichnet die Schwelle zwischen der Außenwelt und einem Heiligtum. In vielen Märchen verbergen sich schreckliche Dinge hinter einer Tür, vor allem, wenn man sie trotz vorherigem Verbot öffnet.

**FENSTER**
Lässt Licht herein und symbolisiert Empfänglichkeit für Weisheit und Erleuchtung. Ein rundes Fenster an der Spitze eines Turms repräsentiert das Auge und wie unser Bewusstsein die Welt wahrnimmt.

### KUPPEL
Symbol für die Himmelskuppel. Dem Propheten Mohammed erschien der Himmel in einer Vision als Perlmuttgewölbe auf vier Säulen, daher haben auch Moscheen eine Kuppel. Ein Stupa, in dem Reliquien des Buddha und herausragender Mönche aufbewahrt werden, hat die Form einer Halbkugel. Sie verkörpert Vollständigkeit und das Universum.

### STUFEN
Führen zu einer höheren oder tieferen Ebene. Stufen stehen für den Aufstieg der Seele zu göttlichem Wissen oder für den Abstieg in das Unbewusste und Unbekannte. Eine Wendeltreppe kann die Abhängigkeit von einem festgeschriebenen System bedeuten, etwa von einer Religion, die von dem Hauptpfosten der Treppe symbolisiert wird.

## DAS HAUS GOTTES
Die ersten christlichen Kirchen wurden nach dem Vorbild von antiken **BASILIKEN** erbaut – bei den Römern waren die Hallenbauten der Sitz des Gerichts bzw. des Kaisers. Die Haupthalle wurde zum Schiff, das die Seelen der Gläubigen sicher in den Hafen Gottes geleitet. Das zentrale Hauptschiff wird durch den **ALTARRAUM** abgeschlossen, der Gottes Gegenwart repräsentiert. Später ging man dazu über, das **KREUZ** als Grundriss der Basilika zu nehmen. Den Höhepunkt christlicher Architektur bilden gotische Kathedralen, die zwischen 1150 und 1450 errichtet wurden. Durch das perfekte Zusammenspiel von Licht (bunte, hohe Fenster), Geometrie, Proportionen, Farbe und Material symbolisieren sie die Vollkommenheit des göttlichen Kosmos. Die gesamte Konstruktion dieser Bauten strebt nach oben, sie verkörpern die Verherrlichung des Himmelreichs.

### SÄULE
Fungiert als Stützpfeiler, steht für Stabilität und Erhaltung eines gefestigten Systems. Der Ausdruck „Säule der Gesellschaft" geht auf diese Assoziation zurück. Hieroglyphen und Bemalungen auf ägyptischen Säulen preisen die Götter, diese Säulen haben nicht nur eine Stützfunktion, sie sind auch heiliges Monument. Frei stehende Säulen wie Triumph- und Siegessäulen symbolisieren den Phallus und Heldenmut. Der Felsen an der Meerenge von Gibraltar wurde im Altertum als „Säulen des Herakles" bezeichnet.

### TURM
Repräsentiert in der Bibel den vermessenen Versuch der Menschheit, Gott gleichzukommen, wie der Turmbau zu Babel im Alten Testament. Dieser Versuch war zum Scheitern verurteilt. Türme versinnbildlichen auch Wachsamkeit gegenüber drohendem Unheil, sie wurden bei Burgen oder in Ansiedlungen ja tatsächlich genutzt, um nach nahenden Feinden Ausschau zu halten. Psychologen deuten den Turm als aufgerichteten Phallus; ein Held, der eine Jungfrau aus einem Turm befreit, gilt als Metapher für sexuelle Reife.

### GÖTTLICHER BERG
Die konisch geformten Türme mancher Hindu-Tempel bezeichnen heilige Berge wie den Kailash in Tibet oder den mythischen Berg Meru. Diese Berge sind der Sitz der Götter und der Nabel der Welt.

### KIVA
Kreisrunder, halb unterirdisch angelegter Zeremonienraum der Pueblo-Kulturen. Ein kleines Loch im Boden symbolisiert den Zugang zur Unterwelt bzw. den Weg, durch den die Menschen in die Welt kamen.

### MIHRAB
Islamische Gebetsnische in Moscheen, welche die vorgeschriebene Gebetsrichtung (Qibla) gen Mekka anzeigt. Die Qibla ist im Koran (Sure 2, Vers 144) nachzulesen und wurde um 624 n. Chr. von Mohammed persönlich festgelegt.

### KUMBUM
Das buddhistische Kloster Pelkhor Chöde im Kreis Gyantse in Tibet beherbergt einen berühmten Kumbum, einen Stupa, der viele heilige Bilder enthält. Er hat vier Stockwerke mit 108 Kapellen und über 10 000 Wandbildern.

Der Kumbum wurde im Jahr 1440 in Auftrag gegeben und ist wie ein dreidimensionales Mandala aufgebaut. Er steht für den Übergang von der materiellen zur spirituellen Welt.

### SCHLOSS
Im Gegensatz zu Burgen dienten Schlösser ausschließlich Wohnzwecken. Sie symbolisieren einen Schatz, der bewacht wird, und können Gutes oder Böses beherbergen. Prinzessinnen werden oft in einem Schloss gefangen gehalten.

# FREIMAURER

Die Freimaurer sind eine der ältesten und größten Bruderschaften, mit weltweit über fünf Millionen Mitgliedern. Ihre Ursprünge liegen im Dunkeln, manche behaupten, sie gingen auf die Tempelritter zurück oder auf die Erbauer von König Salomons Tempel. Die organisierte Freimaurerschaft ging wahrscheinlich aus der Steinmetzbruderschaft des Mittelalters hervor. Vom 11. bis zum 13. Jahrhundert prosperierten in Europa Steinmetzbruderschaften, die für den Bau der großen Kathedralen und Schlösser verantwortlich waren. Da die wenigsten lesen oder schreiben konnten, wurden ihr Wissen, ihre Gesetze und Rituale mündlich überliefert. Die Tradition der geheimen Zeichen und Passwörter ist bis heute in der Freimaurerei lebendig; Mauerkelle, Winkelmaß und Zirkel bilden ihre Embleme.

Das Wissen um die Baukunst wurde sorgfältig gehütet. „Freimaurerei" ist eine Lehnübersetzung vom Englischen *freemansonery*, einem Begriff, der erstmals 1396 in England auftauchte. Er bezeichnet den *freemanson*, einen erfahrenen Steinbildhauer, der jeglichen Stein kunstvoll gestalten kann.

Am 24. Juni 1717 schlossen sich in London vier Logen zu einer Großloge zusammen. Dieser Tag gilt als offizielles Gründungsdatum der modernen Freimaurerei. Inzwischen waren auch Nicht-Steinmetze zugelassen. Freimaurer fühlen sich der Toleranz und Humanität verpflichtet. Brüderlichkeit und freie Entfaltung der Persönlichkeit stehen an oberster Stelle. Zentrales Symbol ist der legendäre Tempel Salomons.

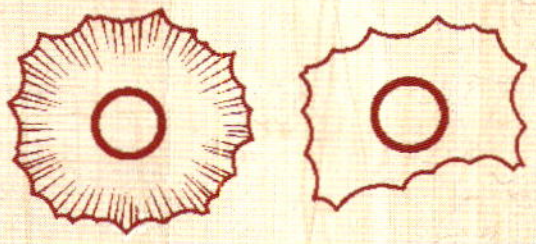

**Sonne & Mond**
Repräsentieren die gegensätzlichen Kräfte des Kosmos: hell und dunkel, positiv und negativ. Mond- und Sonnenzyklus sind bei den Freimaurern ebenfalls wichtig.

**Endlosknoten**
Symbol für den ewigen Schöpfer und den starken Verbund der Bruderschaft.

**Hammer & Meissel**
Wichtige Werkzeuge, um beim Bau des neuen Tempels unbehauenen Stein in einen glatten Quader zu verwandeln.

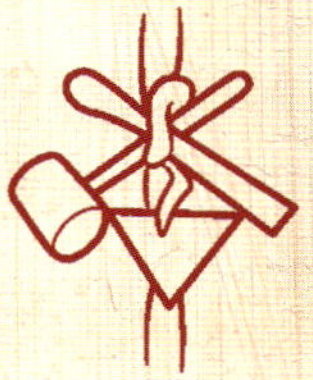

## FREIMAURER IN DEN USA

Die Geschichte der Vereinigten Staaten ist eng mit der Freimaurerei verbunden. Nahezu ein Drittel aller US-Präsidenten war Mitglied der Bruderschaft. Die erste Loge wurde 1733 von George Washington gegründet. Bei wichtigen historischen Ereignissen wie der Boston Tea Party und der Unabhängigkeitserklärung spielten die Freimaurer ebenfalls eine wichtige Rolle.

Das **GROSSE SIEGEL DER USA** (rechts, auf einer Ein-Dollar-Note) ist ein Symbol der Freimaurer. Es besteht aus einer **UNVOLLENDETEN PYRAMIDE**, die vom allsehenden **AUGE GOTTES** gekrönt wird. Die Pyramide symbolisiert das Streben nach einer idealen Gesellschaft. Das Schriftband darunter kündet vom Beginn einer „neuen Weltordnung". Symbole der Freimaurer befinden sich auch auf der Freiheitsstatue, deren Konstruktion auf die Bruderschaft zurückgeht.

**Schurz** Zählt zu den Insignien der Freimaurer. Die Stellung der Klappe verweist auf den Grad des Trägers, hier ein Meister.

**Bienenstock** Stock und Bienenschwarm repräsentieren die Ideale der Steinmetze: Fleiß und planvolles Arbeiten.

**Allsehendes Auge** Freimaurer verehren den „Allmächtigen Baumeister aller Welten", er ist nicht zwingend konfessionell festgelegt.

**Schwert & Lineal** Das Schwert steht für die Wahrheit, das Lineal ermittelt den idealen Maßstab (in der Architektur und im Leben).

**Zirkel & Winkel** Der Zirkel zieht einen perfekten Kreis, den inneren Kern der Wahrheit. Der Winkel symbolisiert Recht (rechter Winkel) und Gesetz.

**Jachin & Boas** Die zwei Säulen flankieren den Eingang zur Vorhalle des Tempels von Salomon. Der Tempel ist das Hauptsymbol der Freimaurer.

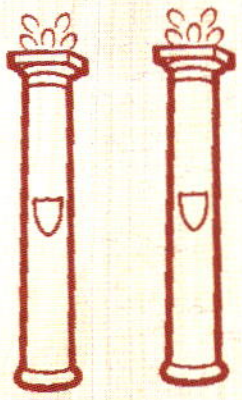

**Stufen** Symbol für spirituelles Wachstum. Jeder Bruder, der die drei Grade *Lehrling*, *Geselle* und *Meister* durchläuft, wirkt am Bau des Tempels mit.

**Tempel** Symbol für Humanität und die perfekte Gesellschaft. Der Tempelbau symbolisiert die Arbeit an den Idealen.

# MYTHEN

Schöpfung
Die Sintflut
Opfer
Christentum
Tod & Jenseits
Altes Ägypten
Die Suche
Die Arbeiten des Herakles
Das Ende der Welt

**DER URSPRUNG DES KOSMOS, GEBURT UND TOD, LIEBE UND VERRAT: DIESE THEMEN HABEN DIE MENSCHHEIT SEIT JEHER BESCHÄFTIGT UND FÜHRTEN ZUR BILDUNG VON FANTASIEVOLLEN MYTHEN, DIE REICH AN SYMBOLIK SIND.**

## SCHÖPFUNG

**Schöpfungsmythen liefern eine Antwort auf die Frage, wie das Leben entstand. Häufige Vorstellung ist ein Urmeer, das den Ursprung aller Lebewesen enthält. Elementare Kräfte werden oft durch kosmische Riesen personifiziert.**

### DUALITÄT

Bei den meisten Schöpfungsmythen entstand die Welt durch die Vereinigung zweier Kräfte. Sie basiert auf den Gegensätzen männlich / weiblich, hell / dunkel /, Himmel / Erde. Bei den Maori teilte sich das Urwesen in den männlichen Himmel und die weibliche Erde.

### ZYKLUS

Die Urenergie ist unkontrollierbar, sie ist zu gleichen Teilen zerstörerisch und schöpferisch. Das Universum befindet sich in einem ewigen Kreislauf aus Werden und Vergehen. Im tibetischen Buddhismus wird dieser unendliche Zyklus als „Rad des Lebens“ dargestellt.

### KOSMISCHE SCHLANGE

Viele Hochkulturen hielten die Schlange für ein Zwitterwesen, sie wurde daher als Gottheit verehrt, die sich selbst erzeugt. Sie ist das Urmeer, aus dem alles Leben stammt und in das alles Leben zurückkehrt. Die kosmische Schlange sorgt für Fruchtbarkeit auf Erden, ihr Geist lässt Pflanzen gedeihen, Tiere und Menschen entstehen. Die altägyptische Gottheit Apep, eine riesige Schlange, symbolisierte Finsternis und Chaos. Sie lebte in der Unterwelt und griff jede Nacht die Barke des Sonnengotts Re an. Sie musste allmorgendlich besiegt werden, damit Re seine Fahrt fortsetzen und die Sonne aufgehen konnte.

**QUIRLEN DES MILCHOZEANS**
In der indischen Mythologie winden die Götter die Schlange Vasuki wie ein Seil um den Berg Mandara. Durch kräftiges Ziehen an den Enden der Schlange bringen sie den Ozean zum Schäumen. Der Mond, Vishnu, Lakshmi und andere Wesen entsteigen dem Ozean, sogar das Elixier der Unsterblichkeit.

## KOSMISCHES EI

In Mythen aus Westafrika, Indien, China und Ozeanien setzt die Schöpfung ein, als sich ein **KOSMISCHES EI** aus formloser Leere bildet. Wenn es aufbricht, füllt sich die Erde mit Leben. In einigen Kulturen wurde das Ei von einer **SCHLANGE** befruchtet, bei anderen legte es ein riesiger **VOGEL** im **URMEER** ab. Beide Versionen tauchen im Mythos des altägyptischen Gottes **AMUN** auf. In Gestalt einer Schlange war Amun das erste Wesen im Urmeer; er befruchtete das kosmische Ei. Zugleich ist er die **GANS**, die das Ei legt. Bei den Dogon in Mali erzeugt der Schöpfergott **AMMA** eine Erschütterung, die das Ei zum Bersten bringt: Die Gottheiten der Ordnung und des Chaos kommen heraus. In der chinesischen Schöpfungsgeschichte enthält das Ei Yin und Yang, aus denen **PANGU** (siehe oben rechts) entsteht.

### GENESIS

In der biblischen Schöpfungsgeschichte wird die Welt von Gott in sechs Tagen erschaffen. Am ersten Tag erschafft Gott das Licht und somit Tag und Nacht, am zweiten das Himmelsgewölbe, welches das Wasser unter der Erde vom Wasser über der Erde trennt. Dann folgen Meerestiere, Landtiere und Vögel. Die Krönung der Schöpfung bildet der Mensch. Am siebten Tag ruht Gott. Das 1. Buch Mose liefert keine Erklärung für die Entstehung der Welt oder die Existenz Gottes, sondern preist vielmehr seine Herrlichkeit.

### PANGU

In der chinesischen Mythologie ist Pangu das erste Lebewesen. Vor der Existenz der Welt gab es nur eine eiförmige Urmasse und das kosmische Prinzip Yin und Yang. Aus Yin und Yang entstand Pangu. Pangu trennte als Säule den Himmel von der Erde. Seine Gestalt wird als zwergenhaft überliefert. Nach seinem Tod bildete sein Körper das Universum: Aus dem linken Auge wurde die Sonne, aus dem rechten der Mond. Seine Haare wurden zu den Sternen und sein restlicher Körper bildete die Erde. Aus seinem Atem entstand der Wind.

### NUN

In den ägyptischen Mythen ist Nun zusammen mit Naunet, der weiblichen Form, das Urwasser, das Erde anschwemmt, aus dem der Urhügel entsteht. Der Urhügel wurde durch eine Pyramide symbolisiert. Auf ihr ließ sich der Urvogel Benu nieder. Benu wurde später zum Totengott. Er wird meist in Gestalt eines menschengroßen Reihers mit langen Hinterkopffedern dargestellt (oben).

### DER SALZWASSERDRACHE

Im babylonischen Schöpfungsepos wird vom Chaosdrachenkampf erzählt. Marduk, der Hauptgott des babylonischen Pantheons, kämpft mit Tiamat, einem Drachenwesen, welches das Prinzip des Salzwassers verkörpert. Marduk spaltet Tiamat in zwei Hälften, aus denen er die Welt und den Himmel formt. Anschließend ersinnen Marduk und sein weiser Vater Ea den Menschen.

## TRAUMZEIT

bezeichnet in der Mythologie der Aborigines die Zeit der Schöpfung. Die Ahnen der Aborigines schufen die Welt und die Regeln des menschlichen Zusammenlebens. Die Traumzeit ist mit der Gegenwart durchaus verbunden; in besonderen Riten treten die Aborigines mit ihren Ahnen in Kontakt. Diese Riten finden an heiligen Orten statt, die von den Ahnen bevölkert sind, zum Beispiel am Ayers Rock, der in der Sprache der Aborigines **ULURU** (siehe Seite 108) genannt wird. Die Sterblichkeit der Menschen gilt als Konsequenz ihres Fehlverhaltens. Ihre Ahnen hätten unsterblich werden können, vertaten diese Chance jedoch durch unvollkommene Lebensführung.

**DIE GROSSE SCHLANGE**
In afrikanischen Mythen ist die Urkraft der Schöpfung eine Schlange. Das Volk der Fon im Benin glaubt, Ursprung allen Lebens sei eine zweigeschlechtliche Gottheit namens Mawu-Lisa, die in Gestalt einer riesigen Schlange erscheint. Sie umschlingt die Erde und sorgt so für ihren Zusammenhalt.

**YMIR**
*(rechts)* In der nordischen Mythologie ist das erste Wesen der Riese Ymir. Die ersten Götter töten ihn und erbauen aus seinen Körperteilen die Welt: Aus seinem Fleisch wurde die Erde, aus dem Blut das Meer, aus seinen Zähnen Steine und Felsen, aus seinem Haar die Bäume, aus seinem Schädel der Himmel und aus seinem Gehirn die Wolken gemacht.

**KAMPF DER TITANEN**
Die Titanen in der griechischen Mythologie sind die Nachkommen der Erdgöttin Gaia und des Himmelgottes Uranos. Zwischen den olympischen Göttern und den Titanen entbrannte ein heftiger Kampf um die Macht, den die Götter für sich entscheiden konnten.

**OMETECUHTLI**
War bei den Azteken eine zweigeschlechtliche Schöpfergottheit, aus der alle anderen Götter hervorgingen.

**PURUSHA**
In der indischen Mythologie entstand der Kosmos aus dem Urwesen Purusha. Er gilt auch als Urseele. Damit das Universum erhalten bleibt, bringen Hinduisten dem Purusha auch heute noch regelmäßig Opfer.

**ERDTAUCHER**
Die Indianer Nordamerikas kennen viele Schöpfungsmythen. In einer Version wird die Erde von einem Tier, dem sogenannten Erdtaucher, aus den Tiefen des Urmeers heraufgebracht. Bei den Cheyenne erschuf der „Allgeist" Maheo die Meere, Wassertiere und Vögel. Bald begannen die Vögel, nach Land zu tauchen. Ein Blesshuhn brachte ein wenig Lehm, der in der Hand Maheos anwuchs. Der Klumpen war irgendwann so schwer, dass er nur noch von einer Schildkröte getragen werden konnte. Auf ihrem Rücken bildete sich das erste Stück Land.

**ZWILLINGSHELDEN**
Bei den Maya erschufen die Zwillinge Hunahpu und Xbalanque die Welt sowie die ersten Menschen, die sie jedoch in Affen verwandelten, weil sie gefühllos waren.

# Die Sintflut

Verheerende Überschwemmungen, die Leben vernichten, finden sich in vielen Schöpfungsepen. Häufig stellen sie eine göttliche Strafe für die Vergehen der Menschheit dar. Letztlich symbolisiert eine Sintflut nicht das Ende der Welt, sondern einen Neuanfang: Die Überlebenden erhalten die Chance, ein besseres bzw. gottgefälligeres Leben zu führen.

Im Alten Testament werden nur der gerechte Noah und seine Familie von der Sintflut verschont. Gott trägt ihm auf, einen großen flachen Kasten zu bauen, diesen mit Pech abzudichten und ein Paar von jeder Tierart auf diese Arche mitzunehmen. Die Arche Noah mit den Tieren ist ein beliebtes Thema der bildenden Kunst. Von einer Sintflut berichten auch das Gilgameschepos (siehe gegenüber) sowie die hellenistischen Schriften: Deukalion und seine Frau Pyrrha überleben ebenfalls auf einem Schiff, das auf dem Berg Parnass strandet. Im Hinduismus soll Manu, der Urvater der Menschheit, eine große Flut erfolgreich überwunden haben.

**NOAHS ARCHE**
Diese islamische Illustration zeigt Nuh (Noah) in seiner Arche. Die Geschichte Noahs wird im Koran in Sure 11 ausführlich beschrieben. Ein Gefährt, das unter dem Schutz Gottes steht, symbolisiert nicht unbedingt ein echtes Schiff, sondern eher den von Gott erschaffenen Kosmos.

**MANU**
Der hinduistische Urvater Manu rettet einen kleinen, goldenen Fisch, der riesengroß wird. Da setzt ihn Manu im Ozean aus. Später warnt ihn der Fisch Matsya vor einer Sintflut und rät ihm, ein Schiff zu bauen und dieses mit den Samen aller Dinge zu beladen. Als die Sintflut einsetzt, zieht Matsya das Schiff in Sicherheit. Matsya ist die erste Inkarnation des Gottes Vishnu (links), der stets auftaucht, wenn die Welt in Gefahr ist.

**DEUKALION & PYRRHA**
Prometheus trägt seinem Sohn Deukalion auf, ein kastenförmiges Boot zu bauen, um darauf mit seiner Frau Pyrrha die Sintflut zu überleben. Da sie sich einsam fühlen, bitten sie die Götter um Mitbewohner und werden von Themis angewiesen, ihr Haupt zu verhüllen und Steine hinter sich zu werfen. Die Steine des Deukalion verwandeln sich in Männer und die der Pyrrha werden zu Frauen.

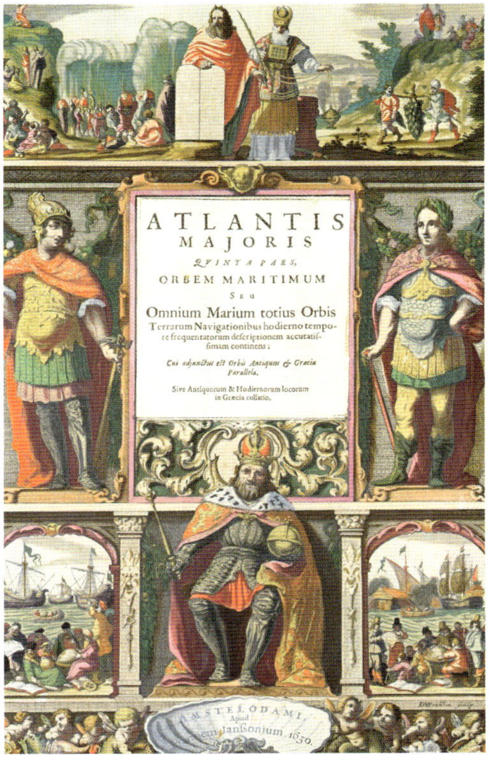


**ATLANTIS**
Der griechische Philosoph Platon erzählt, dass das Königreich Atlantis eine fruchtbare Insel war, die jenseits der „Säulen des Herakles" (Straße von Gibraltar) lag. Sie wurde innerhalb „eines einzigen Tages und einer unglückseligen Nacht" von den Fluten verschlungen. Platons Schilderung vom Untergang Atlantis wird als Metapher für die Flüchtigkeit unserer Welt interpretiert. Atlantis wurde zum Synonym für den Idealstaat Utopia, der 1624 von Francis Bacon in seinem Werk *Nova Atlantis* beschrieben wurde.

## DIE BABYLONISCHE FLUT

Lange Zeit vor der biblischen Noah-Geschichte gab es eine ähnliche Version im **GILGAMESCHEPOS**. Es entstand um 1500 v. Chr. in Mesopotamien und besteht aus elf in akkadischer Sprache verfassten Tontafeln. Akkadisch war in Mesopotamien Amtssprache. Der babylonische Noah war ein König namens Utnapischtim. Wie sein Gegenpart aus dem Alten Testament erhielt er eine göttliche Warnung vor einer Sintflut und baute eine Arche, um seine Familie und verschiedene Tiere zu retten. Die Geschichten gleichen einander bis in Einzelheiten, etwa der Aussendung von drei Vögeln (in der babylonischen Version eine Taube, eine Schwalbe und ein Rabe), um Land zu finden, sobald die Flut nicht mehr stieg.

Der **ATRAHASIS-MYTHOS** ist noch älter als das Gilgameschepos. Er entstand um 1800 v. Chr. und ist ebenfalls auf Akkadisch verfasst. Der Mythos handelt von einer großen Flut, die der Gott **ENLIL** beschließt, um die Menschen zu vernichten, da sie ihm zu viel Lärm machen. Der weise Gott **ENKI** (unten: ganz rechts) warnt Atrahasis und hält ihn dazu an, ein Boot für sich und seine Familie zu bauen. Atrahasis überlebt und bringt den Göttern ein großes Opfer dar. Als Lohn dafür lässt Enlil ihn unsterblich werden.

**FÜNF SONNEN**
Im Mythos der Azteken repräsentieren fünf Sonnen fünf aufeinander folgende Zeitalter. Wegen Streitigkeiten zwischen den Göttern wird jedes Zeitalter zerstört und durch ein neues ersetzt. Das gegenwärtige Zeitalter ist die fünfte Sonne. Sie entstand, als die Menschen im vierten Zeitalter durch eine Sintflut in Fische verwandelt wurden.

**KÜRBIS-KINDER**
In einer südchinesischen Sage verursacht der Donnergott eine Flut, die die Menschheit bis auf zwei Kinder vernichtet. Die Kinder hatten sich in einem Flaschenkürbis versteckt. Als sie erwachsen sind, gründen sie ein neues Menschengeschlecht. Der Kürbis gilt in China als Symbol für Fruchtbarkeit.

**WEISER FINTAN**
Die Mythen des alten Irlands beginnen mit dem Buch der Eroberungen. Danach gab es in Irland fünf Einwanderungswellen. Als erste Siedlerin kam Cessair. Ihr Mann Fintan war der Einzige, der die Sinflut überlebte, weil er sich in verschiedene Tiere verwandelte. 5500 Jahre lang soll er sein Dasein abwechselnd als Lachs, Adler und Falke gefristet haben. Als er danach wieder menschliche Gestalt annahm, konnte er den „neuen" Menschen von der Geschichte der Welt berichten. Der Zauberer und Gestaltwandler Fintan gilt als Inbegriff der Weisheit, weil er so lange Zeit auf der Erde verbracht hat.

# opfer

Opfergaben an eine höherstehende Macht gehören in vielen Kulturen untrennbar zur Glaubensvorstellung und zu sakralen Handlungen. Diese Macht können Ahnen, Geister oder Gottheiten sein. Je höher der Wert des dargebrachten Opfers ist, umso stärker ist meist die im Gegenzug gewährte Gunst der Gottheit. Berühmtes Beispiel hierfür ist Abraham, der seinen Sohn Isaak opfern will. Gott greift im letzten Moment ein und rettet Isaak. In der Religion der Maya und Azteken waren Menschenopfer durchaus üblich.

In der Antike durfte ein Tier nur in Ehrfurcht vor Gott, dem Schöpfer des Lebens, geschlachtet werden. Jeder Fleischmahlzeit ging daher eine religiöse Handlung in einem Heiligtum voraus: das Tieropfer. Außerdem dienten Opfer zur Vergewisserung des Kontaktes der Menschen zum Göttlichen. Sie konnten auch aus Blumen, pflanzlichen Lebensmitteln, Wein oder Weihrauch bestehen. Die Gaben der Natur sollten mit dem Segen der Götter genossen werden. Religionswissenschaftler unterscheiden in Sühneopfer, Bittopfer, Dankopfer und Lobopfer. Auch Wallfahrten, die Errichtung eines Kultplatzes, eines Opferaltars, eines Tempels, einer Kapelle oder einer Kirche wurden als Opfer verstanden.

**SÜNDENBOCK**

*(unten)* In mehreren alten Hochkulturen wurden Ersatzopfer gebracht, um die Götter zu besänftigen. Am Jom Kippur, dem Tag der Sündenvergebung im Judentum, machte der Hohepriester die Sünden des Volkes Israel bekannt und übertrug sie durch Handauflegen symbolisch auf einen Ziegenbock. Mit dem Vertreiben des Bocks in die Wüste wurden diese Sünden mitverjagt.

## ABRAHAM & ISAAK

Um Abraham auf die Probe zu stellen, verlangt Gott von ihm, seinen Sohn Isaak zu opfern. Im letzten Moment erscheint ein Engel, der Abraham einen Widder zeigt, der sich mit seinen Hörnern in einem Dornenbusch verfangen hat. Der Widder wird anstelle von Isaak geopfert. Für Muslime gilt der Stein im Felsendom zu Jerusalem (oben) als die Stätte von Abrahams Prüfung. Der Felsendom ist eines der Hauptheiligtümer des Islam.

## AZTEKISCHE MENSCHENOPFER

Für die Azteken war der Fortbestand der Welt nur gesichert, wenn dem Sonnengott Menschenopfer dargebracht wurden. Er musste jeden Abend „in Blut baden“, damit die Sonne am nächsten Tag wieder aufgehen konnte. Priester schnitten den Opfern das Herz bei lebendigem Leib heraus und hielten es der Sonne entgegen. Dann wurde es verbrannt. Der Geopferte wurde die Stufen des Tempels hinuntergestoßen.

## SATI

Die rituelle Witwenverbrennung in einigen indischen Religionsgemeinschaften wird Sati genannt. Sie ist heute gesetzlich verboten und geschah aus religiöser Überzeugung. Frauen, die Sati begingen, wurden in hohen Ehren gehalten und teilweise göttlich verehrt. Einst opferten sich auf diese Weise Frauen der im Kampf gefallenen Männer aus Fürstenfamilien, möglicherweise, um nicht den Feinden in die Hände zu fallen.

## IPHIGENIE

Artemis bestrafte Agamemnon, weil er einen Hirsch in ihrem heiligen Hain getötet hatte: Sie verhinderte zu Beginn des Trojanischen Krieges die Weiterfahrt der Griechenflotte unter Agamemnons Kommando nach Troja, indem sie eine Windstille bewirkte. Der Seher Kalchas weissagte, dass Agamemnon seine Tochter Iphigenie der Göttin zur Sühne opfern müsse, um seine Fahrt fortsetzen zu können. Agamemnon tat, wie ihm geheißen.

## LAMM GOTTES

Im Neuen Testament weist Johannes der Täufer auf **JESUS CHRISTUS** mit den Worten hin: „Siehe, das ist Gottes Lamm, welches der Welt Sünde trägt.“ (Johannes 1,29). Die Kreuzigung Jesu fand nach dem Johannesevangelium in dem Augenblick statt, als die Pessach-Lämmer geschlachtet wurden. Deren Blut wird im Alten Testament in der Nacht des Auszugs der Israeliten aus Ägypten auf Gebot Gottes hin als Schutzzeichen vor dem Todesengel an die Türpfosten gestrichen. Das Blut Christi soll die Menschheit von der Sünde reinwaschen. So wie das Lamm traditionell als Zeichen des Lebens und der Unschuld verstanden wird und sein weißes Fellgewand die innere Reinheit und Frömmigkeit symbolisiert, verweist das Osterlamm darauf, dass Jesus Christus nach dem Zeugnis der Bibel unschuldig für die Menschen gestorben ist.

### PFERDEOPFER

Könige im alten Irland nahmen vor Antritt ihrer Herrschaft ein rituelles Bad in Hengstblut. Dabei sollten Kraft, Schnelligkeit und Potenz des Pferdes auf den König übergehen.

### MITHRA

Im Persischen Reich war Mithra ein Gott des Rechtes und Sonnen- bzw. Lichtgott. Die Römer verehrten ihn unter dem Namen Mithras und stellten ihn ins Zentrum eines Mysterienkults, bei dem ein Stier getötet wurde. Nach der mithräischen Mythologie wird er zur Erneuerung der Welt geopfert. Aus dem Blut und Samen des Stiers regenerieren sich die Erde und alles Leben. Alle Informationen über den Mithraskult sind nicht gesichert, da es keine schriftlichen Zeugnisse darüber gibt.

### BERG TAI

Der berühmteste der fünf heiligen Berge im Taoismus. Im alten chinesischen Weltbild, bei dem das Reich der Mitte als Quadrat betrachtet wird, verkörpert der Tai den östlichen Eckberg. Die Kaiser bestiegen ihn, um Himmel und Erde Opfer darzubringen.

### WAHRSAGER ODIN

Der nordische Gott Odin opferte ein Auge, um das geheime Wissen der Runen zu erlangen, die zum Wahrsagen genutzt wurden. Kriegsgefangenen wurden Odin geopfert, damit die Priester den Ausgang der nächsten Schlacht vorhersagen konnten.

# CHRISTENTUM

Christen glauben, dass Gott eine „dreifaltige“ Wesenseinheit ist, die aus Gottvater, Sohn und Heiligem Geist besteht. In der Gestalt seines Sohnes Jesus von Nazareth wandelte Gott auf Erden. Jesus wurde von der Jungfrau Maria geboren, er ist Gott und Mensch zugleich, die Christen betrachten ihn als den Messias, den Retter der Menschheit. Jesus starb um 30 n. Chr. am Kreuz, erstand jedoch von den Toten auf. Deshalb werden alle gläubigen Christen nach ihrem Tod ebenfalls wiederauferstehen.

Zentrales Symbol des Christentums ist das Kreuz, es steht für Jesus Christus, der die Menschen von ihren Sünden erlöst hat, für die Wiederauferstehung und den christlichen Glauben. Das Kreuz mit gleich langen Balken war bereits in der Jungsteinzeit bekannt. Historiker gehen davon aus, dass es als Symbol für die Himmelsrichtungen und die Sonne diente. Im Altertum, speziell bei den Babyloniern und Hethitern, galt das Kreuz als Glücks- sowie Himmelssymbol und wurde mit oder ohne Sonnenscheibe dargestellt. Seit der Regierungszeit Konstantins des Großen, römischer Kaiser von 324 bis 337 n. Chr., ist das Kreuz das am häufigsten gestaltete Objekt in der christlichen Kunst, meist in Form eines Kruzifixes, also als Kreuz mit Christusfigur. Maria wird durch eine Vielzahl an Symbolen, die Reinheit und Keuschheit verkörpern, versinnbildlicht.

Frühe christliche Symbole sind das Christusmonogramm XP (siehe gegenüber, wird seit dem 2. Jahrhundert n. Chr. verwendet) und der Fisch. Jesus galt als „Menschenfischer“, der Fisch soll den ersten Christen als heimliches Erkennungszeichen gedient haben. Christus wurde auch als „Lamm Gottes“ und als der „Gute Hirte“ seiner Herde dargestellt.

**PELIKAN** Beim Füttern der Brut färbt sich die Brust des Pelikans vom Fischblut rot. Das führte zur Fabel, er töte sich für seine Jungen, so wie Jesus aus Liebe zu den Christen starb.

**OPFERKELCH** Bei Abendmahl und Kommunion Trinkgefäß, welches symbolisch das „Blut Christi“ enthält. Dabei werden vom Priester die Worte wiederholt, die Jesus beim Letzten Abendmahl über Brot und Wein gesprochen hat.

## HEILIGENSCHEIN

wird auch als **NIMBUS** oder **GLORIOLE** bezeichnet. Seit der Frühantike Symbol für Heilige, Mächtige oder Erleuchtete. Römische Kaiser sind teilweise mit Glorienschein auf ihren Münzen abgebildet, auch Sonnengötter wurden mit einem Strahlenschein um ihren Kopf dargestellt. Ab dem 2. Jahrhundert wurde der Heiligenschein in der christlichen Kunst zuerst **JESUS CHRISTUS**, dann der **DREIFALTIGKEIT** und den **ENGELN**, später **MARIA** und letztlich Heiligen gegeben. Dabei ist ein Heiligenschein mit Kreuz (Kreuznimbus) Jesus vorbehalten und kennzeichnet ihn. Umgibt der Heiligenschein die ganze Gestalt in Kreisform, wird er **AUREOLE** genannt, in Mandelform **MANDORLA**. Vor allem Christus und Maria werden so dargestellt. Der Begriff „Nimbus“ wird heute häufig als sprachliches Bild für die (unsichtbare) Ausstrahlung einer Person verwendet.

**WEINREBE**
Symbol für Christus. Jesus sagt: „Ich bin der rechte Weinstock“ (Johannes 15,1). Tiefe Bedeutung erhält der Wein zusammen mit Brot im christlichen Abendmahl: Weintraube und Ähre symbolisieren das Blut und den Leib Christi. Weinberg und Rebstock sind auch Bilder für das auserwählte Volk: „Der Weinberg des Herrn der Heerscharen ist das Haus Israel, und die Leute von Juda sind seine liebliche Pflanzung“ (Jesaja 5,7).

**PETRUSSCHLÜSSEL**
Jesus verhieß Petrus die „Schlüssel des Himmelreiches“ (Matthäus 16,19). Petrus war Leiter der Jerusalemer Urgemeinde. Seine Nachfolger, die Päpste, verwenden zwei gekreuzte Petrusschlüssel als Symbol ihrer Macht. Aufgrund des Glaubens Petri an die Messianität Jesu verhieß ihm Christus die Bindegewalt im Himmel und auf Erden, was durch die zwei Schlüssel dargestellt wird.

### HAND GOTTES

Symbol für Gottes Gegenwart. Alpha und Omega (AΩ), der erste und der letzte Buchstabe des griechischen Alphabets, kennzeichnen Gott als Anfang und Ende aller Dinge (Offenbarung 22,13).

### KRONE

Symbol für göttliche Herrschaft und den Sieg Christi über den Tod. Sie wird von Nägeln und Geißel flankiert, die das Leiden Jesu bei der Kreuzigung bezeichnen.

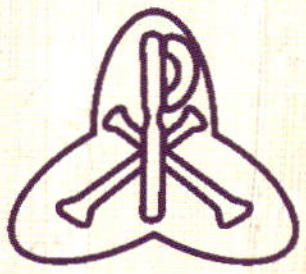

**CHI-RHO** Das Christusmonogramm. X (Chi) und P (Rho) sind im Griechischen die ersten beiden Buchstaben für den Namen Christus.

**INRI** Initialen für den lateinischen Satz *Iesus Nazarenus Rex Iudaeorum* – „Jesus von Nazareth, König der Juden“. Sie waren als Rechtsgrund für die Kreuzigung am Kreuz Jesu angebracht.

# Tod & Jenseits

Der Tod und alles, was damit zusammenhängt, hat bei den meisten Völkern zu ausgeprägten Riten und Vorstellungswelten geführt. Der Himmel stellte für viele den Ort dar, an den sich die Seelen oder Körper nach dem Tod der Menschen begeben. Manche vermuteten auch, er läge jenseits des Meeres oder er sei ein unsichtbares Reich, in dem die Toten wie Lebende existieren. Viele glaubten an ein irdisches Paradies, einen herrlichen Garten mit duftenden Blumen und Bäumen jeglicher Art. Das schöne Jenseitsland der Ägypter wurde Earu genannt, es lag an einem großen Fluss mit fruchtbaren Ufern. Zuweilen war das Paradies auch eine verzauberte Insel, auf der Unsterbliche weilten: In der griechischen Mythologie gab es die Insel der Seligen, und in der Artussage Avalon. Manchmal ist das Paradies einer bestimmten Elite vorbehalten, im Christentum erreichen es nur die Frommen, im nordischen Walhall hielten sich die tapferen Krieger auf, die in einer Schlacht gefallen waren.

Weit verbreitet ist die Vorstellung, die Menschheit habe einst im Paradies gelebt, sei jedoch daraus vertrieben worden, weil sie gefehlt habe. Insofern ist das himmlische Paradies eine Entlohnung für die Mühsal des irdischen Lebens. Gegenstück zum Paradies ist die Unterwelt. In manchen Kulturen ist die Unterwelt ein zwar öder und finsterer, jedoch moralisch unbewerteter Aufenthaltsort der Toten, in anderen Kulturen wiederum eine grauen- und qualvoll ausgestaltete Hölle und Wohnsitz des Bösen. In christlichen Religionsgemeinschaften gilt die Hölle als Ort ewiger Verdammnis, im Hinduismus verweilt der Verstorbene dort so lange, bis sein schlechtes Karma verbraucht ist. Danach wird er wiedergeboren.

**SENSENMANN**

Aus dem Mittelalter stammende Allegorie des Todes. Mit seiner Sense „erntet" er Seelen. Er ist zwar grimmig, aber nicht bösartig, da der Tod unvermeidlich ist. Er wird auch nicht als Todesursache begriffen. In der Kunst ist der Sensenmann ein *Memento mori* („Gedenke des Todes").

**THANATOS**

Der griechische Totengott ist der Gott des sanften Todes, er wird daher häufig zusammen mit Hypnos, dem Gott des Schlafes, abgebildet. Die Göttin des gewaltsamen Todes ist Ker. Laut Hesiod hat Thanatos „ein eisernes Herz und ehernen, erbarmungslosen Sinn", wen er einmal gepackt hat, gibt er nie wieder frei.

**TAG DER TOTEN**

Wichtiger mexikanischer Feiertag, an dem der Verstorbenen gedacht wird. Nach altmexikanischem Glauben kommen die Toten einmal im Jahr zum Ende der Erntezeit zu Besuch aus dem Jenseits und feiern gemeinsam mit den Lebenden ein fröhliches Wiedersehen mit Musik, Tanz und gutem Essen. Die Feierlichkeiten gehen auf die Kultur der Azteken zurück und dauern drei Tage.

**WALHALL**
In der nordischen Mythologie Burg des Odin und Aufenthaltsort tapferer Kämpfer, die in der Schlacht gefallen sind. Walhall ist ein prächtiger Bau mit 540 Toren (links). Welche Krieger nach Walhall dürfen, wird von den Walküren bestimmt. Tagsüber messen sich die Helden im Zweikampf, abends vergnügen sie sich mit Met. In der himmlischen Königshalle wohnen Odin und seine Gemahlin Frigg.

**HADES**
Bei den Griechen Ort der Toten und Unterwelt. Der gleichnamige Herrscher über das Schattenreich heißt übersetzt „der Unsichtbare", da Hades den Olymp mit seinem düsteren Rossgespann nur selten besuchte. Der Hades blieb nur wenigen Auserwählten erspart, sie wurden dann wie Herakles zu den Göttern im Olymp erhoben. Die Toten lebten im Hades nicht weiter, sondern fristeten ein Dasein als Schatten. Es war ein Reich ohne Wiederkehr, der Eingang wurde von dem Höllenhund Kerberos bewacht, der niemanden zurück in das Licht des Tages ließ.

**ELEUSINISCHE MYSTERIEN**
*(links)* Initiations- und Weiheriten, die in Eleusis bei Athen zu Ehren der Fruchtbarkeitsgöttin Demeter abgehalten wurden. Die Mysterien waren streng geheim, Teilnehmer, die davon berichteten, wurden hingerichtet. Man glaubte, durch die Riten an der göttlichen Macht teilzuhaben und im Leben nach dem Tode davon zu profitieren.

**ELYSION**
*(rechts)* In der griechischen Mythologie die Insel der Seligen, auf die von den Göttern geliebte Helden wie Achilles entrückt wurden. Sie führten dort ein unsterbliches Dasein voller Glückseligkeit. Im Gegensatz zu den Schatten im Hades behielten sie ihre menschliche Natur und vergnügten sich in lieblicher Landschaft mit Reiten, Turnen, Würfel- und Lautenspiel.

## ET IN ARCADIA EGO

Die lateinische Redewendung **ET IN ARCADIA EGO**, „Auch ich (war) in Arkadien", drückt die Sehnsucht nach einem goldenen Zeitalter aus, in dem die Menschen glücklich im Einklang mit der Natur leben. Arkadien (heute eine Region auf der Peloponnes) war Sinnbild für unbeschwertes Dasein. Im Barock erhielt der Ausspruch eine andere Bedeutung, er wurde übersetzt mit: „Mich gibt es auch in Arkadien", was bedeuten soll, dass der Tod auch Arkadien nicht verschont. Demzufolge ist die Redewendung ein **MEMENTO MORI**, eine Mahnung, dass Jugend, Schönheit und Glück nicht von Dauer sind. Der französische Maler Nicolas Poussin (1594–1665) hat das Thema in zwei Gemälden aufgegriffen, eines zeigt einfache Hirten, die die Inschrift auf einem Sarkophag entziffern (oben).

**TARTAROS**
Bei den Griechen Abgrund unter dem Hades. Dort müssen auf Geheiß der Götter niederträchtige Gestalten wie Sisyphos (links) ewige Qualen erleiden. Tartaros wurde als Kammer mit Mauern aus Bronze dargestellt. Er lag so tief unten, dass ein vom Himmel geworfener Amboss neun Tage brauchte, um dort anzukommen.

**OSIRIS & HORUS**
Der ägyptische Gott Osiris (links) wurde von seinem Bruder Seth zerstückelt. Seine Gemahlin Isis sorgte dafür, dass sein Körper wieder zusammengefügt und von Anubis einbalsamiert wurde. Osiris war die erste Mumie. Durch Magie wurde er von Isis so weit belebt, dass sie Horus mit ihm zeugen konnte, der als Erwachsener dann Seth unterwarf. Osiris wurde Herrscher der Unterwelt, Totenrichter, Gott der Wiedergeburt und der Fruchtbarkeit. Jeder verstorbene Pharao wurde mit Osiris gleichgesetzt, lebende Pharaonen personifizierten seinen Sohn Horus, den Sonnengott. Die Herrschaftsgebiete der beiden Götter umfassen die gesamte Vorstellungswelt der alten Ägypter.

**REINES LAND**
*(oben)* Im Amitabha-Buddhismus vertraut man auf die Güte des Buddha Amitabha, um im Reinen Land wiedergeboren zu werden: einer friedlichen, paradiesischen Welt, in der alles darauf ausgerichtet ist, den Wesen die Erleuchtung und das Erlangen des Nirvana leicht zu machen. Es handelt sich um die einzige Richtung des Buddhismus, in der das Vertrauen in einen überweltlichen Buddha einen zentralen Stellenwert beansprucht, da Glaube, wie er im Westen definiert wird, im Buddhismus gemeinhin keine herausragende Rolle einnimmt. Der Amitabha-Buddhismus ist vor allem unter einfachen Arbeitern verbreitet, die keine Zeit für Meditation haben.

## DAS ÄGYPTISCHE JENSEITS

Die alten Ägypter kannten mehrere Totenreiche, die zum Teil ineinander übergingen. Die Seelen der Verstorbenen konnten zum Sonnengott **RE** aufsteigen und in seiner Barke mitreisen, die jeden Tag über den Himmel und jede Nacht durch die Unterwelt fuhr. Sie konnten auch in die **UNTERWELT** hinabsteigen, um dort vor den obersten Totenrichter **OSIRIS** zu treten. Ihre Herzen wurden gegen die Feder der **MAAT** (Prinzip der Gerechtigkeit) gewogen. War das Herz genauso schwer wie die Feder, durfte der Tote in **EARU**, einem Paradies, das einem idealisierten Ägypten glich (unten), weiterleben. War das Herz schwerer als die Feder, war die Seele von Schuld beladen und wurde von **AMMIT** gefressen. Es folgte der zweite Tod, für einen Ägypter die schwerste Strafe. Allerdings konnte man sich mit einem Zauberspruch davor schützen, dass einen das Herz verriet.

Die reine Seele nahm die Gestalt des **BA** an, ein Vogel mit Menschenkopf, der sich in allen Welten frei bewegen konnte. Das Totenreich war von **SCHABTIS** bevölkert, mumiengestaltigen Statuetten, die mit den Toten begraben wurden. Sie sollten ihren Besitzer vor der mühsamen Fronarbeit im Jenseits bewahren, die jeder Verstorbene dort für seinen Lebensunterhalt zu erbringen hatte. Sie sprangen für den Verstorbenen ein, wenn dieser zur Arbeit aufgerufen wurde, und antworteten an seiner Stelle.

### INANNA IN DER UNTERWELT

Die sumerische Göttin des sexuellen Verlangens, Inanna (die babylonische Ischtar), stieg in die Unterwelt hinab, um die Macht ihrer Schwester Ereschkigal an sich zu reißen. Ereschkigal tötete Inanna. Auf Druck der Götter willigte Ereschkigal ein, Inanna wieder zum Leben zu erwecken, unter der Bedingung, dass ein anderer ihren Platz einnähme. Inanna schickte versehentlich ihren Gemahl. Dessen treue Schwester will sein Schicksal teilen und verbringt jedes Jahr an seiner Stelle sechs Monate in der Unterwelt.

### PIRATENFLAGGE

Ein Totenkopf mit zwei gekreuzten Knochen auf schwarzem Grund war die gefürchtete Flagge der Piraten. Sie war ein Zeichen dafür, dass keine Gefangenen gemacht, d.h. alle getötet wurden. Die Flagge signalisierte auch die Verachtung der Piraten für hoheitliche Insignien anderer Länder auf hoher See. Solange ein Piratenschiff auf der Suche nach Beute war, lief es oft unter falscher Flagge, um sich seinem Opfer ungestört nähern zu können.

### PENGLAI

*(rechts)* In der chinesischen Mythologie leben die Acht Unsterblichen auf einer östlich gelegenen Insel namens Penglai. Dort wachsen die Pilze der Unsterblichkeit. Die Assoziation des Ostens mit ewigem Leben rührt von der Gleichsetzung des Frühlings mit dem Osten. Der Frühling ist die Phase des Wachstums und der Erneuerung.

### AGNI

Der Feuergott Agni sorgt bei der Totenverbrennung der Hinduisten dafür, dass die Seele des Verstorbenen ins himmlische Jenseits kommt. Der Priester zitiert bei der Feuerbestattung: „Möge Agni dich dorthin bringen, wohin du gehen musst!"

### ANDERWELT

Die Kelten bezeichneten mit Anderwelt ein Jenseits, das frei von Sorge, Hunger, Altern und Tod war. König Artus wurde in der Artussage nach seiner schweren Verwundung auf die Insel Avalon gebracht. Avalon ist ein mystischer Ort, der auf Walisisch „Insel der Äpfel" heißt. Apfelbäume sind in der keltischen Mythologie die Bäume der Anderwelt, sie tragen Früchte, die über magische Heilkräfte verfügen.

### SIEBTER HIMMEL

Das Paradies wird im Koran ausführlich beschrieben: Es hat acht Tore und 100 Stufen führen durch die sieben Paradiesgärten. In jedem Paradies wohnen verschiedene Heilige. Das siebte und höchste Paradies ist Allah, Mohammed und den höchsten Engeln vorbehalten. Auch im Mittelalter herrschte die Meinung vor, die Seligen wohnten in sieben, übereinander angeordneten Himmeln. Der siebte und höchste war der glückseligste.

### RAD DES LEBENS

Repräsentiert im Buddhismus *Samsara*, den ewigen Kreislauf aus Leben, Tod und Wiedergeburt. Es zeigt die sechs Welten, in die ein Mensch wiedergeboren werden kann: die Welt der Götter, der Menschen, der Halbgötter, der Hungergeister, der Tiere und die Welt der Höllenwesen. Die Präsenz des Buddha in jedem Bereich symbolisiert die Möglichkeit der Erleuchtung unter allen Gegebenheiten.

### TÜRME DES SCHWEIGENS

*(links)* Zoroastrier, Anhänger der präislamischen Religion im Iran, begraben oder verbrennen ihre Toten nicht, weil sie glauben, dass die Elemente Erde, Feuer und Wasser rein bleiben müssen. Sie legen ihre Verstorbenen in runde Türme, wo die Leichname von Vögeln gefressen werden.

# ALTES ÄGYPTEN

Aufgrund der Hieroglyphenschrift war die Kommunikation im alten Ägypten stark von Symbolen geprägt. Ursprünglich hatten ägyptische Hieroglyphen den Charakter einer reinen Bilderschrift, die im weiteren Verlauf um Konsonanten- und Sinnzeichen erweitert wurde. Die Zeichen, die sich auf Bauwerken und Monumenten befanden, waren keine Dekoration, sondern Sinnbilder, die grundlegende Vorstellungen der damaligen Gesellschaft wiedergaben. Ein Pharao wurde zum Beispiel mit erhobenen Armen, beim Zerschmettern der Feinde Ägyptens mit einem Streitkolben dargestellt. Dieses Bild war Königen vorbehalten, nur sie galten als Beschützer des Volkes.

Die Bezeichnung Hieroglyphen bedeutet wörtlich übersetzt „heilige Eingrabungen“, was die göttliche Herkunft der Schrift andeutet, die nach Ansicht der Ägypter von dem ibisköpfigen Thoth (links), dem Gott der Weisheit, erfunden worden ist. Thoth war der Sekretär der Götter, seine Attribute waren Schreibtafel und Griffel. Ab dem 4. Jahrhundert n. Chr. gerieten die Hieroglyphen in Vergessenheit und es dauerte fast 1500 Jahre, bis sie entziffert werden konnten. Dieser Umstand hat viel zu ihrer Mystifizierung beigetragen. Dem Franzosen Jean-François Champollion gelang es im September 1822, ein vollständiges System zu ihrer Entzifferung aufzustellen. Europäer, die zuvor nach Ägypten kamen, standen staunend vor den seltsamen, oft wunderschönen Symbolen, die Tempel und Grabmäler zierten. Viele Reisende schrieben den Zeichen eine magische Bedeutung zu. Dabei ist die Schrift relativ unkompliziert aufgebaut. Rund zwei Dutzend Zeichen geben jeweils einen einzelnen Konsonanten wieder, sie stellen eine Art konsonantisches Alphabet dar. Bei bildlichen Darstellungen bedeutet eine gezeichnete Eule schlicht das Wort für Eule.

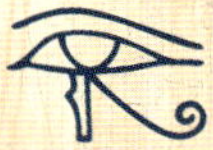

**AUGE DES HORUS**
Wurde mit Heilung, Schutz, Macht und Vollkommenheit verbunden; es war eines der häufigsten Amulette. Hier ist es auf der Barke des Sonnengotts Re, flankiert von zwei Uräusschlangen.

**SKARABÄUS**
Der eine Dungkugel vor sich her rollende Mistkäfer wurde mit den schöpferischen Kräften der aufgehenden Sonne assoziiert.

**URÄUSSCHLANGE**
Die aufgerichtete Kobra ist Symbol des Lichts und des Königtums. Als Diadem zierte sie die Stirn von Pharaonen. Sie galt als Auge des Sonnengottes Re.

**ANCH**
Das ägyptische Kreuz oder die Lebensschleife steht für körperliches Leben und das Weiterleben im Jenseits. Auf Darstellungen erhält ein Pharao manchmal den Anch, also das Leben, von einem Gott.

**DJED-PFEILER**
Zeichen für Dauer und Beständigkeit. Der obere Teil der Hieroglyphe war meist grün oder rot, der untere schwarz, weiß oder gelb. Der Djed-Pfeiler war als Amulett besonders beliebt.

**Sonne & Mond** Galten als Augen des Himmelsgottes Horus. Sein linkes Auge, der Mond, war von Seth herausgerissen und dann geheilt worden. Deshalb leuchtete es etwas schwächer.

**Papyrus** Die Wappenpflanze Unterägyptens; dort wuchs das Riedgras im Überfluss. In Verbindung mit der oberägyptischen Lotosblüte war der Papyrus ein Symbol für die Einheit der beiden Länder.

## DAS ÄGYPTISCHE PANTHEON

Der Himmelsgott **HORUS** wurde oft als Falke dargestellt. Horus war der Sohn von **OSIRIS**, dem Gott des Jenseits und der Fruchtbarkeit. Osiris wurde mit **GRÜNER** oder **SCHWARZER** Haut dargestellt, Grün stand für Erneuerung und Schwarz für den fruchtbaren Nilschlamm. Er trug die königlichen Insignien **KRONE, KRUMMSTAB** und **DRESCHFLEGEL. ANUBIS** war der Gott der Totenriten. Er wurde als schwarzer Schakal oder als Mensch mit einem Schakalkopf dargestellt.

Die Liebesgöttin **HATHOR** wurde meist als **KUH** oder Frau mit Kuhgehörn dargestellt. Hathor wurde zur allumfassenden Muttergöttin, deren Kult später auf **ISIS** überging; Isis galt als mächtige Zauberin, die alle Geheimnisse und zukünftigen Ereignisse kannte. Weibliche **NILPFERDE** sind wehrhafte Muttertiere. Die Schutzgöttin der schwangeren Frauen war **TAWARET** (oben), die meist als trächtiges Nilpferd mit Löwenkopf dargestellt wurde.

**NECHBET**
Die Schutzgöttin Oberägyptens. Sie wurde meist als Geier mit ausgebreiteten Flügeln dargestellt. Hier hält sie die Hieroglyphe für „Ewigkeit" in jeder Kralle.

# Die Suche

Alle Völker kennen Heldengeschichten, die über Generationen immer wieder erzählt werden. Auf der Suche nach einem tatsächlichen oder symbolischen Schatz muss der Held oft in ferne, unbekannte Gefilde reisen und zahlreiche Gefahren überwinden, die seinen Mut, seine Stärke, sein Ehrgefühl und seinen Erfindungsreichtum auf die Probe stellen. Manche stehen dabei unter göttlichem Schutz oder sie treffen auf Wesen, die ihnen besondere Fertigkeiten beibringen. Doch nur jene, die reinen Herzens sind, werden alle Abenteuer erfolgreich überstehen und ihr Ziel erreichen.

Gilgamesch, der Held des gleichnamigen Epos, will zum Beispiel das Geheimnis des ewigen Lebens herausfinden. Seine Reise führt ihn bis ans Ende der Welt. Dort muss er feststellen, dass Menschen sterblich sind. Weise und geläutert kehrt er in seine Heimat zurück. Epen schildern häufig lange Irrfahrten, die Helden in scheinbar ausweglose Situationen bringen. Da sie diesen jedoch stets entrinnen, gehen sie gestärkt aus allen Wagnissen hervor.

**GILGAMESCHEPOS**
*(rechts)* Dieses Meisterwerk der mesopotamischen Literatur entstand um 3000 v. Chr. Es behandelt Themen wie etwa die menschliche Bestimmung durch den Tod, die uns heute noch beschäftigen.

**PERSEUS**
Der berühmte Held der griechischen Mythologie steht unter dem Schutz von Athene und Hermes. Er kann das Haupt der Medusa nur abschlagen, weil ihm die Götter und Nymphen Sichel, poliertes Schild, Tarnkappe sowie Flügelschuhe schenken. Außerdem befreit er Andromeda aus den Fängen eines Meeresungeheuers.

**DAS GOLDENE VLIES**
*(oben)* Der griechische Held Jason erhält die schwierige Aufgabe, das Goldene Vlies von Kolchis zu holen. Es ist das Fell eines goldenen Widders, der Zeus heilig ist und der zudem sprechen und fliegen kann. Um sein Ziel zu erreichen muss Jason dunkle Mächte besiegen, die durch den niemals schlafenden Drachen repräsentiert werden, der das Vlies bewacht. Nur durch Zauber, Kraft und List gelingt es Jason, diese Aufgabe zu bewältigen.

## DER HEILIGE GRAL

Die Suche nach dem **HEILIGEN GRAL**, die in der **ARTUSSAGE** beschrieben wird, zählt zu den einflussreichsten Mythen des Mittelalters. Letztlich geht es um die Suche nach Glückseligkeit und Unsterblichkeit. Laut kirchlicher Überlieferung ist der Gral der Kelch, in dem **JOSEPH VON ARIMATHÄA** bei der Kreuzigung **CHRISTI** einige Blutstropfen aufgefangen haben soll. Dieses Blut verleiht ewiges Leben. Joseph brachte den Kelch nach Großbritannien, wo er verlorenging. Deshalb müssen Artus und seine Ritter der **TAFELRUNDE** (rechts) das wertvolle Gefäß finden.

Bei den Kelten symbolisierte der Gral das **HERZ** als Inbegriff des Lebens. Der Verlust des Grals ist gleichbedeutend mit dem Verlust des Paradieses. Die Gralssuche stellt den Versuch dar, das Paradies wiederzuerlangen. Die Ritter der Tafelrunde sind Eingeweihte, die bei ihrer Suche zahlreiche, lebensgefährliche Abenteuer überstehen müssen. Lediglich **GALAHAD**, der makellose Reinheit verkörpert, darf einen Blick auf den Gral erhaschen. Unmittelbar danach steigt seine Seele zum Himmel auf.

### DIE ODYSSEE

Homers Epos beschreibt die Irrfahrten des Odysseus. Der König der Insel Ithaka nimmt zehn Jahre am Trojanischen Krieg teil und irrt danach noch weitere zehn Jahre umher. Odysseus ist ein Idealbild an Einfallsreichtum und Treue. Er ist der Archetyp des heimkehrenden Helden, der seinen Platz nach langer Abwesenheit erneut für sich behaupten muss. Odysseus zeigt sich dieser Aufgabe gewachsen und bezwingt alle Freier, die seine Frau Penelope bedrängen. Auch Penelope ist ein Ausbund an Treue, sie weist alle Verehrer ab, weil sie davon überzeugt ist, dass ihr Mann eines Tages zurückkommen wird. Die Odyssee ist eines der einflussreichsten Werke der abendländischen Literatur. Der Begriff „Odyssee" wurde zum Synonym für lange Irrfahrten.

### BRENDAN DER REISENDE

Der Bericht über die Reise des heiligen Brendan war im Mittelalter sehr beliebt und verbreitet. Er erzählt, wie der irische Priester um 565 mit zwölf Gefährten in See sticht, um die Insel der Seligen zu suchen. Dabei stranden sie einmal auf einem großen Fisch (oben). Die vielen Abenteuer des Brendan stellen vermutlich eine symbolische Reise in die Anderwelt dar.

### XUANZANG

Der chinesische Mönch Xuanzang (603–664) pilgerte sechzehn Jahre lang nach Indien, um heilige Schriften des Buddhismus zu holen. Die Expedition hat tatsächlich stattgefunden und bildet die Grundlage des chinesischen Klassikers *Die Pilgerreise nach dem Westen*. Diese Erzählung gehört zum Kanon der chinesischen Literatur, sie wurde mehrmals verfilmt.

### AENEAS

Der Held der *Aeneis* von Vergil symbolisiert den Menschen, der seinem Schicksal ausgeliefert ist; in diesem Fall der Stammvater der Römer zu werden. Aeneas flieht mit seiner Familie aus dem brennenden Troja und irrt dann im Mittelmeer umher. Er verliebt sich in die Königin Dido von Karthago, muss sie aber auf Geheiß der Götter verlassen und gen Italien segeln.

### GELOBTES LAND

Gott verhieß Abraham ein Land, „in dem Milch und Honig fließen". Diese Verheißung war für den jüdischen Glauben stets grundlegend und führte letztlich zur Gründung des Staates Israel.

### THESEUS

Wurde von seinem Vater Aigeus, dem König von Athen, ausgesandt, um den Minotauros zu töten. Aus psychologischer Sicht bedeutet die Tötung des Monsters im Herzen des Labyrinths die Überwindung unserer tiefsten Ängste.

### VISIONSSUCHE

Die Schamanen der nordamerikanischen Indianer begeben sich auf Visionssuche. Durch tagelange Meditation in der Natur verfallen sie in Trance. Die Visionssuche soll eine neue Sicht auf die Welt bewirken und damit Lösungen für Probleme.

# Die Arbeiten des Herakles

Der berühmteste unter den griechischen Helden war Herakles. In seiner Gestalt äußert sich die Verquickung von Heldentum und Mythos am deutlichsten. Die Göttin Hera verfolgte den illegitimen Sohn des Zeus von Geburt an mit Feindschaft. Als er glücklicher Familienvater war, schlug sie ihn mit Wahnsinn, so dass er Frau und Kinder tötete. Zur Strafe musste er für zwölf Jahre in den Dienst von König Eurystheus treten. In dessen Auftrag bewältigte er die zwölf Arbeiten.

Die Abfolge der zwölf Arbeiten, die ihn in den Westen, das Land der untergehenden Sonne, und schließlich vor die Tore zur Unterwelt führte, wird als Metapher für den Lebenszyklus von der Geburt bis zum Tod interpretiert. Herakles gilt als „Sonnenheld“; die zwölf Arbeiten wurden mit den zwölf Tierkreiszeichen verglichen, die Held wie Sonne durchlaufen müssen. Die Stoiker sahen in ihm einen Heilsbringer, der geduldig alle Mühsal auf sich nahm, um die Welt von Unholden zu befreien.

**1. NEMEISCHER LÖWE**
*(rechts)* Der Abkömmling der Monster Typhon und Echidna war unverwundbar. Deshalb erstickte Herakles den Löwen mit seinen kräftigen Armen. Dann zog er ihm das Fell ab, mit dem er sich fortan kleidete. Die Bezwingung dieses mächtigen Tieres kommt einem Sieg über den Tod gleich.

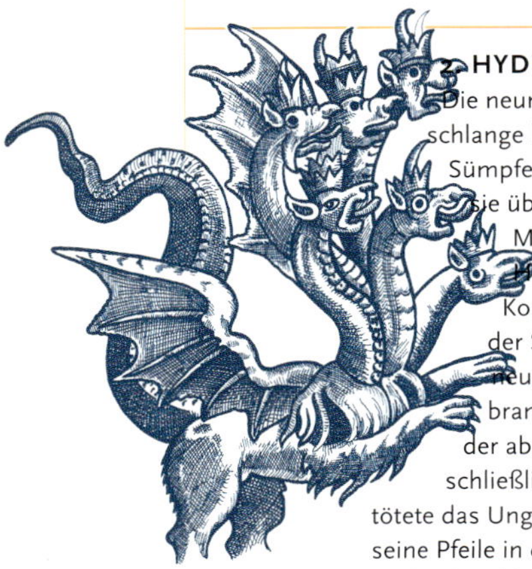

**2. HYDRA VON LERNA**
Die neunköpfige Wasserschlange lebte in den Sümpfen von Lerna, sie überfiel Vieh und Menschen. Schlug Herakles ihr einen Kopf ab, wuchs an der Stelle sofort ein neuer. Herakles' Neffe brannte die Stümpfe der abgeschlagenen Köpfe schließlich aus. Herakles tötete das Ungeheuer und tauchte seine Pfeile in dessen Blut. Dadurch schlugen sie unheilbare Wunden.

**3. KERYNITISCHE HIRSCHKUH**
Herakles musste das Wild mit dem goldenen Geweih fangen, ohne es zu verletzen, da es der Göttin Artemis heilig war. Er heftete sich ein Jahr lang an die Spur der Hirschkuh und lähmte sie endlich durch einen Pfeilschuss. Artemis schalt ihn deswegen, doch Herakles berief sich erfolgreich auf seinen Auftrag.

**4. ERYMANTHISCHER EBER**
Herakles musste den furchterregenden Eber lebendig fangen. Er jagte ihn in ein von tiefem Schnee bedecktes Feld und fing ihn in seinem Netz. Als er ihn auf seinen Schultern nach Mykene brachte, versteckte sich Eurystheus angsterfüllt in einem bronzenen Fass (links), ein beliebtes Motiv der Vasenmaler des 6. Jahrhunderts v. Chr.

**5. AUGEIASSTÄLLE**
Herakles sollte die riesigen Rinderställe von König Augeias an nur einem Tag reinigen. Er leitete zwei Flüsse durch die Ställe, die den Schmutz fortspülten. Dieser Geniestreich wurde als Metapher für die Aneignung radikal neuer Sichtweisen interpretiert, durch die man tiefsitzende Ängste bewältigen kann.

**7. KRETISCHER STIER**
Herakles wurde nach Kreta gesandt, um einen rasenden Stier zu fangen, den Poseidon einst König Minos als Opfertier geschenkt hatte. Es gelang Herakles, den Stier einzufangen und nach Mykene zu bringen. Er ließ ihn dann aber wieder laufen. Das Tier wurde später von Theseus erlegt.

**6. STYMPHALISCHE VÖGEL**
Diese menschenfressenden Riesenvögel hausten am See Stymphalos; sie hatten eiserne Flügel, Schnäbel und Klauen. Ihre Federn konnten sie wie Pfeile abschießen. Herakles scheuchte sie mit einer bronzenen Klapper auf, die ihm Athene gab, und erlegte sie mit seinen Pfeilen.

**8. ROSSE DES DIOMEDES**
König Diomedes von Thrakien fütterte seine außerordentlich wilden und schönen Rösser mit Menschenfleisch. Herakles tötete den König und warf dessen Fleisch den Rössern vor. Daraufhin wurden sie plötzlich zahm und er konnte sie mühelos nach Mykene bringen.

## DER TOD DES HERAKLES

Herakles tötete einen **KENTAUR**, der seine Frau **DEIANEIRA** vergewaltigen wollte. Der sterbende Kentaur überredete Deianeira, sein Blut auf ein Gewand von Herakles zu streichen und es als Liebeszauber zu nutzen, falls er sie einmal vernachlässigen sollte. Als Herakles die schöne Iole entführte, sorgte Deianeira dafür, dass er das Gewand anzog; er starb unter Qualen. Er wurde unter die Unsterblichen im **OLYMP** aufgenommen und erhielt die Göttin Hebe zur Gemahlin.

**9. GÜRTEL DER HIPPOLYTE**
Eurystheus verlangte nach dem Gürtel der Amazonenkönigin Hippolyte, der ein Geschenk des Ares war und außerordentliche Kräfte verlieh. Hippolyte wollte den Gürtel freiwillig herausgeben, doch Hera hetzte die Amazonen auf. Herakles musste Hippolyte töten und nahm den Gürtel.

**10. RINDER DES GERYON**
Der dreiköpfige Riese Geryon hauste im äußersten Westen auf der Insel Erytheia. Er besaß große Rinderherden, die er von dem zweiköpfigen Hund Orthros und dem Riesen Eurytion bewachen ließ. Herakles tötete Geryon, Orthros und Eurytion, trieb die Rinder zusammen und eilte mit ihnen davon. Auf seiner Rückreise errichtete er an der Straße von Gibraltar die Säulen des Herakles.

**11. ÄPFEL DER HESPERIDEN**
Der Baum mit den goldenen Früchten wurde von Nymphen, den Hesperiden, und einem Drachen bewacht. Die Äpfel verliehen Unsterblichkeit. Herakles schläferte den Drachen ein und raubte drei Äpfel. Nach einer anderen Version holte Atlas die Äpfel und ließ das Himmelsgewölbe währenddessen von Herakles tragen. Zurückgekehrt wollte er es ihm nicht wieder abnehmen. Herakles überlistete ihn und verschwand.

**12. KERBEROS**
Bei dieser Arbeit musste Herakles in die Unterwelt hinabsteigen, um den Höllenhund Kerberos zu holen. Priester zeigten ihm den Eingang zum Hades. In einem erbitterten Ringkampf unterlag Kerberos. Herakles brachte ihn zu Eurystheus und entließ ihn dann wieder in die Unterwelt.

# Das Ende der Welt

Die Vorstellungen über das Ende der Welt variieren von Kultur zu Kultur, doch viele Völker begriffen es als Untergang, aus dem ein Neuanfang hervorgeht, der von den auserwählten Überlebenden sinnvoll genutzt werden kann. In der nordischen Mythologie gibt es die Sage von Ragnarok, dem Ende der Götter, auf das eine neue Welt folgt. Im Hinduismus ist das Ende der Welt Teil des ewigen Kreislaufs der kosmischen Schöpfung; auf die Zerstörung folgt die Erneuerung.

Judentum, Christentum und Islam gemeinsam ist der Glaube an das Jüngste Gericht, bei dem die Sünder von den Tugendhaften getrennt werden. Juden erwarten die Ankunft des Messias, der ihnen ein Reich des Friedens bringen wird. Christen sind davon überzeugt, dass Jesus am Ende der Zeit ein zweites Mal kommen wird. In beiden Religionen wird davon ausgegangen, dass der Weltuntergang durch Erdbeben, Feuerstürme und Überschwemmungen eingeläutet wird. Dann gibt es einen letzten Kampf zwischen Gut und Böse.

**HÖLLENFAHRT CHRISTI**
*(links)* Im Nikodemusevangelium (nicht im Bibelkanon aufgenommen, wurde im 6. Jahrhundert n. Chr. verfasst) wird geschildert, wie Jesus zwischen seinem Tod und der Auferstehung in den Hades hinabsteigt. Er überführt die Seelen von Adam, Eva und anderer biblischer Gestalten ins Paradies. Durch das Wirken Jesu werden die Mächte Satans gebrochen.

**FÜRBITTERIN MARIA**
Laut römisch-katholischer Kirche fuhr Maria drei Tage nach ihrem Tod gen Himmel (Mariä Himmelfahrt). Dort ist sie gnadenvolle Fürbitterin der Gläubigen. Der Kult um Maria als Fürbitterin hatte im Mittelalter seine Hochblüte, weil viele Christen schreckliche Angst vor dem Jüngsten Gericht hatten. Um der möglichen Verdammnis zu entgehen, riefen sie Maria als Mittlerin an, meist durch häufiges Beten des „Ave Maria“ (Gegrüßet seist Du, Maria). Die Menschen glaubten, dass ihre Gebete von Maria an Christus weitergeleitet würden, der sie wiederum an Gott weitergab.

**BRAHMA KALPA**
Nach Hindu-Tradition durchläuft die Welt ständig Zyklen von Erhaltung und Zerstörung. Kalpa ist ein kosmischer Tag von Brahma (rechts) und dauert 4,32 Milliarden Sonnenjahre. Am Anfang eines Schöpfungstages beginnt die Schöpfung. Am Ende löst sich alles Geschaffene im Absoluten auf. Damit ist ein Kalpa ein kosmischer Zyklus von Werden und Vergehen, von Schöpfung und Vernichtung. Vishnu, der Bewahrer, überwacht den Schöpfungstag Brahmas, doch Shiva, der Zerstörer, macht alles zunichte. Da tritt Brahma, der Schöpfer, auf den Plan und der Zyklus beginnt von Neuem.

## DIE APOKALYPSE

Die **BIBEL** enthält mehrere Versionen vom Ende der Welt, etwa im Buch **HESEKIEL** und im Buch **DANIEL**. Im Neuen Testament wird es nur in der **OFFENBARUNG DES JOHANNES** beschrieben. Die Offenbarung ist vermutlich in der Regierungszeit Domitians (81–96) entstanden, sie ist reich an Symbolen. **JESUS** wird die **SIEBEN SIEGEL** öffnen. Daraufhin wird die Erde von Katastrophen heimgesucht, die durch **VIER REITER** repräsentiert werden. **SIEBEN ENGEL** gießen **SIEBEN PLAGEN** über die sündige Menschheit aus. Es folgt ein Kampf zwischen Gut und Böse, symbolisiert durch eine **FRAU UND EIN KIND** und einen **SIEBENKÖPFIGEN DRACHEN** oder **SATAN**. Eine **BESTIE**, die die **ZAHL 666** trägt, kennzeichnet den **ANTICHRISTEN**. Die Mächte des Guten kämpfen in **ARMAGEDDON** und die **HURE BABYLON** (Gegner der Christen im Römischen Reich) wird fallen. Die Heiligen werden ein **JAHRTAUSEND** lang herrschen, dann kehrt Satan kurz zurück. Schließlich müssen sich die Toten vor dem **JÜNGSTEN GERICHT** verantworten. Für die Gerechten wird es einen **NEUEN HIMMEL**, eine **NEUE ERDE** und ein **NEUES JERUSALEM** geben.

### SATAN
Im Alten Testament ist Satan ein Engel Gottes, der die religiöse Integrität der Menschen prüft. Im Neuen Testament ist er der Widersacher Gottes. Satan ist die Quelle des Bösen auf Erden. Er ist der gefallene Engel, der die Menschen in Versuchung führt. Er steht einem großen Gefolge von Dämonen vor. Dieses wurde von den himmlischen Heerscharen unter der Führung des Erzengel Michael besiegt.

### PROPHEZEIUNG DER MAYA
Die Maya sind für ihre exakten astronomischen Berechnungen berühmt, welche die Grundlage ihres Kalendersystems bildeten. Laut dem Kalender der Maya soll die Welt am 22. Dezember 2012 untergehen. Eine sehr ungewöhnliche und seltene Planetenkonstellation sorgt dafür, dass die Sonne an diesem Tag das Zentrum der Milchstraße einnimmt. Bei diesem astronomischen Ereignis soll sich das Magnetfeld der Erde so stark verschieben, dass sie sozusagen aus den Fugen gerät. Davon sind jedenfalls viele Esoteriker überzeugt.

### FÜNF SONNEN
Die Azteken glaubten, dass der Streit zwischen vier Göttern, die jeweils ein Viertel des Universums repräsentierten, zum Untergang der vier Sonnen führte. Jaguare zerstörten die erste Sonne, ein Hurrikan die zweite, Feuer die dritte und eine Flut die vierte. Die fünfte, gegenwärtige Sonne wird durch Erdbeben zerstört werden.

### PAHANA
Für die Hopi-Indianer setzte der Weltuntergang mit der Ankunft der Europäer ein: Sie brachten eiserne Schlangen (Eisenbahnen) und ein riesiges Spinnennetz (Telegrafenleitungen). Doch in all diese Zerstörung wird Pahana („Der verlorene weiße Bruder") weise eingreifen und am Vorabend der neuen Welt einen Tag der Reinigung abhalten.

### RAGNAROK
Die nordische Sage beschreibt das Ende der Götter. Die Menschen und die alte Welt werden durch eine Katastrophe hinweggefegt. Danach entsteht eine idyllische, neue Welt.

### RASTAFARI
Für die Anhänger dieser Religion begann der Weltuntergang 1930, als Haile Selassie Kaiser von Äthiopien wurde. Die Rasta betrachten Haile Selassie als Inkarnation Gottes bzw Christi, der die Sieben Siegel öffnet und das Armageddon einleitet.

### SAOSHYANT
Die Zoroastrier glauben, dass die Erde am Ende von flüssigem Metall überflutet wird, das die Sünden wegspült. Danach kommen alle in ein Himmelreich.

# Literaturempfehlungen


Assmann, Jan: *Tod und Jenseits im Alten Ägypten;* München, 2001

Bechert, Heinz und Gombrich, Richard: *Der Buddhismus;* München, 2000

Berg, Yehuda: *Die Macht der Kabbala;* München, 2003

Binder, Dieter A.: *Die Freimaurer: Die Geschichte des geheimnisvollen Männerbundes;* Wiesbaden, 2009

Bonin, Felix von: *Wörterbuch der Märchen-Symbolik;* Ahlerstedt, 2009

Borst, Arno: *Lebensformen im Mittelalter;* München, Berlin, 1997

Brucker, Karin und Sohns, Christian: *Tibetischer Buddhismus. Handbuch für Praktizierende im Westen. Geschichte, Lehre und Praxis, Feste, Rituale, Feiertage;* Frankfurt am Main, 2003

Dahn, Felix und Dahn, Therese: *Germanische Götter- und Heldensagen;* Wiesbaden, 2004

Golther, Wolfgang: *Handbuch der Germanischen Mythologie;* Wiesbaden, 2004

Gottschalk, Herbert: *Lexikon der Mythologie;* München, 1993

Gutberlet, Caroline: *Die Natur und ihre Symbole;* Berlin, 2005

Halbfass, Wilhelm: *Karma und Wiedergeburt im indischen Denken;* München, 2000

Hartmann, Peter W.: *Das große Kunstlexikon;* Neumarkt, Österreich, 1996

Hoffmann-Krayer, Eduard (Autor) und Bächthold-Stäubli, Hans (Hrsg.): *Handwörterbuch des deutschen Aberglaubens;* Berlin, 2000 (Photomechanischer Nachdruck der Ausgabe 1927–1942)

Hornung, Erik: *Das Totenbuch der Ägypter;* Düsseldorf, 2004

Jansen, Eva Rudy: *Die Bildersprache des Hinduismus. Göttinnen und Götter, Erscheinungsformen und Bedeutungen;* Haarlem, 2008

Jung, Carl Gustav: *Gesammelte Werke in 18 Bänden;* Zürich, 1958–1981

Jung, Carl Gustav: *Der Mensch und seine Symbole; Düsseldorf, 2009*

Keown, Damien: *Lexikon des Buddhismus.* Übersetzt und bearbeitet von Karl-Heinz Golzio; Düsseldorf, 2005

Kerenyi, Karl: *Werke in 5 Bänden: Dionysos; Antike Religion; Humanistische Seelenforschung; Die Mythologie der Griechen; Die Götter- und Menschheitsgeschichten / Die Heroengeschichten; Urbilder der griechischen Religion;* Stuttgart, 2005

Kinsley, David R.: *Flöte und Schwert. Krishna und Kali. Visionen des Schönen und Schrecklichen in der altindischen Mythologie;* München, 1979

Knappert, Jan: *Lexikon der indischen Mythologie. Mythen, Sagen und Legenden von A–Z;* Weyam, 1997

Krause, Arnulf: *Die Welt der Kelten: Geschichte und Mythos eines rätselhaften Volkes;* Frankfurt am Main, 2007

Lampert, Vanessa: *Praxisbuch Kabbala;* München, 2002

Le Goff, Jacques (Hrsg.): *Der Mensch des Mittelalters;* Essen, 2004

Oberthür, Rainer: *Das Buch der Symbole: Auf Entdeckungsreise durch die Welt der Religion;* München, 2009

Piano, Stefano: *Religion und Kultur Indiens;* Köln, Weimar, Wien, 2004

Prem, Hanns J.: *Die Azteken: Geschichte – Kultur –Religion;* München, 2006

Riese, Berthold: *Die Maya: Geschichte, Kultur, Religion;* München, 2006

Scholem, Gerschom: *Zur Kabbala und ihrer Symbolik;* Frankfurt am Main, 1995

Schreiber, Herrmann und Schreiber, Georg: *Geheimbünde von der Antike bis zur Gegenwart;* Wien, 2005

Schumann, Hans. W.: *Die großen Götter Indiens;* München 2002

Schwab, Gustav: *Die schönsten Sagen des klassischen Altertums;* Bindlach, 2006

Shaw, Ian und Nicholson, Paul (Hrsg.): *Lexikon des alten Ägypten;* Ditzingen, 2010

Wetzel, Christoph: *Christliche Symbole in der Kunst,* München 2009

Zimmer, Heinrich: *Indische Mythen und Symbole;* München, 2000

Zimmer, Stefan: *Die Kelten – Mythos und Wirklichkeit;* Stuttgart, 2009

Zimmermann, Jenner: *Indien. Das Licht der Weisheit und die Farben des Lebens;* Hildesheim, 2009

# Register



**Abraham** 167, 177
Achat 59
Acht (Zahl) 120
Adam & Eva 51, 52, 80, 82, 94, 145, 180
Adam Kadmon 38, 96
Adler 49, 55, 74, 75, 79, 157
Adonis 45
Aeneas 177
Äskulapstab 81
Affe 64
afrikanische Mythen 55
Agni 173
Akazie 35
Alchemie 21, 48, 54, 56, 57, 60–61
Altägypten 174–175
  Ammit 89
  Auge 96
  Geometrie 126
  Gold 56
  Götter 26, 28, 65, 105, 106, 107, 108, 109, 175
  Herz 98
  Insekten 84, 85, 174
  Jenseits 172–173
  Mais 148
  Pyramide 128
  Schöpfungsmythos 162
  Sonne & Mond 26, 175
  Sphinx 88
  Tiere 67, 81
  Vögel 77
Amaterasu 28, 106
Amboss 137
Ameise 85
Amethyst 59
Ammit 89
Amor 107, 140
Ampulle 151
Amun 107
Anaconda 80
Ananas 42
Ananta 80
Anch 133, 174
Andreaskreuz 133
Andromeda 89
Anemone 45
Anima/Animus (Archetypen) 15–16
Anker 79, 136
Antonius von Padua 73
Antigua 27
Apep 67, 83, 161
Apfel 40, 41
Aphrodite 40, 45, 54, 57, 70, 83, 107
Apokalypse 181
Apollon 25, 26, 107
Aprikose 41
Apzu 72
Aquin, Thomas von 111
Arche Noah 164
Archetypen 13–14, 15–17
Arkadien 171
Arm 99
Artemis 28, 106, 139, 140, 178
Artus, König 177
Asklepios 81
Astrologie 30–31
Atem 98
Atlantis 165
Atum 26
Auge 96, 99, 100
Augeiasställe 179
Avalon 173
Avatar 109, 144
Axt 138
Azteken 26, 27, 58, 163, 165, 167, 181

**Ba** 172
Baal 107
Bacchanalien 149
Bambus 36
Banane 41
Banner 153
Bär 65
Barett 153
Basilisk 82
Bastet 67
Bauch 99
Baum der Erkenntnis 52
Baum des Lebens 38–39, 52, 60, 61
Bäume 34–37
Bauwerke 156–157
Beeren 40
Benben 59
Bengalische Feige 34
Benu 77
Berg 33, 167
Bibel
  Apokalypse 181
  Garten von Eden 51, 52
  Haar des Samson 97
  Judentum 68
  Natur 37, 41, 45
  Schöpfung 162
  Stab Mose 82
  Zahlen 121
Biene 85, 149
Birne 40, 41
Bischofsmütze 153
Bischofsstab 137
Blau (Farbe) 116, 117
Blauregen 47
Blei 57
Blitz 35, 55
Blumen & Pflanzen 44–47, 61
Blut 98
Bodhisattva 110
Bogen 140
Brahma 77, 107, 128, 143, 180
Braun (Farbe) 116
Brendan der Reisende 177
Britannia 139
Bronze 57
Brot 146
Bruderschaft vom Berg Zion 20
Brücke 156
Buddha 46, 56, 67
  Hand des 99
  Smaragd-Buddha 58
  Buddhismus 112–113
  Bodhisattva 110
  Dharma-Chakra (Rad der Lehre) 11, 135
  Drei Gifte 83
  Natur 34, 37, 53
  Rad des Lebens 161, 173
  Reines Land 172
  Tempel 157
  Tiere 65, 67, 83
  Wasser 54
  Zahlen 118
Büffel 67
Bundeslade 68
Byzantinisches Kreuz 132

**Cerne Abbas Giant** 103
Chaac 54, 83
Chakren 38, 46, 97, 100–101
Chartres, Kathedrale von 125
Chauvet-Pont-d'Arc 62
Chili 43
Chepre 84
Chimäre 88
Chinesische Dattel 41
Chinesische Traditionen
  Astrologie 30
  Bäume 36, 37
  Berg Tai 167
  Drache 87
  *Feng huang* 77
  Fisch 70, 72
  Flagge 27
  Gärten 53
  Gottheiten 27, 28
  Kosmologie 29, 54, 116, 120
  Mandarin-Quadrat 152
  Mondkuchen 148
  Nü Gua 94
  Reis 148
  Schöpfungsmythos 162
  Tiere 29, 65, 67
  Xuanzang 177
  Yin und Yang 13, 90
  Zahlen 116, 119, 120
Chnum 95
Christentum 168–169
  Apokalypse 181
  Auferstehung 109
  Bauwerke 156, 157
  Dreieck 128
  Dreifaltigkeit 44, 49
  Dornenkrone 151
  Engel 110, 111
  Fisch 73
  Gärten 51, 52
  Heiligenschein 168
  Hexagon 129
  Kirchen 18–19, 136, 157
  Kreuzigung 35, 115
  Labyrinth 125
  Letztes Abendmahl 148, 168
  Musikinstrumente 154
  Oktogon 129
  Opfer 167
  Speisen & Getränke 147
  Symbole der Macht 150
  *siehe auch* Bibel; Jesus Christus; Maria (Mutter Jesu); Kreuz;
Chrysantheme 44, 90
Coatlicue 81

**Dabog** 27
Dämonen 109
Dattelbaum 34, 41
Delfin 71
Demeter 40, 42, 146
Devi 143
Diamant 59
Diana 140
Dionysos 125, 149
Djed-Pfeiler 174
Dolch 138
Dollar 10, 158
Donne, John 33
Donner 55
Donnergottheiten 106
Donnervogel 55, 86
Drache 86, 87, 88, 89, 91
  geflügelter 48, 60
  Tiamat 162
Drei (Zahl) 118, 119
Dreieck 68, 128
Dreizack 139, 143
Dreizehn (Zahl) 121
drittes Auge 96
Dryade (Baumnymphe) 35
Dudelsack 154
Durga 63, 143

**Eber** 66, 178
Echidna (& Typhon) 89
Eden, Garten von 51, 52, 110
Efeu 46
Ei 81, 162
Eibe 36
Eiche 35, 103
Eichel 103
Einhorn 51, 78, 89
Eins (Zahl) 118
Eisbär 65
Eisen 57
Elefant 66, 113, 143
Elemente 54–55, 68, 98, 120
Eleusinische Mysterien 171
Elf (Zahl) 121
Elixier des Lebens 149
Elster 75
Elysion 171
Embleme 10–11
Ende der Welt 180–181
Engel 19, 42, 110, 111, 181
Enneagram 129
Erdbeeren 42
Erde 54, 55
Erdfarben 117
Erdgottheiten 106
Erdtaucher 83, 163
Eros 107
Erymanthischer Eber 178

Esche 35, 37
esoterische Symbolik 20–21
Euklid 126
Eule 75
Europa 64

**Fahne** 27, 116, 137
Falke 26, 74
Farben 115–117
  *siehe auch* einzelne Farben
*Fasces* 138
Feder 172
Feige 37, 41
Felsen 56
*Feng huang* 77, 151
Fenster 156
Feuer 54, 55, 77, 83
Feuerstein 59
Finger 99
Fintan 165
Fisch 70, 71, 72, 73, 113, 147
Flaschenkürbis 147
Fledermaus 75, 91
Fliege 85
Flora 42, 51, 54
Flöte 154
Fluss 33
Freimaurer 21, 150, 156, 158–159
Freud, Sigmund 14
Frosch 83
Fruchtbarkeit 102–103
Fruchtbarkeitsgötter 107
Früchte 40–43
Frühling 33
Fuchs 62
Füllhorn 40, 42
Fünf (Zahl) 54, 119, 120
Fuß 99, 113
Fu Xi 94

**Gabelkreuz** 133
Gabriel, Erzengel 44, 111
Gaia 59, 80, 81, 105, 164
Galahad 177
Galaxien 25
Ganga 33, 108
Gans 77, 162
Gänseblümchen 45
Garten von Eden 51, 52, 110
Gärten 50–53
  chinesischer Garten 53
  englischer Garten 52
  französischer Garten 52
  Zen-Garten 53
  zoologischer Garten 53
gefallene Engel 111
geheime Symbole 20–21
Geier 74, 81
Geißel 141
Gelb (Farbe) 45, 116
Gelobtes Land 177
Geometrie 19, 126–129
Geräte 135–137
Gerste 147
Gethsemane 51
Getränke 147–150

Gilgameschepos 176
Glastonbury Tor 125
Glocke 135
Gold 56, 57
Goldener Schnitt 126
Goldenes Rechteck 127
Goldenes Vlies 13, 56, 176
Goldfisch 72
Gonzaga (Fürstenfamilie) 125
Gott, einziger 107
Götter & Göttinnen 105–109
Grab 93
Granat 59
Granatapfel 40, 103
Griechische Mythologie
  Dämonen 111
  Echidna & Typhon 89
  Elemente 56, 57
  Götter 28, 42, 105, 107, 108, 109
  Grün 117
  Metalle 56, 57
  Narziss 45
  Riesen 163
  Speisen und Getränke 150
  Tiere 66, 71
  Tod & Jenseits 171
  vier Jahreszeiten 54
  Waffen 138
griechisches Kreuz 133
Greif 79, 88
Großer Weber (Maya) 84
Grün (Farbe) 117, 175
grüner Löwe 61
Gürtel 145
Gürtel der Hippolyte 179

**Haar** 89, 97
Hades 40, 67, 171
Hahn 77
Hai 71
Halleysche Komet 25
Hammer 10, 137, 158
Hand 68, 99, 169
*Hand der Mirjam* 68
Handschuhe 146
Hanuman 64, 143
Harfe 155
Hase 16, 29, 49, 67
Haselnuss 36, 103
Hathor 65, 175
Hatschepsut 105
Heiligenschein 168
Heiliger Gral 20, 177
Heilkunstgötter 108
Held (Archetyp) 17
Henne 49
Hephaistos 54, 107
Heptagramm 129
Hera 35
Herakles 64, 103, 146
  Arbeiten des 178–179
  Tod des 179
Heraldik 78–79
Hermelin 145
Hermeneutik 21, 49

Hermes 10, 21, 28, 29, 81, 109, 110, 111, 176
Herz 48, 98, 177
Hesperiden, Äpfel der 179
Hexagon 129, 130
Hexagramm 68, 128
Himmelsgottheiten 106
Hinduismus 11, 19, 46, 143–144
  Gold 56
  Gottheiten 105, 109, 143, 144
  Kuh 65
  *Lingam* 59, 102
  Mythos 161, 163
  Purusha 163
  *Sati* 167
  Schlange 80
  Tempel 18, 143, 157
  Tod & Jenseits 173, 180
  Trias, heilige 129
Hirsch 65, 178
Höhlen der Schöpfung 94
Hölle 180
Holunderbaum 40
Honig 85, 148
Horus 26, 28, 105, 172, 175
  Auge des 174
Hosenbandorden 152
Huitzilopochtli 27
Hügel 33
Hund 67
Hyazinthe 47
Hydra 71, 80
Hydra von Lerna 178

**Inanna** 173
Incubus 80, 82, 102
Indianer Nordamerikas 55, 58, 95, 148, 163
  Schlangenhügel 81
  Visionssuche 177
Indien 12, 34, 50
Indra 55, 117
Inkas 26, 56
Insekten 84–85
Iphigenie 167
Iran 50
Isabella von Kastilien 78
Islam 19, 130–131
  *Basmala* 130
  Engel 111
  Geometrie 19
  Kaaba 127
  Oktogon 129
  Paradies 50
  Schahada 130
  Schöpfung 163
  Stern 130, 131
  Tod & Jenseits 173
Insel 33
Insel der Seligen 170, 171

**Jade** 58
Jaguar 63
Jakob, heiliger 70
Jakobsmuschel 70
Japan 27, 28, 72, 172

Jasmin 47
Jason 13, 176
Jerusalem 180, 181
Jesus Christus 20, 141, 149, 150, 166, 167, 177, 180
  Höllenfahrt 180
  *siehe auch* Christentum
Joch 137
Joseph von Arimathäa 20, 177
Judas 40
Judentum 11, 52, 68–69, 147, 148, 166
Jung, Carl Gustav 12, 13, 14, 15–17, 21, 62, 156
Jupiter (Gott) 35
  *siehe auch* Zeus
Jupiter (Planet) 25, 30

**Kabbala** 21, 38–39, 50, 96, 173
Käfer 26, 83, 84
Kambodscha 18
Kamelie 47
Känguru 65
Kaninchen 67
Karpfen 71, 72
Kastanie 43
Katze 67
Kegel 129
Kelch 137
Keltische Mythen
  Anderwelt 173
  Bäume 34
  Kreuz 27
  Speisen und Getränke 150
  Tiere 66, 67, 88
  Vögel 76
  Zahl Drei 119
Kentaur 89, 140
Kerberos 67, 86, 89, 171, 179
Kerynitische Hirschkuh 178
Kessel 149
Keule 140
Khakifrucht 41
Kirchen 18–19, 136, 157
Kirsche (Baum) 36, 41
Kirsche (Frucht) 41, 43, 103
*Kiva* 157
Kleeblatt 47
Kleidung 145–146
Knoten 158
Kobra 81
Kojote 62
Kolibri 75
kollektive Unbewusste, das 12, 13–14
Kolumbus, Christoph 78
Komet 25
kommunistische Embleme 10
Kompass 158
Konfuzius 58
Kopf 97
Kopfschmuck 144
kosmische Schlange 46, 161
kosmischer Baum 34
kosmisches Ei 162
Kosmos 8

Krähe 27, 48, 61, 74
Krake 71, 73
Kranich 36, 76, 90
Krebs 70
Kreis 9, 126
Kretischer Stier 179
Kreuz 11, 19, 27, 73, 132–133, 168
Kriegsgottheiten 109
Krishna 117
Krokodil 82, 89
Krone 151, 153, 169
Kronos 14, 93, 105
Kröte 61, 83
Krummstab 150
Kuckuck 74
Kugel 129
Kuh 65, 175
Kulturheroen 95
Kundalini 100
Kupfer 57
Kuppel 157
Kürbis 148

**Labarum** 133
Labyrinth 124–125, 177
Lachs 71
Lakshmi 107
Lamm 167
Landschaft 33
Lanze 140
Lapislazuli 59
Lateinisches Kreuz 132
Leander 33
Leda 76
Leiter 136
Leopard 63
Letztes Abendmahl 149
Leviathan 70, 73
Liebesgottheiten 107
Lilie 44
Limette 43
Lindenbaum 35
Lindwurm 79
*Lingam* 59, 102
Literatenstein 59
Litschi 41
Lorbeerbaum 35
Lotos 12, 46, 112
Löwe 49, 61, 63, 78, 79, 178
Löwenzahn 45
Ludwig XIV., König von Frankreich 26
Luft 54, 55
Lyra 155

**Macht, Symbole der** 150–153
Maibaum 103
Mais 95, 147, 148
Maismutter 94, 95
*Makara* 73
Malawi 27
Malteserkreuz 133
*Mandala* 115
Mandarin 43
Mandarin-Quadrat 152
Mandelbaum 36
Mann auf Leiter (Alchemie) 60
Manna 147
Mantel 146
Manu 164
Maria Magdalena 20
Maria (Mutter Jesu) 25, 106, 133, 168
  als Fürbitterin 180
  unbefleckte Empfängnis 29, 51
  und Einhorn 89
Marienkäfer 85
Mars (Planet) 25, 30
Maulbeerbaum 37
Maus 143
Maya 9, 27, 54, 84, 118, 181
Medizinrad 127
Medusa 82, 96, 97, 176
Meer 33
  Meeresgötter 107
  Meeresschlange 80
Meeresschnecke 70, 113, 144
Meerjungfrau 73
Meißel 158
Memento mori 93
Menora 68, 69
Merkur (Planet) 25, 29, 30, 81
Meru, Berg 142
Messer 138
Met 149
Metall 56–57, 60
Meteorit 59
Michael, Erzengel 87, 110, 111
Milchstraße 25, 181
Minotauros 64, 125, 177
Mistel 35, 46
Mithra 167
Mohnblume 47
Mond 28–29, 96, 106
Mondhase 29, 67
Mondkuchen 148
Morgenstern *siehe* Venus
Moses 146, 148
Motte 84
Mund 97
Musen 155
Musikinstrumente 154–155
Mutter Erde 35, 105, 106
Muttergottheiten 105

**Nabel** 99
*Naga* 81
Narziss 45, 56
Narzissen 45
Nase 97
Nechbet 81, 175
Nelke 45
Nemeischer Löwe 178
Neptun 30, 107
  *siehe auch* Poseidon
Nero, Kaiser 121
Neun (Zahl) 120
Nilpferd 89, 175
Noah 164, 165
Nordische Mythologie 13, 16, 65, 106, 111, 163, 167
  Ragnarok 180, 181
  Walhall 171
Nü Gua 94
Nun 162
Nüsse & Samen 103
Nut (Göttin) 103

**Obstgarten** 53
Odin 35, 65, 167
*Odyssee*, die 177
Odysseus 177
Ohr 97
Oktogon 129
Olivenbaum 37
*Omphalos* 59
*Om-Zeichen* 142
Opal 59
Opfer 138, 166–167
Orange (Farbe) 116
Orange (Frucht) 41
Orgel 155
Orion 140
Orthros 89
Osiris 88, 172, 175
Oval 126

**Pagode** 156
Pahana 181
Pampelmuse 43
Pandora 95
Panflöte 155
Pangu 28, 162
Pantheon 105
  ägyptisches Pantheon 176
Pappel 37
Papstkrone (Tiara) 152
Paradiesgarten 50
  *siehe auch* Gärten
Parvati 12, 105, 144
Pavian 29
Pegasos 89
Peitsche 141
Pelikan 77, 168
Pentagramm 129
Perle 59, 151
Persephone 40
Perseus 89, 176
Pessach 147
Petrus 73, 168
Pfau 74
Pfeil 140
Pferd 62, 65, 167
Pfingstrose 46
Pfirsich 36, 41, 51
Pflanzen 44–47
Pflaume (Baum) 36
Pflaume (Frucht) 43
Pflug 135
Phaeton 27
Philon von Alexandria 15
Phoenix 77, 151
Phrygische Mütze 153
Pilz 147
Pinie 36
Piratenflagge 173
Planeten 25
Platon 121
Platte 137
Poseidon 107, 125, 139
  *siehe auch* Neptun
Präsidentensiegel 152
Priapus 103
Primaten 64
Prometheus 95
Psychoanalyse 14
Puma 63
Purpur (Farbe) 117
Pyramide 128
Pythagoras 118, 121, 126
Python 81

**Qilin** 87
Quadrat 126, 158
Quecksilber 57
Quelle 53
Quetzal 77
Quetzalcoatl 77
Quitte 43

**Rabe** 61, 74, 76
Rad 113, 135, 144
  des Schicksals 127
Ragnarok 181
Rama 64, 109, 140
Rangabzeichen, militärische 152
Raphael, Erzengel 111
Rastafari 181
Ravana 64
Raupe 85
Re, Sonnengott 26, 63, 105, 175
Regen 54, 107
Regenbogen 55, 80, 140
  Spektrum 117
Regenbogenschlange 80
Reichsapfel 150
Reis 147
religiöse Symbole 11, 18–19
  *siehe auch* einzelne Religionen
Rinder des Geryon 179
Ring 151
Ringelblume 47
Roger Rabbit 17
Rosa (Farbe) 117
Rose 44, 45
Rosenkreuz 133
Rosenkreuzer 21, 48–49, 133
Rosse des Diomedes 179
Rot (Farbe) 44, 45, 59, 116
rote Zeder 37
Rotkehlchen 77
Rubin 59
Russland 79
Rüstung 141

**Sachmet** 63
*Sakrileg, Das* 20
Salamander 83
Salbungslöffel 151
Salomon, König 68, 151, 158
Sandalen 145
Saphir 59

Satan 52, 80, 82, 102, 109, 110, 111, 181
*siehe auch* Teufel
*Sati* 167
Saturn 25, 30
Satyr 102, 108
Säugetiere 62–68
Säule 157
Schädel 97
Schaf 67
Schale 137
Schatten (Archetyp) 16, 17
Schiff 136
Schild 139
Schildkröte 83
Schlange 52, 55, 67, 80–82, 86, 100, 163
Schleier 146
Schloss 157
Schlüssel 168
Schmetterling 84, 90
Schnecke 85
*Schofar* 155
Schöpfungsmythen 161–163
Schuhe & Stiefel 145
Schutzengel 110
Schutzgottheiten 108
Schwan 76
Schwarz (Farbe) 115, 116, 175
Schwein 66
Schwert 139
Sechs (Zahl) 119
See 33
Sensenmann 170
Seth 83, 96, 109
Sex 102–103, 107
*Sheela-na-Gig* 103
Shiva 12, 33, 107, 116, 128, 140, 142, 143
Sichel 137
Sieben (Zahl) 119
Siegel 71
Siegel des Salomon 68
Silber 57
Simurgh 75
Sintflut 54, 164–165
Sirene 71
Sistrum 154
Sisyphos 59
Skarabäus 26, 174
Skelett 99
Skorpion 85
Smaragd 58
*Sohar* 38
Sol Invictus 26, 27
*Soma* 149
Sonne 26–27, 76, 96, 106, 181
Sonnenblume 46
Sonnenfinsternis 27
Sonnenkrähe 27
Sonnenwende 47
Spaten 137
Speer 140
Speisen 147–150
Sphinx 88
Spinne 84–85
Spinnenfrau 84, 94
Spirale 126, 127
spirituelle Orte 108
Stab 82, 151
Stechpalme 35
Stein der Weisen 60, 61
*siehe auch* Alchemie
Steine 56
Sterne 25, 130, 131
Davidstern 68, 128
Stern von Bethlehem 25, 129
Sterne & Streifen 78
Sternschnuppe 25
Stiefmütterchen 45
Stier 64, 179
Storch 77
Streitkolben 141
Stufen 157
Stulpen 146
Stundenglas 136
Sturmgottheiten 107
Stymphalische Vögel 179
Succubus 80, 82, 102
Suche 176–177
Sündenbock 166
Swastika 27

***Tai Chi*** 13
Tadsch Mahal 50
Tafelrunde, Ritter der 177
Tag der Toten (Mexiko) 43, 170
Tamariske 37
Tamburin 154
Tantra 103, 143
Tanzgötter 107
Taoismus 57, 90–91
Tarot 38, 122–123
Tartaros 172
Taube 75
Taufbecken 73
Taukreuz 133
Tausendfüßler 85
Templerkreuz 133
Tetragramm 38
Teufel 16
*siehe auch* Satan
Tezcatlipoca 95
Thanatos 170
Theseus 64, 125, 177
Thor 55, 137
Thoth 28, 29, 64, 110
Thron 151
Tiamat 72, 162
Tierkreis 30–31
Tiger 63, 87, 91
Tintenfisch 71
Tlaloc 54
Tod 35, 93, 122, 170–173, 179
Ende der Welt 180–181
Toga 146
Tomate 43, 147
Traumzeit 65, 71, 95, 108, 163
Trickster (Archetyp) 16–17
Trigramm 90
Trommel 155
Trompete 155
Tunika 146
Tür 156
Türkis 58
Turm 157
Tutanchamun 56
Typhon (& Echidna) 89

**Unbefleckte Empfängnis** 29, 51
Uniform 145
Unterweltgottheiten 109
Uranos 14
*Uroboros* 81
Uruguay 27

**Vasuki** 161
Vater der Zeit 93
Vatergottheiten 105
Veilchen 45
Venus (Aphrodite) 54, 57, 70, 107
Venus (Planet) 25, 30,
Venusfiguren 102
Versailles, Schloss 26
Vier (Zahl) 119
vier Jahreszeiten 54
vier Körpersäfte 98
Vierzehn (Zahl) 121
Violett (Farbe) 117
Violine 155
Vishnu 46, 83, 109, 128, 142, 143, 180
Visionsschlange 82
Visionssuche 177
Vogel Rock 75
Vögel 61, 74–77
Vulkan 54
**Waage** 135, 172
Wadjet 81, 175
Waffen 138–141
Wal 71, 72
Walhall 171
Walküren 111, 171
Walnuss 43
Wasser 54, 55
Wasserlilie 46
Wassermelone 43, 103, 148
Wasserschlange 80
Weide 37
Weihnachten 26
Wein 149
Weinrebe 168
Weintraube 41
Weise, der (Archetyp) 17
Weiß (Farbe) 45, 115
Weißdorn 35
weißer Tiger 91
Weizen 147
Wind 54
Wirbelwind 55
Wolf 62, 67
Würfel 127
Wurm 86

**Xi Wang Mu** 51

**Yang** 13, 90
*Yin* 13, 90
Ymir 163
*Yoni* 102

**Zahlen** 8, 118–121
Zähne 97
Zaunkönig 77
Zeder 37
Zehn (Zahl) 120
Zeichen 9
Zen-Garten 53
Zepter 150
Zeus 37, 42, 57, 64, 76, 105, 106
Ziege 67
Zimbel 155
Zinn 57
Zitronatzitrone 42
Zitrone 40
zoologischer Garten 53
Zoroastrier 173, 181
Zunge 97
Zwei (Zahl) 118
Zwölf (Zahl) 121
Zylinder 129
Zypresse 37

# Danksagung & Bildnachweis

## Danksagung

Der Verlag dankt den folgend genannten Illustratoren für die Anfertigung der Illustrationen. Außerdem möchte der Verlag den folgenden Museen und Bildarchiven für die Genehmigung danken, ihr Material abdrucken zu dürfen. Es wurde große Sorgfalt darauf verwendet, die jeweiligen Rechteinhaber zu ermitteln. Sollten wir jemanden übersehen haben, bitten wir um Entschuldigung und Benachrichtigung. Etwaige fehlende Nachweise werden in der nächsten Auflage dieses Buches nachgetragen.

Legende:
o = oben, m= Mitte, u = unten, l = links, r = rechts

## Illustrationen

**Neil Gower:** 33u, 175
**Olaf Hajek:** 2–3, 4–5, 6–7, 22–23, 24, 32, 92, 104, 114, 134, 160
**Katarzyna Klein:** 3ur, 22ml, 23um, 25, 27um, 33ml, 33m, 33mr, 36ur, 41m, 53or, 93, 103, 115, 118ur, 135, 161
**Clare Melinksy:** 27ur, 34um, 35, 40m, 45or, 45ul, 46or, 53ol, 53ur, 55ol, 55or, 55ml, 55mr, 70um, 73or, 94m, 117ol, 125m, 148ul
**Gary Walton:** 29ul, 29um, 51ul, 63ol, 71ul, 72mr, 73ol, 77ml, 77m, 77mr, 82ol, 82om, 82or, 83or, 95ul, 105ml, 105m,105mr, 107ol, 125mr
**Mark Watkinson:** 30–31, 38–39, 48–49, 60–61, 68–69, 78–79, 90–91, 100, 112–113, 130–131, 142–143, 158–159, 168–169

## Bildnachweis

AA = Art Archive, London
ADO = Alfredo Dagli Ort
AKG = akg-images, London
BAL = Bridgeman Art Library, London
BL = The British Library, London
BM = © The Trustees of the British Museum
BN = Bibliothèque Nationale, Paris
BSP = Big Stock Photo
Dr = Dreamstime.com
EL = Erich Lessing
EM = Egyptian Museum, Cairo
GDO = Gianni Dagli Orti
iS = iStockphoto.com
ML = Musée du Louvre, Paris
NAM = National Anthropological Museum, Mexico City
PC = Private Collection
Sc = Photo Scala, Florence
Sh = Shutterstock.com
V&A = Victoria and Albert Museum/© V&A Images, London. All rights reserved
WFA = Werner Forman Archive, London

**Seite 8** Karte des Universums. Miniatur aus der osmanischen Handschrift *Zubdat al-Tawarikh* von 1583 (AA/Türkisches und islamisches Kunstmuseum, Istanbul/ADO); **9** Steintafel, Teil eines Maya-Kalenders (iS/Leeuwtje); **10ul** Wappen der Great Western Railway Company (AA/Eileen Tweedy); **10or** Kommunistischer Stern mit Hammer und Sichel (Sh/Sinisa Botas); **11** Altarkreuz aus Email, um 1160–1170, aus Frankreich oder Belgien, mit fünf Szenen aus dem Alten Testament (BM); **12** Minakshi-Tempel in Madurai, Südindien (Sh/Aleynikov Pavel); **13** Tai Chi (Sh/Khramtsova Tatyana); **14** Buddha-Statue, China (Sh/kentoh); **15** Ba-Amulett aus dem Grab des Prinzen Hornacht, ca. 9. Jh. v. Chr. (WFA/EM); **16o** Türverzierung aus Bronze (iS/xyno); **16u** Till Eulenspiegel auf einer 10-Pfennig-Banknote (Notgeld) von 1921. Gestaltet von Günther Clausen (AKG); **17** Ergotimos und Cleitias (Vasenmalerei, 6. Jh. v. Chr.): Detail aus dem Kampf zwischen den Lapithen und Kentauren (Sc – Mit freundlicher Genehmigung Kulturministerium/Archäologisches Museum, Florenz); **18ol** Kathedrale von Wells, Somerset, England (Br Lawrence Lew, OP); **18u** Tempel Angkor Wat, Kambodscha (Getty images/National Geographic/Martin Gray); **19** Keramiktafel in der Freitagsmoschee in Isfahan, Iran (Sh/javarman); **20** *Baum der Erkenntnis über Gut und Böse*, kolorierter Holzschnitt aus: *Geheime Figuren der Rosenkreuzer*, 1785–1788 (AKG/BN); **21** Illustration aus der alchemistischen Schrift *Sonnenglanz*, spätes 16. Jh. (AKG/Staatsbibliothek Preußischer Kulturbesitz, Berlin – Cod.germ. fol.42); **25u** Spiralgalaxie Messier 81 oder M81 (NASA/JPL-Caltech/ESA/Harvard-Smithsonian CfA); **26ol** Stilisiertes Porträt von König Ludwig XIV. Detail eines Gitterzauns in Schloss Versailles (iS/Robert Kirk); **26ur** Geflügelter Skarabäus auf einer Tür des Tempels von Edfu (iS/Pierrette Guertin); **27ol 1** Japanische Flagge (Sh/ARTEKI); **2** Flagge von Uruguay (Sh/Andrew Chin); **3** Argentinische Flagge (Sh/Adam Golabek); **4** Taiwanische Flagge (Sh/c); **5** Flagge von Antigua und Barbuda (Sh/Hintau Aliaksei); **6** Flagge von Malawi (Sh/Kheng Guan Toh); **27or** Helios auf dem Sonnenwagen, Vasenmalerei, Canosa, 330 v. Chr. (AKG/Staatliche Antikensammlungen & Glyptothek, München/EL; **27m** Hindu-Swastika in einem Tempel (Sh/Ami Parikh); **28–29m** Mondphasen (Science Photo Library/Eckhard Slawik); **28ul** Innuit-Maske. Das Gesicht stellt den Mondgeist dar, der umlaufende Rahmen die Luft, die Bänder die Ebenen des Kosmos und die Federn die Sterne (WFA/Sheldon Jackson Museum, Sitka, Alaska); **28ur** Halbmond auf einer Moscheekuppel (Dr/Dcubillas); **29or** Tarotkarte „Der Mond“ von Antonio Cicognara, 16. Jh. (AA/Carrara Academy, Bergamo/ADO); **30ol** Blaue Tierkreis-Uhr mit Goldverzierung (iS/Baloncici); **30ul** Chinesische Sternzeichen (Sh/fly); **31m** Himmelskarte mit Sternzeichen. Aus: Atlas minor, *Sive Geographia compendiosa in qua orbis terrarum ostenditur*, 1784 herausgegeben von A. Zurne, Amsterdam (AA/Bodleian Library, Oxford (2027a.49)); **34ul** Olivenbaum (Dr/Brandpoint); **34or** Von einem Feigenbaum umwachsene Buddha-Statue (iS/Anthony Brown); **35or** Eiche in den Wäldern von Masuren, Polen (Sh/Piotr Skubisz); **36ml** Chinesischer Papierschnitt (Sh/John Lock); **36ul** Blühender Ast eines Mandelbaums, Illustration (Sh/Ann Triling); **36or** Eiben auf einem Friedhof mit einem keltischen Kreuz, Dyfed, Südwales (Photoshot/NHPA/David Woodfall); **37ol** Olivenzweig (Sh/Laurent Renault); **37ml** Landschaft mit drei Zypressen, Gemälde von Ellen Beijers (Sh); **37r** Rote Zedern in Kalifornien (iS/Kelly Cline); **38ol** Abraham (in mittelalterlicher Rüstung) überreicht dem Priesterkönig Melchisedek ein Drittel seiner Kriegsbeute. Detail des Verduner-Altars von Nikolaus von Verdun, 1181. Stift Klosterneuburg, Österreich (AKG/EL); **38ur** Vereinigung von Islam, Christentum und Judentum. Illustration von Rabbi Jakob Emden. Deutschland, 18. Jh. (PC); **39m** *Baum des Lebens von* Mark Penney Maddocks (AA/Eileen Tweedy); **40ol** Exotische Früchte. Detail eines Stilllebens mit Pfau von Luis Portu, 19. Jh, Mexiko (AA/Queretaro Museum, Mexico/GDO); **41ol** Trinkgefäß in Pfirsich-Form, Silber vergoldet (Dr/Miao); **41or** Kirschen (iS/MHJ); **41ul** Relief mit Weinreben. Baal-Tempel, 32 n. Chr. Palmyra, Syrien (AKG/Hedda Eid); **42or** Zitronenbaum. Reproduktion aus einem klassischen Pflanzenbuch (Sh/Vladislav Gurfinkel); **42ul** Auszug aus dem *Stundenbuch von Philippe de Conrault*, ca. 1480 (AA/Bodleian Library, Oxford – Douce 223 fol 148v); **42ur** „Willkommens-Ananas“, Steinrelief (Sh/Mary Terriberry); **43ol** Kastanienröster. Illustration aus *Tacunium sanitatis in medicina*, einem arabischen Medizinbuch in lateinischer Sprache. Italien, wahrscheinlich Verona, 14. Jh. (AKG/Österreichische Nationalbibliothek, Wien -Cod.ser. nov. 2644); **43ml** Pflaumen (iS/Tania Oloy); **43ul** Zum Trocknen aufgehängte Chilischoten (Sh/vlas2000); **43or** Vogel mit Walnuss. Ausschnitt aus dem *Stundenbuch von Antoine le Bon*, Herzog von Lothringen, 1533 (AKG/BN–NA lat. 302, fol.53); **44ol** Teil einer Marmorwand mit Einlegearbeiten, Rotes Fort (Palastanlage), Delhi, Indien (Dr/Rene Drouyer); **44bl** Heilige Katharina von Siena mit Lilie, Detail einer gestickten Fahne im Konvent der dominikanischen Nonnen in Stone, Staffordshire, England (Br Lawrence Lew, OP); **44ur** Spätviktorianische Kachel mit japanischer Chrysantheme (Sh/Christopher Elwell); **45ol** Herz mit Rosen, Grabstein in München (iS/xyno); **45om** Veilchen (iS/Roman Dekan); **46ol** Statue eines Boddhisattvas mit Lotosblüten, Tokio, Japan (iS/Nikontiger); **46om** Chinesische Pfingstrose. Traditioneller Papierschnitt (Sh/John Lock); **46m** Efeu. Relief auf einem Grabstein (Sh/Steve Lovegrove); **46ur** Auszug aus einem *Stundenbuch zu Ehren der Jungfrau Maria*, Flandern, 1500 (AA/BL); **47ol** Blatt aus der Orchideen-Serie von Zhenlin *Shen: Vol. IV*, 1882 (Tusche auf Papier) (BAL/FuZhai Archiv); **47ul** Mohnblumenkranz auf Kriegerdenkmal (iS/William Murphy); **47r** Blumen und Vögel. Chinesische Holzschnitzarbeit (Sh/Apollofoto); **48ol** Kreuz mit Rosen auf einem Grabstein, München (iS/xyno); **48–49c** *Mons Philosopho-*

*rum*, kolorierter Holzschnitt, um 1604. Aus: *Geheime Figuren der Rosenkreuzer aus dem 16ten und 17ten Jahrhundert*, herausgegeben von J. D. A. Eckhardt, Altona, 1785 (AKG); **49u** *Theosophische Werke* von Jakob Boehm, Amsterdam, 1682: Licht und Dunkel. Alle Dinge entstammen dem Feuer und teilen sich in Licht (Wohl) und Dunkel (Wehe) (PC); **50ul** Tadsch Mahal, Agra, Indien (Dr/Nrg123); **50r** Blumenkachel, Topkapi-Palast, Istanbul, Türkei (Sh/Certe); **51ol** Detail aus *Der Frühling* von Sandro Botticelli, ca. 1477–1478 (AKG/Rabatti – Domingie); **51ml** Garten von Gethsemane. Viktorianische Glasmalerei (Sh/Keith McIntyre); **51or** *Madonna im Rosenhag* von Martin Schongauer, Dominikanerkirche Colmar, Elsass, 1473 (AA/GDO); **52ol** Baum der Erkenntnis von Gut und Böse, Detail der Fassade der Kathedrale Notre-Dame, Paris (Dr/Nikos Koravos); **52or** Burghley House, Landsitz des Marquis von Exeter. Gartenarchitekt: Capability Brown. Stich von Robert Havell, 1819 (BAL/The Stapleton Collection/PC); **52u** Schloss Marly-le-Roi. Gemälde von Pierre-Denis Martin. Öl auf Leinwand, 1722 (BAL/Giraudon/Château de Versailles); **53ol** König Salomon und die Tiere. Indische Miniatur, ca. 1595 (BAL/The Trustees of the Chester Beatty Library, Dublin – In. 04,f.74r); **53ul** Zen-Garten im Ryoan-ji-Tempel, Kyoto, Japan (Sh/Stanislav Komogorov); **54ol** Kosmologisches Diagramm. Aus dem *Buch des Byrthferth*, ca. 1090 (BAL/St. John's College Library, Oxford – St.Johns 17 f.7v); **54ul** Chaac, Regengott der Maya (BSP/Shiver); **54um** *Sunshû Ejiri*, Farbholzschnitt von Katsushika Hokusai (1760–1849) (BM); **54ur** Noah mit Arche in der Hand, Detail eines Glasfensters, Kirche St. Michael & All Angels, Fringford, Oxfordshire (Sh/Sybille Yates); **55u** Doppelkopfadler. Figur eines Ritualgewandes der Haida-Indianer (WFA/Canadian Museum of Civilization); **56o** Totenmaske des Tutanchamun (Dr/Prehor); **56u** Alte Goldmaske aus den Anden (Sh/Carlos E Santa Maria); **57ml** Relief im Achillion Korfu (Sh/Netfalls); **57ul** Maria mit Christuskind. Ikone (Sh/Agata Dorobek); **57or** Statue des Merkur (Dr/Sergey Rusakov); **57ur** Eisernes Kreuz von 1939 (BSP/Brendan Montgomery); **58ol** Löwenfigur aus Jade. China (Sh/Vivian Fung); **58or** Smaragd-Buddha im Wat Phra That Doi Suthep, Bangkok, Thailand (Sh/Valery Shanin); **58u** Gefiederte Schlange. Brustschmuck der Azteken. Türkise und rote Muscheln. 15. oder 16. Jh. (BM); **59ol** Geschliffener Diamant (iS/Max Delson); **59or** Halbedelsteine (iS/Raigorodski Pavel); **60ol** Alchemist mit dem Stein der Weisen. Illustration aus einem alchemistischen Manuskript von George Ripley, 16. Jh. (AA/Bodleian Library, Oxford – Ashmole Rolls 52); **60–61m** Illustration aus *Sonnenglanz* (alchemistische Schrift von 1582) (AKG/BL – Ms. Harley 3469, fol.17); **61ur** Die Sonne verschlingender Löwe. D. Stolcius von Stolcenberg, *Viridarium Chymicum*, Frankfurt 1624 (PC); **62ol** Gesatteltes Pferd. Miniatur. Pakistan, ca. 1840 (V&A); **62ul** Fuchs auf Wappen (PC); **62um** Kojoten-Kopf. Replik eines Totempfahls der Tlingit im Sitka National Historical Park, Alaska, um 1900 (iS/Nancy Nehring); **62ur** Kapitolinische Wölfin (Sh/javarman/Kapitolinische Museen, Rom); **63om** Tiger erlegt einen weißen Stier. Römisches Mosaik (Sh/Bill Perry/Kapitolinische Museen, Rom); **63ur** Gekrönter Löwenkopf an der Fassade des Palazzo Pitti, Florenz (iS/PeskyMonkey); **64o** Hanuman-Statue in einem Tempel in Tirupati, Südindien (iS/Daniel Laflor); **64u** Detail des Ischtar-Tors, 6.–7. Jh. v. Chr. (Sh/Martina I Meyer/Pergamon-Museum, Berlin); **65ol** Schnitzarbeit an einer buddhistischen Tempelwand, Peking (Dr/Szefei); **65om** *Der sterbende Hirsch*. Stich von R. H. Stoddard, ca. 1883 (iS/Constance McGuire); **65u** Weizenernte. Malerei in der Grabkammer des Menna in Theben (Gabana Studios Deutschland/Manna, Ägypten); **66l** Reitelefant mit Maharadscha, indisches Wandbild (Sh/Jeremy Richards); **66r** Früchte fressender Eber. Relief in einem griechischen Tempel in Korinth (iS/Brianna May/Archäologisches Museum, Korinth); **67ol** Jesus als Guter Hirte. Viktorianische Glasmalerei (iS/Pattie Calfy); **67or** *Cave Canem* – „Vorsicht Hund!". Römisches Mosaik (AA/Archäologisches Museum, Neapel/ADO); **67ml** Alte US-Briefmarke mit Bison (iS/Ray Roper); **67m** Hasen-Hieroglyphe, Karnak (Gabana Studios Deutschland/Manna, Ägypten); **67ur** Statue der Bastet. Grauer Granit (BSP/myskatevi); **68ml** Hand der Mirjam auf einer Hebräischen Bibel (BSP/samc); **68ur** Davidstern auf einer Synagoge (iS/Arie J Jager); **69m** *Tempel-Gegenstände*. Umschlagillustration der Bibel von Perpignan, 1299 (AKG/BN – Cod. Hebr.7, fol.12v); **70ol** Meerestiere. Allegorie der christlichen Völker. Bodenmosaik in der Basilika von Aquileia, Italien, 4. Jh. (AKG/De Agostini Picture Library); **71m** Bonito (Thunfisch-Familie). Einlegeschnitzerei. Diese Fische zierten die Kanus der Ureinwohner, sie sollten Bonitos anlocken und Haie vertreiben. Salomon-Inseln bei Neuguinea (WFA/BM); **71um** Delfin-Fresko im Minoischen Palast von Knossos auf Kreta, ca. 1500 v. Chr. (BSP/Paul Cowan); **72ol** Koikarpfen. Chinesisches Gemälde (BSP/WittyVlad); **72ul** Alexander der Große versenkt ein gläsernes Fass, um das Leben auf dem Meeresboden zu erforschen. Kopie einer Illumination aus dem *Alexanderroman* (13. Jh.). Stich von 1878 (iS/Steven Wynn); **73or** Raphael mit Tobit und seinem Fisch. Detail eines Kirchenfensters. Saint Sulpice, Fougères, Frankreich (iS/Stan Tiberiu Loredan); **74ol** Pfau. Torbogenmalerei im Stadtpalast Jaipur, Rajasthan, Indien (Sh/Jeremy Richards); **74um** Relief des Horus im Grabmal der Hatschepsut in Luxor, Ägypten (Gabana Studios Deutschland/Manna, Ägypten); **75o** Adler-Totempfahl. Stanley Park, Vancouver (iS/RonTech2000); **75mr** Heiliger Geist. Mosaik in der Kirche von Bethanien am Jordan. Dort soll Jesus getauft worden sein. (Sh/Darrell J Rohl); **76ol** Rabe-Totempfahl in Alaska (Sh/Michael Klenetsky); **76or** *Leda und der Schwan*. Kopie des verlorengegangenen Originals von Leonardo da Vinci (AA/Galleria Borghese, Rom/ADO); **76ul** Chinesischer Stoff mit Kranichmuster (Sh/trendywest); **77or** Phoenix. Gemälde im Klong Son Tempel auf der Insel Koh-Chang, Thailand (Sh/aaleksander); **78r** Alte französische Briefmarke (Sh/Halima Ahkdar); **78–79m** Wappen von Christoph Kolumbus, das ihm 1492 von Ferdinand und Isabella von Spanien gewährt wurde (AA/Museo Navale, Pegli/GDO); **79or** Russischer Doppeladler mit heiligem Georg, Reichsapfel und Zepter (iS/Nikolay Alexandrov); **80or** Schlange auf Grabstein (iS/pixonaut); **80ul** Erinnerungsmedaille der Monarchie Österreich-Ungarn von 1914: Herakles bezwingt die Hydra (iS/Daniel Baumgartner); **81o** Luftperspektive auf den Schlangenhügel in Ohio (Corbis/Richard A Cooke); **81ml** Ägygptischer Sarkophag (BSP/Scott); **81m** Statue des Shiva, Grand Bassin Tempel, Mauritius (iS/Laurent); **81mr** Coatlicue, aztekische Erdgöttin. Mexiko (DBP/NAM); **81ur** Hermesstab auf einem Gebäude in München (iS/xyno); **82or** Haupt der Medusa. Flachrelief im Innenhof des Casa de Pilatos, Sevilla, Spanien (iS/Roberto A Sanchez); **82ul** Adam und Eva mit der Schlange. Glasmalerei (iS/Manuela Krause); **82ur** Der ägyptische Krokodil-Gott Sobek im Kom Ombo Tempel, Ägypten (BSP/pajche); **83l** Salamander. Kolorierter Kupferstich aus *Atalanta Fugiens*. Alchemistische Schrift von Michael Maier, 1618 (AKG/BN) (iS/Stan Rippel); **84ol** Skarabäus. Goldenes Armband aus dem Grab des Amenemope (WFA/EM); **84ul** Schmetterlinge. Bemalung auf einem alten chinesischen Kästchen (Sh/qingqing); **84ur** Totenkopffalter. Illustration (Getty images/Dorling Kindersley/Frank Greenaway); **85ul** Bienenstock mit Bienen. Illustration aus einem französischen Manuskript über Kräuterheilkunde, 15. Jh. (AA/Biblioteca Estense, Modena/GDO); **85m** Goldene Halskette mit Fliegen. Militärische Auszeichnung. Aus dem Grab der Königin Ahhotep I. (1590–1530 v. Chr.) in Theben (AA/EM/ADO); **86ol** *Der heilige Georg und der Drache*. Gemälde von Paolo Uccello, ca. 1470 (Sc/The National Gallery, London); **87or** Altes chinesisches Drachenmuster (Sh/sunxuejun); **87ul** Rote, chinesische Lackvase mit Drachenmotiv (BSP/Juha Sompinmäki); **87mr** Bunte Drachenfigur (Sh/Photobank); **87ur** *Drache und Tiger*. Farbholzschnitt von Hashimoto Sadahide, 19. Jh., Japan (V&A); **88or** Zwei Greifen. Vergoldetes Holz (iS/Rafael Laguillo); **88mlo** Ägyptischer Papyrus, 11.–10. Jh. v. Chr. (AA/Ägyptisches Museum, Turin/GDO); **88mlu** Die Sphinx in Gizeh (Sh/sculpies); **88ur** Chimere. Statue eines geflügelten Löwen mit Fischunterleib. Amsterdam (Dr/Marianne Lachance); **89om** Einhorn im Linlithgow Palace, Schottland (iS/Alejandro Sanz Torrente); **89or** Amor und der Kentaur Nessus. Stich von C. Randon, 19. Jh., nach der Vorlage einer Statue aus dem 10. Jh. (iS/HultonArchive); **89u** Andromeda wird von Perseus befreit, der auf Pegasos reitet. Illustration. Paris, um 1410–1411 (BAL/BL – Harl 4431 f. 98v); **90ul** Kleine Pagode im Xingjiao-Tempel in Xian, China (Sh/Nataliya Hora); **91m** Robe eines taoistischen Priesters. China, 19. Jh. (V&A); **93um** *Der Traum des Ritters* von Antonio P. y Salgado Pereda. Öl auf Leinwand, ca. 1650 (AKG/Academia de San Fernando); **94l** *Adam und Eva*. Gemälde an der Außenwand von Haus Clagüna, Ardez, Schweiz (Dr/Claudio Giovanni Colombo); **94ur** Maismutter. Skulptur von Joe Cajero, Jr. (Corbis/AINACO); **95or** Auszug aus dem *Codex Fejérváry-Mayer* (vor 1521). Tezcatlipoca lockt das Erdmonster an die Oberfläche, indem er seinen Fuß als Köder in das Urmeer hält. Als das Monster den Fuß verschlingt, verliert es seinen Unterkiefer. Derartig verunstaltet kann es nicht mehr abtauchen. Die Erde entsteht aus seinem Körper (WFA/Liverpool Museum, Liverpool); **95um** Decke mit Motiven des Schöpfungsmythos. Zwei Götterwesen flankieren die heilige Maispflanze, ihr Geschenk an die Menschheit. Navajo, 19. Jh. (WFA/Schindler Collection, New York); **95ur** Settet und Chnum. Zwei ägyptische Gottheiten an einer Tempelwand auf der Elephantine-Insel in Assuan (iS/Rafik El Raheb); **96l** *Venus*, von Lukas Cranach d. Ä., frühes 16. Jh. (BAL/Städelsches Kunstinstitut, Frankfurt am Main); **96r** Buddhistischer Stupa (Detail) im Palkhor-Kloster in Gyantse, Tibet (iS/Terraxplorer); **97or** Iaia von Kyzikos (Marcia) mit Kamm und Spiegel. Illumination aus einer französischen Ausgabe von Boccaccios *De claris mulieribus (Über berühmte Frauen)*, frühes 15. Jh. (AKG/BL – Ms. Royal 16 G V, fol. 80); **97ul** Ritual der Mundöffnung – Wandrelief auf einem Tempel in Sakkara, Ägypten (Sh/Quintanilla); **97um** Punische Maske aus Terrakotta. 4. Jh. v. Chr., Karthago, Tunesien (AA/Bardo Museum, Tunis/GDO); **97ur** Schnitzarbeit an der Fassade eines Versammlungshauses der Maori. Neuseeland (BSP/Chris Jewiss); **98ol** *Die vier Körpersäfte des Menschen*. Aus einem Stundenbuch, das Philippe Pigouchet für Simon Vostre druckte, 1498 (BAL/Lambeth Palace Library, London); **98or** Detail aus *Die Geburt der Venus* von Sandro Botticelli, ca. 1485 (AA/Uffizien, Florenz/ADO); **98um** Das Herz des Opfers wird dem Sonnengott präsentiert. Aus einem Faksimile des Florenzer Codex von Bruder Bernardino de Sahagún, Mitte des 16. Jhs., Mexiko (AA/Templo Mayor Library, Mexico/GDO); **98ur** Ein Engel hält das Herz Jesu. Glasmalerei (iS/Victoria Wren); **99or** Statue von Kaiser Augustus, Rom (Sh/Jonathan Larsen); **99ul** Hand des Buddha in der Geste der Unterweisung. Tempel von Nakhon Pathom, Thailand (iS/wrangle); **100ol** Vishnu. Aus einem französischen Manuskript, 17. Jh. (AA/Biblioteca Nazionale Marciana, Venedig/GDO); **101m** Sitz der Chakren. Illustration, 18. Jh. (AA/BL); **102ol** *Der Nachtmahr*. Gemälde von Johann Heinrich Füssli. Öl auf Leinwand, 1781 (BAL/The Detroit Institute of Arts/Founders Society purchase with Mr and Mrs Bert L. Smokler and Mr and Mrs Lawrence A. Fleischman funds); **102ul** Die Venus von Willendorf (Corbis/Ali Meyer); **102ur** *Yoni-Lingam* (Alamy/Nikreates); **103ol** Tibetisches *Yantra* in einem Kloster in Katmandu, Nepal (BSP/Paul Prescott); **103or** *Yab-Yum*-Statuette (Sh/Jun Mu); **103ul** Goldgefäß in Form einer Eichel, das Wappen wird von zwei Widdern flankiert. Darüber stehen die lateinischen Initialien „IHS", „In Hoc Signo" (in diesem Zeichen), englisch, ca. 1610 (AKG/EL); **103ur** Die Umrisse des Cerne Abbas Giant, England (Corbis/Skyscan); **105u** Relief in Deir el Bahri, Ägypten (iS/Achim Prill); **106ol** Marmorstatue der Artemis in Selcuk, Türkei (Sh/Valery Shanin); **106om** Die Himmelsgöttin Nut. Papyrus nach einer Grabmalerei im Tal der Könige, Ägypten (AA/Ragab Papyrus Institute, Kairo/GDO); **106or** Der Donnergott Thor. Kopie nach einer Figur aus dem 9. Jh., die in Island gefunden wurde (Dr/Gaja); **106u** Amaterasu kommt aus ihrer Höhle. Triptychon, 19. Jh. (DBP/Japanese Art Gallery); **107or** Vishnu und Lakshmi (Dr/Sundeep Goel); **107u** Statue des Brahma (iS/Hector Joseph Lumang); **108ol** Chinesische Statue des Avalokiteshvara, Lack, ca. 18. Jh. (iS/Yungshu Chao); **108or** Wandmalerei aus dem Grab des Prinzen Monthherchepeschef, Tal der Könige, Ägypten (Gabana Studios Deutschland/Carola Schneider Deutschland); **108u** Uluru (Ayers Rock) (Dr/728jet); **109om** Keramikfigur von Mictlantecuhtli, dem aztekischen Totengott (WFA/Anthropology Museum, Veracruz University, Jalapa); **109or** Rama und seine Gemahlin Sita. Indische Holzschnitzarbeit (Sh/Dmitry Rukhlenko); **109ul** Der Planet Mars. Illustration aus einem mittelalterlichen Manuskript über die himmlischen Sphären (AA/Biblioteca Estense, Modena/ADO); **110l** Erzengel Michael. Detail des Ostfensters der Kirche St. Mary, Buckland, England. Gestaltung des Fensters: Henry Holiday (1839–1927) (Br Lawrence Lew, OP); **110r** Bodhisattva auf einer Tempeltür in Thailand (iS/Itsara Indrakamhaeng); **111o** Hierarchie der Engel und Erzengel. Illumination aus dem Provençal codex *Breviare d'Amour* von Meister Ermengol von Beziers, 13.–14. Jh. (AA/Real Biblioteca de lo Escorial/GDO); **111ul** Himmelfahrt des Propheten Mohammed. Detail einer persischen Miniatur, 16. Jh. (BAL/Giraudon/Seattle Art Museum, Seattle); **111ur** Abdiel und Satan. Szene aus *Das verlorene Paradies* von John Milton. Stich von Gustave Doré, 1870 (iS/Duncan Walker); **112l** Tibetisches Mandala. Deckengemälde in einem Kloster in Pisang, Nepal (Sh/Paul Prescott); **112–113m** Buddha-Statue, im Tempel Dalada Maligawa (Zahntempel) in Kandy, Sri Lanka, frühes 19. Jh. (AKG/Ullstein Bild); **113ur** Fußabdruck des Buddha mit verschiedenen Glückssymbolen. Indien (Sh/Paul Prescott); **115u** Tibetisches Sand-Mandala (Sh/Bestweb); **116ol** Mit Asche bemalter *Sadhu* (heiliger Mann). Nepal (Getty Images/Image Bank/Ian Winstanley); **116olm** Franziskus predigt zu den Vögeln. Detail. Darstellung einer Legende aus den Fioretti von Giotto di Bondone, um 1295 (Corbis/Sygma/Fabian Cevallos); **116oml** Hand einer Buddha-Statue mit orangefarbenem Stoff. Thailand. (iS/wrangle); **116or** Geschmückter Bodhi-Baum in Ayuthaya, Thailand (Sh/Valery Shanin); **116u** Roter Brokatstoff mit traditionellem chinesischem Muster (iS/Yougen); **117om** Der zum Himmel gefahrene Christus erscheint Maria Magdalena. Viktorianisches Glasfenster in der Kirche St. Nicholas, Islip, England (Br Lawrence Lew, OP); **117u** Die betende Jungfrau Maria. Ikone, 19. Jh. (Sh/Bogdan Vasilescu); **118ol** Tontafel mit Keilschriftzeichen. Sumerisch, 3200–3000 v. Chr. (BAL/Ashmolean Museum, University of Oxford); **118uml** Zahl Eins auf einer Rennbahn (iS/tillsonburg); **118umr** Schreibmaschinentaste (iS/Maria Toutoudaki); **118ur** Flagge der Isle of Man (Sh/Fabrizio Zanier); **119or** Dreiblättriges Kleeblatt (iS/ooyoo); **119uml** Münze der Tschechischen Republik (Sh/Castka); **119umr** Weißer Würfel (iS/pixhook); **120o** Rückseite eines Bronzespiegels mit dem Reich der Mitte und den fünf Himmelsrichtungen. China, Tang-Dynastie, 618–907 n. Chr. (AKG/National Palace Museum, Taipeh); **120ul** Das buddhistische Rad der Lehre. Steinrelief in der Verbotenen Stadt, Peking (Sh/Photobank); **120um** Digitale Anzeige der Neun (Sh/Aleksandr Kurganov); **121ur** Römische Zehn auf einer Schultafel (Sh/Stephen Aaron Rees); **121om** Silbermünze mit dem Porträt Neros, 37–68 n. Chr. (AKG/EL); **121ul** Gemalte Elf auf einer Kirchenbank (Sh/Katharina Wittfeld); **121um** „Eine Minute vor Zwölf" (Sh/Wellford Tiller); **121ur** Zaun mit der Zahl Dreizehn (Sh/motorolka); **122ul** Neun der Kelche, Zehn der Münzen, As der Stäbe und As der Schwerter. Italienische Tarotkarten, die für die Familie Visconti-Sforza entworfen wurden. 15. Jh. (Sc/Art Resource/Pierpont Morgan Library – M.630); **122or, ur** und **123** Französische Tarotkarten, 19. Jh. (BAL/Archives Charmet/PC); **124m** Vogelperspektive auf das Labyrinth von Longleat House, England (Dr/Martin Crowdy); **124u** Rasenlabyrinth im „kretischen" Stil (Sh/clearviewstock); **125o** Bodenmosaik der Kathedrale von Chartres, 13. Jh. (Photolibrary.com/J-C&D Pratt); **125ml** Keltischer Knoten. Relief an der Kirche von Croick in den schottischen Highlands (iS/Pawel Kowalczyk); **126o** Tempel im griechischen Stil, 1930er Jahre, bei San Francisco (iS/Eliza Snow); **126ul** Versteinerter Ammonit (iS/Heiko Grossmann); **126uml** Querschnitt durch den Stamm einer Pinie (iS/Joze Pojbic); **126umr** Bemalte Ei-Skulptur, Litauen (Dr/Gediminas Packevicius); **126ur** Decke der Gebetshalle im Himmelstempel in Peking (Photolibrary.com/Luis Castaneda); **127o** Medizinrad in Sedona, Arizona, USA (Corbis/George HH Huey); **127u** Die Kaaba in Mekka, Saudi-Arabien (Sh/Sufi); **128o** Die Pyramiden von Gizeh, Ägypten (iS/Volker Kreinacke); **128ul** Dreieckige Oberlichte in einem Hotel auf Hawaii (Dr/Rboncato); **128ur** Davidstern an einem Synagogentor, Jerusalem (Dr/Aron Brand); **129ol** Oberlichte in Sternform (Dr/Jordan Tan); **129ml** Kacheln im Topkapi-Palast, Istanbul (Sh/almond); **129ul** Pentagramm auf einem Kanaldeckel (Dr/Bjarne Henning Kvaale); **129ur** Schatzhaus der großen Moschee von Damaskus, Syrien (Sh/WitR); **130ol** Mekka. Litografie, 19. Jh. (Corbis/Philip de Bay); **130ul** Flagge von Saudi-Arabien (Sh/JackF); **131m** Schmuckfliesen in einer Moschee von Buchara, Usbekistan (Sh/Galyna Andrushko); **132l** Die Kreuzigung mit Bildnissen von achtzehn Heiligen. Ikone, 12. Jh., Katharinenkloster, Sinai (AA/Boistesselin/Kharbine-Tapabor); **132r** Reliquienkreuz. Gold und Edelsteine. Limoges, spätes 13. Jh. (AKG/Musée National de l'Hôtel de Cluny/François Guénet); **133or** Deckenmosaik in der Basilika von San Apollinare in Classe, Ravenna, 6. Jh. (AA/ADO); **135um** Pflügen, Oktober, Blatt aus dem Provençal codex *Breviare d'Amour* von Meister Ermengol von Beziers, 13.–14. Jh. (AA/Real Biblioteca de lo Escorial/GDO); **136omr** Luftpostbriefmarke der USA mit Freiheitsstatue, 1959–1961 (iS/Ray Roper); **136or** Auf einer Leiter herabsteigender Engel an der Westfassade der Abteikirche Bath, England (Sh/E Sweet); **136ul** „Geisterschiff"-Fahne aus Sumatra, Indonesien (WFA/PC, New York); **137ol** Der heilige Cuthbert gräbt eine Grube und erhält für seine Gebete Wasser. Illumination aus *Vita Sancti Cudbercti* (*Das Leben des heiligen Cuthbert*) von Beda Venerabilis, englisch, spätes 12. Jh. (AKG/BL – Ms. Additional 39943, fol.41 r); **137om** Weizenernte. Illumination aus *Beatae Elisabeth Psalter*, 13. Jh. (AA/Archäologisches Museum Cividale, Friuli/GDO); **137or** Schmied mit Amboss und Esse. Englischer Holzschnitt, 1603 (iS/Hulton Archive); **137u** Krugträger. Fresko im Palast von Knossos auf Kreta (Sh/scion); **138or** Altpersische „Soldaten der Ewigkeit" in Persepolis, Iran (Sh/John Said); **138ml** Opfermesser der Azteken. Griff mit Mosaiksteinen besetzt. 15.–16. Jh. (BM); **138ul** Osmanische Streitaxt oder Hellebarde (iS/William Keith Wheatley); **139ml** Alte englische Pennymünze, geprägt 1900 (iS/Karen Mower); **139or** Osmanisches Schild (Sh/psamtik); **139u** Schlacht bei Roncesvalles. Illumination aus *Chroniques de France ou de Saint Denis*, 14. Jh. (AA/BL); **140ol** Wächterstatue vor einem Tempel in Thailand (iS/Adrian Hillman); **140ur** Der heilige Georg tötet den Drachen. Fenster im nördlichen Chor der Kirche St. Michael in Hallaton, Leicestershire, England. Gestaltung des Fensters: Richard Pook Collett, 20. Jh. (Sh/nachogalacho); **140ul** Rama auf den Schultern von Hanuman, er besiegt den zehnköpfigen Dämon Ravana. Illustration, Südindien um 1820 (BM); **141ol** Russischer Doppeladler auf der Turmspitze des Auferstehungstors am Roten Platz in Moskau (iS/wrangle); **141ml** Die Geißelung Christi. Fresko von Francesco & Sperindio Cagnola, 15. Jh., in der Dreifaltigkeitskirche in Gavi, Piemont, Italien (AA/GDO); **141r** Ritterrüstung aus dem Mittelalter (Sh/Michele Perbellini); **142ol** Statuen von Hindu-Gottheiten in einem Tempel in Indien (iS/Hung Meng Tan); **143l** Harihara. Sandsteinstele mit Holzfiguren, 10. Jh., Indien (AKG/EL); **143r** Ganescha. Wandgemälde im Fort von Jaisalmer, Rajasthan, Indien (Sh/ErickN); **144o** Krönung von Karl V., König von Frankreich. Miniatur aus den *Chroniken von Jean Froissart*, französisch, 14. Jh. (iS/Hulton Archive); **144u** Indianerhäuptling (Sh/Caitlin Copeland); **145or** *Muttergottes. Ikone. Stroganow-Schule, um 1700* (Sh/Vibrant Image Studio); **146ol** Altägyptische Grabausschmückung (Dr/Eishier/ Metropolitan Museum, New York); **146ml** Geweihtes Brot wird in einem Ofen gebacken. Illumination aus *Bible moralisé*, Frankreich, um 1235 (AKG/Austrian National Library – *Codex Vindobonensis* 2554, fol.27v); **146m** Brotkorb und Fische. Mosaik in der Brotvermehrungskirche in Tabgha, Israel, 5. oder 6. Jh. (iS/Tomasz Parys); **146ur** Gebundene Weizenähren, Attribut der Demeter. Fragment des Architravs im Heiligtum der Demeter, Eleusis, Griechenland, 50 v. Chr. (AKG/Hervé Champollion); **147o** Reisopferung an Shinto-Götter, Rollbild, Japan, 16. Jh. (AA/Tokyo University/Granger Collection); **147u** Verehrung der Maispflanze. Tlaloc segnet die Pflanze, die hier als Chalchihuitlicue dargestellt wird. Auszug aus dem *Codex Fejérváry-Mayer* (WFA/Liverpool Museum, Liverpool); **148o** Das Letzte Abendmahl. Fresko von Meister Lienhart Scherhauff, 1460 (AA/Museo Diocesano, Bressanone/GDO); **148ur** Wassermelone. Gouache und Gummiarabikum, spätes 18. Jh. (BAL/PC/Bonhams, London); **149om** Traubenpresse. Spätrömisches Mosaik (Sh/Khirman Vladimir); **149or** Indra wird mit Soma gesalbt. Gouache auf Papier, indische Schule, 18. Jh. (BAL/BN/Archives Charmet); **149ul** Amitayus (Buddha des langen Lebens). Deckende Wasserfarben auf Baumwolle. Zentraltibet, 15. Jh. (BAL/Museum of Fine Arts, Boston, Massachusetts / Gift of John Goelet); **150or** Ranghoher Beamter, der den schwarzen Stab (black rod) trägt, mit dem bei der britischen Parlamentseröffnung in London gegen die Tür geklopft wird (Getty Images/AFP/Leon Neal); **150ul** Eduard der Bekenner, König von England (1042–1066). Mosaik von William Burges in der Kapelle des Worcester College, 19. Jh. (Br Lawrence Lew, OP); **150um** Ladislaus I. (1040–1095) Heiliger und König von Ungarn. Illumination aus der *Chronik Ungarns* von Johan de Thwrocz, 1488 (AA/Biblioteca Nazionale Marciana, Venedig/GDO); **150ur** Der heilige David, Glasfenster in der Kirche Great St Mary, Cambridge, England (Br Lawrence Lew, OP); **151or** Torakrone. Silber und Edelsteine. Polen, 1729 (BAL / Israel Museum, Jerusalem/The Stieglitz Collection and donated with contribution from Erica & Ludwig Jesselson); **151ml** Die heilige Anastasia, Heilerin der Pferde, mit Ölflasche und Kreuz. Fresko in der byzantinischen Kirche Panagia Tis Asinou im Troodos-Gebirge auf Zypern, 12. Jh. (AKG/De Agostini Picture Library); **151um** König Salomon, romanisches Deckengemälde in der Kirche St. Martin, Zillis, Schweiz, ca. 1150 (AA/Church of Saint Martin, Zillis/GDO); **152ol** Mit Orden und hohen Rangabzeichen ausgezeichneter US-Soldat (iS/Valerie Paganessi); **152ul** Siegel des Präsidenten der Vereinigten Staaten (Sh/Vladislav Gurfinkel); **152uml** Wappen von Papst Benedikt XVI. (Sh/Clara); **152umr** Hosenbandorden (Getty Images/Buyenlarge); **152ur** Mandarin-Quadrat. Bestickte Seide, spätes 17. Jh. (WFA/PC); **153o** Wandgemälde in der Grabkammer des Amunherchepeschef, Sohn von Ramses II. (WFA/E Strouhal); **153u** Rosette der Französischen Revolution. Fragment einer Tapete, 1793–1794 (AA/Musée de la Révolution Française, Vizille/GDO); **154ol** König David spielt einen Psalter. Illumination aus *Psalterium Beatae Elisabeth*, 13. Jh. (AKG/EL); **154ul** Engel mit Tamburin. Detail eines Gemäldes von Sano di Pietro, ca. 1448–1450. Tempera auf Holz. Aus dem Kloster San Francesco in Colle Val d'Elsa (AKG/Pinacoteca Nazionale, Siena); **154uml** Isis mit Sistrum, Abydos, Ägypten (Corbis/Roger Wood); **154umr** Hofmusiker mit Dudelsack. Miniatur aus den *Cantigas von Alfonso X. von Kastilien. Spanien, 13. Jh.* (AA/Real Monasterio del Escorial Spain/Granger Collection); **154ur** Krishna spielt für Radha Flöte. Tempera. Kangra, Indien, 1820–1825 (V&A); **155or** Apollon mit Lyra. Wandgemälde, Rom (BSP/LeonardoRC); **155m** Musiker mit Panflöte. Römisches Mosaik, Rom, 2. Jh. (AA/Museo della Civilta, Romana Rome/GDO); **155u** Trompete spielender Engel. Glasfenster von Sir Edward Burne-Jones in der Christus-Kathedrale in Oxford, England, ca. 1877–1878 (Br Lawrence Lew, OP); **156ol** Chinesische Pagode am See Jurong in Singapur (Sh/jasonleehl); **156ul** Chinesische Brücke in Peking (Sh/sming); **156um** Alte Tempeltür im Kloster Thikse in Ladakh, Indien (Sh/Jeremy Richards); **156ur** Rosettenfenster in der Kirche Sant'Agostino Rieti, Lazio, Italien (Sh/Claudio Giovanni Colombo); **157ol** Das Kapitol in Washington, USA (Sh/Condor 36); **157om** Wendeltreppe in der Burg Bouzov in der Tschechischen Republik (Sh/nohanka); **157or** Hauptschiff der Wells Kathedrale in Somerset, England (Sh/Matthew Collingwood); **157ul** Ägyptischer Obelisk auf der Piazza del Popolo, Rom (iS/Harry Thomas); **157um** Ruine des Qutb Minar (Sandsteinturm) in Delhi, Indien (Sh/Sam D Cruz); **158om** Medaille der Freimaurer (Dr/Rafael Laguillo); **158ul** Siegel der Großloge von Rom, mit Pyramide und Sphinx. Aus *The History of Freemasonry* von R. F. Gould, ca.1887 (PC); **158ur** Rückseite der Ein-Dollar-Banknote, USA (Sh/James E Knopf); **159m** Schurz eines Meisters der Loge von Saint-Julien in Brioude. Bemaltes Leder, Frankreich, 19. Jh. (BAL/Giraudon/Musée Crozatier, Le Puy-en-Velay); **161u** Das Quirlen des Milchozeans. Indisches Gemälde, 19. Jh. (AA/Victoria and Albert Museum, London/Eileen Tweedy); **162ol** Krishna als Kosmos. Indisches Gemälde, Rajasthan, 1890 (BAL/Victoria & Albert Museum, London); **162om** Die Erschaffung Adams. Holzschnitt aus den Nürnberger Chroniken, ca. 1493 (iS/nicoolay); **162or** Pangu hält das Tai Chi-Symbol. Kolorierter, europäischer Stich nach einer chinesischen Zeichnung, ca. 1790 (BM); **162um** Inherkha in Anbetung des heiligen Benu-Vogels von Heliopolis. Wandmalerei im Grab des Inherkha, Deir el-Medina, Theben-West, Ägypten, um 1186–1069 v. Chr. (AKG/James Morris); **162ur** Mythisches Wesen (Tiamat). Detail des Ischtar-Tors, das unter der Herrschaft von Nebukadnezar II. (605–562 v. Chr.) in Babylon errichtet wurde (Dr/Lord.max/Pergamon-Museum, Berlin); **163or** Schlange der Traumzeit. Gemälde eines Aborigines, Australien, 20. Jh. (BAL/Horniman Museum, London/Heini Schneebeli); **163ml** Schlangenkopf aus Bronze. Von einem Eingangsturm des Oba-Palasts in Benin, Nigeria (BAL/BM); **163um** Bildstein mit Odin (Wotan) auf seinem Pferd Sleipnir, er wird von einer Walküre mit Trinkhorn willkommen geheißen. Lillbjors, Gotland, Schweden, 8. Jh. (AKG/EL/Historiska Museet, Stockholm); **164or** *Die Arche Noah*. Osmanische Miniatur, 16. Jh. (AA/Topkapi Library, Istanbul/GDO); **164ul** Die erste Inkarnation des Vishnu als Matsya, mythologischer Fisch. Holz, bemalt und vergoldet, Indien, 19. Jh. (BAL/Musée Guimet, Paris/Bonora); **164ur** Deukalion und Pyrrha bevölkern nach der Sintflut die Erde. Illumination des flämischen Buchmalers Jean de Bruges, ca. 1500 (BAL/BL – Harl 4425 f.153); **165ol** Umschlag des 5. Bands des *Atlantis Majoris*, herausgegeben von Johannes Jansson, Amsterdam, 1650 (BAL/PC); **165ul** Aztekisches Gefäß mit Darstellung der Wassergöttin Chalchiuhtlicue. Mexiko (AA/Museo del Templo Mayor, Mexico/GDO); **165mr** Der Vogelmensch Imdugud wird als Gefangener vor Enki gebracht, weil er die Tafel des Schicksals gestohlen hat. Rollsiegel, akkadisch, 2250 v. Chr. (WFA/BM); **166l** Ein Hohepriester bringt vor der Grabkammer von Ramses IX. Opfer dar. Grabmalerei, Tal der Könige, 20. Dynastie, 1126–1108 v. Chr. (AA/GDO); **166r** Der Sündenbock wird aus der Stadt getrieben. Illumination aus einem französischen Manuskript, 14. Jh. (AA/Biblioteca Nazionale Marciana, Venedig/ADO); **167ol** Abraham macht sich bereit, seinen Sohn Ishmael zu opfern und wird von einem Engel daran gehindert. Miniatur aus *Zubdat al-Tawarikh* von Seyyid Loqman Ashuri, 1583. (AA/Türkisches und islamisches Kunstmuseum, Istanbul/ADO); **167oml** Aztekisches Menschenopfer (AA/Museo Ciudad, Mexico/ADO); **167omr** *Sati*. Illustration aus *The Book of the Mogul*, 17. Jh. (AA/Biblioteca Nazionale Marciana, Venedig/ADO); **167or** Orest und seine Schwester Iphigenie im Tempel der Artemis in Tauris. Vasenmalerei, 4. Jh. v. Chr. (AA/Archäologisches Museum Spina, Ferrara/ADO); **168ol** Das Lamm Gottes mit goldenem Kreuz. Relief (Sh/Oculo); **168u** Detail des Retabels von Sir Ninian Comper, in der Missionskapelle der Kathedrale St. George in Southwark, England, ca. 1928–1931 (Br Lawrence Lew, OP, by kind permission of the Dean of St George's Cathedral Southwark); **169m** Ostfenster der Kathedrale St. George in Southwark, England (Br Lawrence Lew, OP, by kind permission of the Dean of St. George's Cathedral Southwark); **170ol** *Das Goldene Zeitalter* von Lucas Cranach dem Älteren. Öl auf Leinwand, 1530 (Getty images/BAL/Alte Pinakothek, München); **170ml** Sensenmann (Sh/Pres Panayotov); **170ul** Thanatos. Relief. Griechisch. (Corbis/Burstein Collection); **170ur** Día de los Muertos (Tag der Toten). Feierlichkeiten in Los Angeles, Kalifornien (Sh/Bobby Deal/RealDealPhoto); **171ol** Walhall. Illustration aus einer isländischen Handschrift,1680 (BAL/Arni Magnusson Institute, Reykjavik); **171or** *Die Hirten von Arkadien.* Gemälde von Nicolas Poussin. Öl auf Leinwand, 1637–1638 (AA/ML/GDO); **171ml** Hades und Persephone. Vasenmalerei, 330 v. Chr. (AKG/Staatliche Antikensammlungen & Glyptothek, München/EL); **171ul** Eine junge Frau trägt Opfergaben für die Eleusinischen Mysterien. Detail eines Wandgemäldes in der Mysterienvilla in Pompeji, Mitte des 1. Jhs. (AKG); **171ur** Das Elysion. Wandmalerei im Hypokaustum des Octavius, 3. Jh. (AA/Museo Nazionale Romano, Rom/ADO); **172ol** Sisyphos im Tartaros. Vasenmalerei, 330 v. Chr. (AKG/Staatliche Antikensammlungen & Glyptothek, München/EL); **172or** *Buddha Amida steigt mit zwei Bodhisattvas auf die Erde hinab.* Rollbild von Katô Nobukiyo, Japan, 1796 (BM); **172u** Vogelfang in den Sümpfen. Wandmalerei in der Grabkammer des Nebamun (Wesir, Ende der 18. Dynastie). Theben, Ägypten, um 1350 v. Chr. (BM); **173ul** Die Göttin Inanna. Terrakottarelief aus Mesopotamien, ca. 2000 v. Chr.(AA/PC/Eileen Tweedy); **173om** Piratenflagge (iS/Kostas Koutsoukos); **173ul** Feuertempel in Isfahan, Iran. Das Feuer, das darin brannte, symbolisierte für die Zoroastrier den Kampf gegen das Böse. (WFA/Euan Wingfield); **173ur** Der Paradiesberg Penglai. Bemalte Keramik. Guangdong, China, spätes 19. Jh. (BAL/National Museums of Scotland); **174ol** Der ibisköpfige Gott Thoth. Ägyptisches Relief (iS/Okrad); **175m** Brustschmuck aus dem Grab des Tutanchamun. Gold und Halbedelsteine, Ägypten, ca. 1370–1352 v. Chr. (Sc/EM); **176l** *Perseus mit dem Haupt der Medusa.* Skulptur von Benvenuto Cellini. Steht auf der Piazza della Signoria in Florenz, 1545–1554 (Sh/Timur Kulgarin); **176r** Der „Löwenzähmer", eventuell Gilgamesch. Relief am Eingang zum Thronsaal des Palasts von König Sargon II. in Khorsabad (heutiger Irak), assyrisch, 722–705 v. Chr. (AKG/ML/EL); **177or** Tafelrunde mit Heiligem Gral. Illumination von Robert de Boron in einem französischen Manuskript, 15. Jh. (AKG/BN – Ms. fr. 116, fol. 610 v); **177ul** Odysseus und die Sirenen. Römisches Mosaik in Dougga, Tunesien, 3. Jh. (Sh/Tomasz Szymanski/Bardo Museum, Tunis); **177um** Brendan der Seefahrer. Illumination aus einem Manuskript von ca. 1200 (AA/BL); **177ur** Szene aus der Erzählung *Die Pilgerreise nach dem Westen.* Farblitografie aus *Myths and Legends of China* von Edward T.C. Werner, 1922 (BAL/PC); **178or** Herakles erstickt den Nemeischen Löwen. Bronzemedaille, teils vergoldet von Pier Jacopo Alari Bonacolsi Antico, ca. 1460–1528 (AKG/Museo Nazionale del Bargello, Florenz/Orsi Battaglini); **178um** Herakles mit seinem Sohn Telephos.Marmorstatue aus Tivoli, 1.–2. Jh. (AA/ML/GDO); **178ur** König Eurystheus versteckt sich in einem Fass. Vasenmalerei, um 500 v. Chr. (AKG/ML/EL); **179ol** Herakles leitet zwei Flüsse durch die Augeiasställe. Römisches Mosaik aus Volubilis, heutiges Marokko, ca. 50 v. Chr. –24 n. Chr. (AA/GDO); **179or** Herakles tötet den Flussgott Acheloos, der in Gestalt eines Stiers auftritt. Relief von Oxyrhynchos (heute Al Bahnasa), Ägypten, ca. 300–500 (BAL/Brooklyn Museum of Art, New York/Charles Edwin Wilbour Fund); **179ml** Herakles und die Stymphalischen Vögel. Gravur nach einer griechischen Vasenmalerei im Museum von Boulogne (AA/Bibliothèque des Arts Décoratifs, Paris/GDO); **179mr** Herakles tötet den Diomedes. Römisches Mosaik aus Volubilis, heutiges Marokko, ca. 50 v. Chr. –24 n. Chr. (AA/GDO); **179u** Herakles tötet den Kentaur. Statue von Giambologna auf der Piazza della Signoria, Florenz, 1599 (Sh/edobric); **180ol** *Christus steigt in die Vorhölle hinab.* Fresko an der Außenmauer des Klosters Moldovita, Rumänien, 1537 (AA/Moldovita Monastery, Romania/ADO); **180ul** Madonna des Mitleids. Mittelstück eines Altarbildes von Piero della Francesca. Tempera auf Holz, 1445 (BAL/Pinacoteca, Sansepolcro); **180ur** Brahma. Statue, Südindien, ca. 1110–1150 (BM); **181or** Vertreibung aus dem Paradies. Linke Seite des Cranach-Altars in der St. Wolfgangskirche in Schneeberg, von Lucas Cranach dem Älteren, 1529 (AKG/Deutsches Nationalmuseum, Nürnberg); **181ml** Gift speiender Teufel. Miniatur aus dem *Rupertsberger Codex*, 12. Jh. Das Original des *Rupertsberger Codex* befand sich in Wiesbaden, es ging im Zweiten Weltkrieg verloren (AKG/EL); **181m** Alternde Mondgöttin, gekennzeichnet durch den abnehmenden Mond. Das Wasser, das aus ihrem Körper fließt, und die Schlange in ihrem Kopfschmuck stehen für die Regenzeit. Illustration aus dem *Codex Troana Cortesianus*, auch als *Madrid Codex bekannt.* Kultur der Maya, um 1230 (WFA/Museum of Americas, Madrid); **181ur** Aztekischer Kalender- oder Sonnenstein. Die Glyphen repräsentieren Tage, Monate und den Lauf der Sonne, um 1479 (AA/NAM/GDO).

# geheimnisse der welt

Miriam Levering
*Geheimnisse*
*des Zen*
*Den torlosen Weg*
*beschreiten*
160 S., durchgehend
farbig,
20 x 20 cm, geb., mit SU
ISBN 978-3-8369-2630-0

Zen, eine Strömung des Mahayana-Buddhismus, entstand etwa im 6. Jahrhundert in China und gelangte im 13. Jahrhundert nach Japan. Miriam Levering erläutert in diesem Buch die wichtigsten Begriffe der Zen-Philosophie anhand von zwei Meilensteinen der Zen-Literatur.

Jeremy Rosen
*Geheimnisse*
*der Kabbala*
*Texte und Symbole*
*der jüdischen Mystik*
160 S., durchgehend
farbig,
20 x 20 cm, geb., mit SU
ISBN 978-3-8369-2631-7

Die Kabbala entstand im 12. Jahrhundert in Spanien und in der Provence.
In diesem opulent illustrierten Buch schildert Rabbiner Jeremy Rosen Herkunft, Entwicklung und Bedeutung der Kabbala, der Mystik des Judentums.
Der Autor erläutert verständlich die Grundlagen der jüdischen Geheimlehre.

Lyn Webster Wilde
*Geheimnisse*
*der Kelten*
*Das magische Reich*
*eines untergegangenen*
*Volkes*
160 S., durchgehend
farbig,
20 x 20 cm, geb., mit SU
ISBN 978-3-8369-2632-4

Die Kelten haben uns keine schriftlichen Zeugnisse ihrer Kultur hinterlassen; umso erstaunlicher ist es, dass ihre Mythologie bis in die heutige Zeit bekannt ist und nachwirkt. Dieses Buch schildert die tiefe Naturverbundenheit einer faszinierenden Volksgruppe, die selbst von Julius Cäsar bewundert wurde, und bietet einen Einblick in die erstaunliche Vorstellungswelt der Kelten.

Tom Lowenstein
*Geheimnisse*
*des Buddhismus*
*Die Harmonie von*
*Körper und Seele*
160 S., durchgehend
farbig,
20 x 20 cm, geb., mit SU
ISBN 978-3-8369-2629-4

Der Buddhismus ist eine östliche Religion, deren Philosophie die westliche Welt stets enorm bereichert hat. Dieses Buch versammelt sorgsam zusammengestellte Einsichten in den buddhistischen Glauben, seine Praxis und seine wunderbare Kunst. Das faszinierende Kaleidoskop aller Richtungen des Buddhismus wird leicht verständlich dargestellt und durch Textbeispiele veranschaulicht.